普通高等院校创新创业教育系列规划教材

创新与实践教育

主　编　邢永梅　梁　智　朱芳阳
副主编　乔鹏亮　张新美　王景敏　张小媛
　　　　李　伊　潘柳蓉　吴晓颖

北京理工大学出版社
BEIJING INSTITUTE OF TECHNOLOGY PRESS

内 容 简 介

本书是钦州学院经济管理学院组织创新创业指导教师编写的。

本教材是以模块化理论与建构主义学习理论为指导，采用"理论课程实践化"的创新理念，将理论知识嵌入实训任务中，采用任务驱动模式，以制造企业为核心，围绕制造企业的供、产、销核心业务，结合供应商企业、客户企业的关键经营业务，模拟商业社会环境下学生操练完成一家企业连续六年的经营活动，按模块—项目—任务逐层展开。

本教材中插入了大量案例，同时设计了创新能力训练拓展游戏，增强了教材的可读性；又基于一个企业从创立到日常经营的流程，引导学生借助虚拟商业社会环境实训平台进行操练，增强了教材的可操作性。通过学生完成这些项目任务，重点培养学生的自主学习能力、团队协作能力及职业综合素养。本教材也可以放在大学生第二课堂，供其提升创新能力。由于VBSE实训平台训练中包括学生自主经营的内容，因而具有反复操练但不重复的特点，更能强化对学生的创新能力与创新思维的培养。

本教材可以作为高等院校《创新与创业实践教育》的配套教材，也可以作为虚拟商业社会环境课程的实训教材，或学生第二课堂自主训练的操作指南。

版权专有　侵权必究

图书在版编目（CIP）数据

创新与实践教育/邢永梅，梁智，朱芳阳主编．—北京：北京理工大学出版社，2018.6（2018.7重印）

ISBN 978-7-5682-5746-6

Ⅰ.①创⋯　Ⅱ.①邢⋯　②梁⋯　③朱⋯　Ⅲ.①制造工业–企业创新–研究–中国　Ⅳ.①F426.4

中国版本图书馆 CIP 数据核字（2018）第 127019 号

出版发行 / 北京理工大学出版社有限责任公司	
社　　址 / 北京市海淀区中关村南大街5号	
邮　　编 / 100081	
电　　话 /（010）68914775（总编室）	
（010）82562903（教材售后服务热线）	
（010）68948351（其他图书服务热线）	
网　　址 / http://www.bitpress.com.cn	
经　　销 / 全国各地新华书店	
印　　刷 / 三河市天利华印刷装订有限公司	
开　　本 / 787毫米×1092毫米　1/16	
印　　张 / 16	责任编辑 / 王晓莉
字　　数 / 377千字	文案编辑 / 王晓莉
版　　次 / 2018年6月第1版　2018年7月第2次印刷	责任校对 / 周瑞红
定　　价 / 41.80元	责任印制 / 李志强

图书出现印装质量问题，请拨打售后服务热线，本社负责调换

前　言

创新是推动历史向前的动力。美国企业家艾珂卡曾说："不创新就死亡。"而奥地利经济学家熊彼特说："创新应当是企业家的主要特征，企业家不是投机商，也不是只知道赚钱、存钱的守财奴，而应该是一个大胆创新、敢于冒险、善于开拓的创造型人才。"显然，企业就是在不断创新过程中发展下去的，对创新型管理人才有着迫切的需要。

目前，在国家提出"大众创业，万众创新"的背景下，高校十分重视创新型管理人才的培养。编者应这样的发展背景与教育要求编写了《创新与实践教育》。

本书通过向学生介绍创新能力、创新思维的基本特点与规律，以及培养创新能力与创新思维能力的具体方法，锻炼学生养成勤于思考的好习惯，并借助用友新道科技股份有限公司开发的 VBSE 综合实训平台，把仿真企业搬进校园，对现代制造业与现代服务业进行全方位的模拟经营及管理。在教学中，融入创新思维的培养与创新能力的训练，综合多门专业知识的全面管理，使学生在实践过程中理解和掌握全面的经营管理知识。

"虚拟商业社会环境"（Virtual Business Social Environment，VBSE）以任务为引领，极大程度地激发学生的个人创造力，以训促学，训学结合，使学生在实践过程中体验企业运作的原理和规律，熟悉企业运作流程，全方位、多维度地体验现代企业生产经营的全过程，提高他们的实际操作能力和创新能力，从而有效提升其综合素质、职业能力、社会能力和就业竞争能力。

本书编写体例采用了模块化的任务驱动模式，围绕学生要完成的各项任务展开，把学生完成任务所需要的理论知识嵌入工作任务中，有助于培养他们的自主学习与训练的能力。第一模块重在培养学生的创新思维与创新能力，并配备了具体的游戏方案；第二模块是实践实操训练模块。本模块借助于 VBSE 系统，以童车生产行业为背景，组建 6 家同行业竞争企业，在虚拟商业社会环境中完成各自生产企业的供、产、销生产经营管理活动，其中涉及与供应商的合作、与客户的洽谈、与社会公共部门的业务往来等具体业务处理，从而实现企业价值的提升。在生产、经营、管理等实践、实操过程中，培养学生的创新能力与创新思维设计能力。

本书在编写过程中在以下几个方面进行了尝试：
（1）结构上突出任务性。以工作任务引领知识理解。
（2）内容时效性强。以最新的《中华人民共和国公司法》、企业注册流程及《会计档案管理办法》等为指导。

（3）内容趣味性强。教材中引入了大量的案例；并附有创新能力训练拓展游戏，增强了教材的趣味性与可读性。

（4）操作方便。教材的编写按企业经营流程展开，详细介绍了操作流程，方便了学生的学习与操作训练。

钦州学院经济管理学院的邢永梅、梁智、朱芳阳任本书的主编，并负责全书的设计、总纂、修改和最终定稿工作，具体分工如下：第一模块中的项目一由王景敏编写，项目二由潘柳蓉编写；第二模块中的项目一由张小媛编写，项目二由李伊编写，项目三由邢永梅编写，项目四由梁智编写，项目五由朱芳阳编写，项目六由乔鹏亮编写，项目七由张新美编写；附录由吴晓颖编写。本教材得以完成，要特别感谢新道科技股份有限公司广西分公司的工程师们的悉心帮助与指导。

尽管我们反复斟酌并数易其稿，但是由于编者水平有限，不当之处在所难免，恳请读者批评指正。

编　者

目 录

模块一　创新与创新思维设计

项目一　创新及创新能力 (3)
任务一　探索创新是什么 (4)
　　一、创新概念的产生与发展 (5)
　　二、创新的内容 (7)
　　三、创新的来源 (8)
　　四、创新的类型 (11)
　　五、创新的原则 (14)
　　六、创新的原理 (15)
　　七、创新的过程 (17)
任务二　创新能力是什么 (19)
　　一、创新能力的概念与内涵 (20)
　　二、创新能力的来源与特征 (21)
　　三、创新能力形成的原理 (23)
　　四、创新能力的培养 (24)
　　五、创新者的基本素养 (25)
任务三　培养创新能力的方法 (26)
　　一、创新方法概述 (27)
　　二、创新能力的提升方法 (28)

项目二　创新思维及创新设计思维 (42)
任务一　探索创新思维是什么 (43)
　　一、思维的定义 (44)
　　二、创新思维的概念与内涵 (44)
　　三、创新思维的特征 (45)
　　四、创新思维的方式 (46)

任务二　创新设计思维 …………………………………………………（48）
　　一、创新设计思维的概念与内涵 ………………………………………（49）
　　二、创新设计思维的基本理论 …………………………………………（49）
　　三、创新设计思维的步骤 ………………………………………………（50）
　任务三　培养创新设计思维的方法 ………………………………………（51）
　　一、创新思维障碍 ………………………………………………………（51）
　　二、创新意识的培养 ……………………………………………………（53）
　　三、创新设计思维方法 …………………………………………………（54）

模块二　创新思维设计与创新能力训练

项目一　探索虚拟商业社会环境训练平台 …………………………………（61）
　任务一　了解虚拟商业社会环境 …………………………………………（63）
　　一、虚拟商业社会环境概念 ……………………………………………（64）
　　二、虚拟商业社会环境结构 ……………………………………………（64）
　　三、虚拟商业社会环境跨专业实训的特点 ……………………………（64）
　　四、创新思维设计与创新能力训练实训案例介绍 ……………………（65）
　任务二　了解岗位职责 ……………………………………………………（66）
　　一、制造企业岗位职责 …………………………………………………（67）
　　二、商贸企业岗位职责 …………………………………………………（73）
　　三、社会资源 ……………………………………………………………（78）

项目二　组建团队 ……………………………………………………………（81）
　任务一　CEO竞选演讲 ……………………………………………………（82）
　　一、任务描述 ……………………………………………………………（83）
　　二、任务要求 ……………………………………………………………（83）
　任务二　现场招聘组建团队 ………………………………………………（84）
　　一、任务描述 ……………………………………………………………（85）
　　二、任务要求 ……………………………………………………………（86）
　任务三　组织内部会议 ……………………………………………………（86）
　　一、如何组织会议 ………………………………………………………（86）
　　二、任务描述 ……………………………………………………………（87）
　　三、任务要求 ……………………………………………………………（87）
　任务四　公司注册 …………………………………………………………（88）
　　一、公司注册流程 ………………………………………………………（88）
　　二、任务描述 ……………………………………………………………（97）

项目三　期初建账 ……………………………………………………………（101）
　任务一　读懂期初数据 ……………………………………………………（102）
　　一、读懂企管部期初数据 ………………………………………………（103）
　　二、读懂人力资源部期初数据 …………………………………………（111）

三、读懂营销部期初数据 …………………………………………………… (124)
　　四、读懂生产部期初数据 …………………………………………………… (128)
　　五、读懂采购部期初数据 …………………………………………………… (136)
　　六、仓管员读懂仓储部期初数据 …………………………………………… (148)
　　七、读懂财务部期初数据 …………………………………………………… (151)

任务二　期初建账 …………………………………………………………………… (155)
　　一、供应商建账 ……………………………………………………………… (156)
　　二、客户企业建账 …………………………………………………………… (156)
　　三、制造企业建账 …………………………………………………………… (156)

任务三　编制预算计划 ……………………………………………………………… (164)
　　一、供应商预算 ……………………………………………………………… (166)
　　二、客户预算 ………………………………………………………………… (166)
　　三、制造企业预算 …………………………………………………………… (166)

项目四　企业日常经营业务处理 …………………………………………………… (170)

任务一　处理人力资源部门日常经营业务 ………………………………………… (171)
　　一、编制各部门人力资源预算 ……………………………………………… (171)
　　二、招聘生产工人 …………………………………………………………… (171)
　　三、查询工人信息 …………………………………………………………… (172)
　　四、社会保险增员申请 ……………………………………………………… (172)
　　五、解聘工人 ………………………………………………………………… (172)
　　六、签订劳动合同 …………………………………………………………… (172)
　　七、考勤汇总查询 …………………………………………………………… (173)
　　八、薪酬核算 ………………………………………………………………… (173)
　　九、薪酬发放 ………………………………………………………………… (174)
　　十、五险一金计算 …………………………………………………………… (174)
　　十一、五险一金财务记账 …………………………………………………… (175)
　　十二、住房公积金汇缴 ……………………………………………………… (175)

任务二　处理行政管理部门日常经营业务 ………………………………………… (175)
　　一、签订厂房、仓库租赁合同 ……………………………………………… (176)
　　二、支付厂房、仓库租金 …………………………………………………… (176)
　　三、支付行政罚款 …………………………………………………………… (177)
　　四、投诉其他组织 …………………………………………………………… (177)

任务三　处理生产计划部门日常经营业务 ………………………………………… (177)
　　一、购买产品许可 …………………………………………………………… (180)
　　二、编制设备需求计划 ……………………………………………………… (181)
　　三、购买设备 ………………………………………………………………… (181)
　　四、支付设备购买款 ………………………………………………………… (181)
　　五、设备验收建卡入账 ……………………………………………………… (182)
　　六、出售设备 ………………………………………………………………… (182)

七、支付设备维护 …………………………………………………………… (182)
　　八、支付设备回购款 ………………………………………………………… (182)
　　九、支付贷款利息 …………………………………………………………… (183)
　任务四　处理财务部门日常经营业务 ………………………………………… (183)
　　一、培训费用报销 …………………………………………………………… (183)
　　二、购买办公用品 …………………………………………………………… (183)
　　三、支付水电费 ……………………………………………………………… (184)
　　四、提取现金 ………………………………………………………………… (184)
　　五、解存款项行 ……………………………………………………………… (184)
　　六、购买支票 ………………………………………………………………… (184)
　　七、购买增值税发票 ………………………………………………………… (185)
　　八、增值税计算 ……………………………………………………………… (185)
　　九、增值税申报 ……………………………………………………………… (185)
　　十、各营运部门借款 ………………………………………………………… (186)
　　十一、现金盘点 ……………………………………………………………… (186)
　　十二、库存盘点 ……………………………………………………………… (186)
　　十三、计提折旧 ……………………………………………………………… (187)
　　十四、结转销售成本 ………………………………………………………… (187)
　　十五、期末结账 ……………………………………………………………… (187)
　　十六、编制报表 ……………………………………………………………… (188)
　　十七、会计资料整理 ………………………………………………………… (188)

项目五　制造企业核心经营业务处理 ……………………………………… (190)
　任务一　处理制造企业供应环节经营业务 …………………………………… (191)
　　一、处理制造企业供应环节经济业务 ……………………………………… (192)
　　二、处理供应商经济业务 …………………………………………………… (194)
　任务二　处理制造企业生产环节经营业务 …………………………………… (196)
　　一、机加车间生产派工 ……………………………………………………… (197)
　　二、生产领料、车架开工 …………………………………………………… (197)
　　三、组装车间生产派工 ……………………………………………………… (198)
　　四、生产领料、产品组装 …………………………………………………… (198)
　　五、计提折旧 ………………………………………………………………… (199)
　　六、支付水电费 ……………………………………………………………… (199)
　　七、考勤汇总查询 …………………………………………………………… (199)
　　八、薪酬核算 ………………………………………………………………… (199)
　　九、五险一金计算 …………………………………………………………… (200)
　　十、五险一金财务记账 ……………………………………………………… (200)
　　十一、住房公积金汇缴 ……………………………………………………… (201)
　　十二、办公费报销 …………………………………………………………… (201)
　　十三、制造费用分配 ………………………………………………………… (202)

十四、车架成本核算 …………………………………………………（202）
　　十五、车架完工入库 …………………………………………………（202）
　　十六、童车成本核算 …………………………………………………（203）
　　十七、整车完工入库 …………………………………………………（203）
　任务三　处理制造企业销售环节经营业务 ………………………………（204）
　　一、处理制造企业销售环节经济业务 ………………………………（205）
　　二、处理客户经济业务 ………………………………………………（208）

项目六　企业运营绩效评价 …………………………………………（212）
　任务一　杜邦财务分析 ……………………………………………………（214）
　　一、杜邦分析内容 ……………………………………………………（215）
　　二、杜邦分析体系指标结构关系分析 ………………………………（216）
　　三、杜邦分析法的局限性 ……………………………………………（221）
　任务二　平衡记分卡绩效考核 ……………………………………………（222）
　　一、平衡记分卡 ………………………………………………………（223）
　　二、平衡记分卡的特点 ………………………………………………（225）

项目七　实训总结 ………………………………………………………（228）
　任务一　企业文化建设 ……………………………………………………（229）
　　一、企业文化 …………………………………………………………（230）
　　二、组织内部会议 ……………………………………………………（233）
　　三、讨论制定企业文化 ………………………………………………（233）
　任务二　制作PPT或微视频 ………………………………………………（233）
　　一、制作本企业的宣传PPT或微视频 ………………………………（233）
　　二、宣讲企业文化与经营成果 ………………………………………（233）

附录　创新能力拓展游戏项目 …………………………………………（234）

参考文献 …………………………………………………………………（241）

模块一
创新与创新思维设计

项目一

创新及创新能力

【知识目标】

- 了解创新及创新能力的概念、内容、来源、类型
- 掌握创新及创新能力的原则、原理
- 熟悉创新能力的过程

【能力目标】

- 掌握创新能力培养的方法
- 熟练运用创新方法开发创新能力

【导读案例】

大王吉列与安全剃刀

安全剃刀的出现,是日常生活用品之树上绽开的一朵绚丽多彩的奇葩。在目前的市场上仍能见到性能各异、琳琅满目的安全剃刀产品,但你可曾知道,安全剃刀已有100多年的历史。

1901年12月3日,美国人K·C·吉列(Gillette,King Camp)向美国专利局提出了名称为"剃刀"的专利申请,并于1904年11月15日被授予US 775134号专利。

吉列发明刀片以前是一家瓶盖公司的推销员。他从20多岁时就开始节衣缩食,把省下来的钱全用在发明研究中。快20年了,他仍旧一事无成。

1895年夏天,吉列到波斯顿市去出差,在返回的前一天买了火车票。翌晨,他起床晚了一点,正匆忙地用刀刮胡子,忽然看到旅馆的服务员匆匆地走进来,喊道:"再有5分钟,

火车就要开了。"吉列听到后,一紧张,不小心把嘴巴给刮伤了。他一边用纸擦血一边想:如果能发明一种不容易伤皮肤的刀子,一定大受欢迎。这样,他就埋头钻研,整整花费了6年时间,克服了种种困难,最终发明了现在我们所使用的安全刀片。他在刀片刃口和保护刀架边缘之间做了精确调节,并固定好位置,确保剃须时不伤皮肤。随着构思的完善他及时提出了专利申请。后来成了世界安全刀片大王。

吉列既是安全剃须刀和刀片的发明人,也是该发明的第一制造商,并创造了吉列剃刀百年不衰的奇迹。他在申请专利后,不断努力实践,开拓市场,力争将其发明产业化。在1902年,他对安全剃须刀的刀架、刀片从尺寸、结构和厚度到其他制造工艺进行了定型,采用T型组合手柄,实现了双边可靠使用,同时,也研制成了锋利刀片刃口的设备。

吉列将自己的脸印刷在他的产品包装上,很有创意,这也成为吉列剃须刀产品的一大标志性特色。并且吉列发明了一种安装着极薄刀片的剃须刀。这种刀片是一次性的,需要每天更换。在推出自己的创意后一年内,他就出售了9万个剃须刀和1200万张以上的刀片。今天,吉列剃须刀仍然畅销,在制造和销售剃须刀这个最主要的业务范围内,吉列公司垄断了市场。

(资料来源:https://wenku.baidu.com/view/ea22c3f0ba0d4a7302763ad1.html)

【思考】吉列是怎样创造发明安全刀片的?

任务一　探索创新是什么

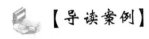【导读案例】

亚马逊与当当网

事件1:1994年,30岁的杰夫·贝佐斯有了一个令他惊讶的发现,那就是网络使用率正以每年高达2300%的速度暴增。那时候的他正坐在曼哈顿一栋办公大楼的39层的一张计算机桌前,对网络进行探索。这个发现让他很兴奋,他预感到了什么!于是开始思考:既然有这样的一种趋势,流连于网络的人越来越多,那么能否在网络空间中创造一些商机呢?他毅然辞了职——为了这个不成形的预感!但到底要在网络中做什么、卖什么东西、办一家什么样的公司?他对此还无清晰的思路。于是,他跑到大街上寻找灵感。终于,那天他在看到一个书店时,一个主意浮入脑海:为什么不在网上开办一家书店呢?"亚马逊"网上书店就这样诞生了!他用世界上最长的一条河流来给它取了名字。杰夫·贝佐斯毫无争议地率先开启了电子商务的大门,并且亚马逊用自身的超速成长,引领了世界商业模式的革命,也诠释了到底什么叫电子商务。现在的亚马逊是个什么样子呢?咱们设想一下:有这样一家书店,有十几平方公里的面积,备有310万种以上的图书,可以接待500多万人次的顾客,这该是多大的书店啊!而你要想浏览完它里面所有的书目,恐怕必须开汽车去才行。这样的设想可能让你感到吃惊,如此大的书店根本无法在现实中实现,然而,互联网能做到这一切,这就是亚马逊网络书店。当然,亚马逊现在不仅仅是卖书,它已经成了一家名副其实的"百货公司"。

事件2:1999年11月,当当网开通了。这也是一家从网络书店开始的电子商务公司,而现在则号称是全球最大的中文网上商城。现在很多人都愿意从当当网上买书、买日用品,足不出户,就可满足自身的需求。所以当当网做得也很成功。

(资料来源:http://dushu.qq.com/read.html?bid=643276&cid=5)

【思考】亚马逊和当当网都很成功。不过,看到这里你有没有想到一个问题:亚马逊网站的经营模式作为第一个真正意义上开启电子商务大门的商业模式,它的做法无疑可以称为创新,而当当网的经营则带有一定的借鉴性质,那么这种经营模式也可以称为创新吗?如果也算的话,那么这两种创新又怎么区分呢?

创新是当今世界的一个高频词,在中国更是如此:政府官员、企业家、学者、教师以及其他普通社会成员都在谈论创新,但多数情况下人们并不知道什么是真正的创新,因而付诸行动的人更是少之又少。那么什么是创新呢?从事创新概念研究的学者普遍认为,"创新"这个词很难进行严格的界定。清华大学科学与社会研究所教授李正风认为,"创新"一词在我国有着两种理解方法,一种是从经济学角度来理解,另一种是根据日常含义来理解。目前,人们经常谈及的创新,简单来说就是"创造和发现新东西"。这里使用的实际上是"创新"的日常概念。从广义的概念上看,人类社会的每一次进步都离不开创新。创新的本质是进取,是推动人类文明的进步;创新就是要淘汰旧观念、旧技术、旧体制,培育新观念、新技术、新体制;创新的本质是不做复制者。因此,创新实际上就是从观念、理论、制度到实际行动的创造、革新、进步和发展的过程。

一、创新概念的产生与发展

"创新"一词早在《南史·后妃传上·宋世祖殷淑仪》中就曾提到过的,是创立或创造新的东西的意思。但现在更多的是引用国际上经济方面的创新理论。

创新概念的起源可追溯到1912年美籍经济学家熊彼特的《经济发展概论》。熊彼特在其著作中提出:创新是指把一种新的生产要素和生产条件的"新结合"引入生产体系。它包括:研制或引进新产品;运用新技术;开辟新市场;采用新原料或原材料的新供给;建立新组织形式的五种情况。熊彼特的创新概念包含的范围很广,如涉及技术性变化的创新及非技术性变化的组织创新。但主要是从技术与经济相结合的角度探讨技术创新在经济发展过程中的作用,以便把握经济发展的规律。

到20世纪60年代,随着新技术革命的迅猛发展,美国经济学家华尔特·惠特曼·罗斯托提出了"起飞"六阶段理论,将一个国家的经济发展依次分为传统社会阶段、准备起飞阶段、起飞阶段、走向成熟阶段、大众消费阶段和超越大众消费阶段。

1962年,伊诺思在其《石油加工业中的发明与创新》一文中首次直接明确地对"技术创新"下了定义,认为:"技术创新是几种行为综合的结果,这些行为包括发明的选择、资本投入保证、组织建立、制订计划、招用工人和开辟市场等。"这是从行为集合的角度来下定义的。首次从创新时序过程角度来定义技术创新的林恩认为,技术创新是"始于对技术的商业潜力的认识,而终于将其完全转化为商业化产品的整个行为过程"。

美国国家科学基金会从20世纪60年代开始兴起,负责组织对技术的变革和技术创新的研究,迈尔斯和马奎斯是主要的倡议者和参与者。他们在1969年的研究报告《成功的工业创新》中将创新定义为技术变革的集合,认为技术创新是一个复杂的活动过程,从新思想、新概念开始,通过不断地解决各种问题,最终使一个有经济价值和社会价值的新项目得到实际的成功应用。到20世纪70年代下半期,他们对技术创新的界定大大扩宽了,在NSF报告《1976年:科学指示器》中,将创新定义为:"技术创新是将新的或改进的产品、过程或服务引入市场。"而明确地将模仿和不需要引入新技术知识的改进作为最终层次上的两类创新而划入技术创新定义范围中。

20世纪70—80年代,有关创新的研究进一步深入,开始形成系统的理论。厄特巴克在70年的创新研究中独树一帜,他在1974年发表的《产业创新与技术扩散》中认为,"与发明或技术样品相区别,创新就是技术的实际采用或首次应用"。缪尔赛在80年代中期对技术创新概念作了系统的整理分析。在整理分析的基础上,他认为:"技术创新是以其构思新颖性和成功实现为特征的有意义的非连续性事件。"著名学者弗里曼把创新对象基本上限定为规范化的重要创新。他从经济学的角度考虑创新,认为技术创新在经济学上的意义只是包括新产品、新过程、新系统和新装备等形式在内的技术向商业化实现的首次转化。他在1973年发表的《工业创新中的成功与失败研究》中提到,"技术创新是一技术的、工艺的和商业化的全过程,其导致新产品的市场实现和新技术工艺与装备的商业化应用"。其后,他在1982年的《工业创新经济学》修订本中明确指出,技术创新就是指新产品、新过程、新系统和新服务的首次商业性转化。

中国20世纪80年代以来开展了技术创新方面的研究,傅家骥先生对技术创新的定义是:"创新就是企业家抓住市场的潜在盈利机会,以获取商业利益为目标,重新组织生产条件和要素,建立起效能更强、效率更高和费用更低的生产经营方法,从而推出新的产品、新的生产(工艺)方法,开辟新的市场,获得新的原材料或半成品供给来源或建立企业新的组织,它包括科技、组织、商业和金融等一系列活动的综合过程。"此定义是从企业的角度给出的。彭玉冰、白国红也从企业的角度为技术创新下了定义:"企业技术创新是企业家对生产要素、生产条件、生产组织进行重新组合,以建立效能更好、效率更高的新生产体系,获得更大利润的过程。"

进入21世纪,信息技术推动下知识社会的形成及其对技术创新的影响进一步被认识到,科学界进一步反思对创新的认识:技术创新是一个科技、经济一体化过程,是技术进步与应用创新"双螺旋结构"共同作用催生的产物。知识社会条件下以需求为导向、以人为本的创新2.0模式进一步得到关注。宋刚等在《复杂性科学视野下的科技创新》一文中,通过对科技创新复杂性分析以及AIP应用创新园区的案例剖析,指出了技术创新是各创新主体、创新要素交互复杂作用下的一种复杂涌现现象,是技术进步与应用创新的"双螺旋结构"共同演进的产物;信息通信技术的融合与发展推动了社会形态的变革,催生了知识社会,使得传统的实验室边界逐步"融化",进一步推动了科技创新模式的嬗变。要完善科技创新体系急需构建以用户为中心、以需求为驱动、以社会实践为舞台的共同创新、开放创新的应用创新平台,通过创新"双螺旋结构"的呼应与互动形成有利于创新涌现的创新生态,打造以人为本的创新2.0模式。

人类所做的一切事情都存在创新,创新遍布于人类生活的方方面面,如观念、知识、技术的创新,政治、经济、商业、艺术的创新,工作、生活、学习、娱乐、衣、食、住、行、通信等领域的创新。何道谊认为事物创新—仿复模型具有普遍适用性,在这一模型下生产力由学习能力、创新能力和仿复能力决定,生产力公式为:生产力 =(学习能力 + 创新能力)× 仿复能力。仿复能力指仿照一定的模式进行复制、复做的能力。

"创新"英文是"innovation",其含义一是指前所未有的,即像现在说的"创造发明";二是指引入新的领域产生新的效益。比尔·盖茨是公认的知识经济时代的代表人物,但是给他带来巨大财富的工具没有一个是他自己发明的。他把别人发明创造的东西拿过来,加以变化和重新组合,并进行有效的开发,最终成为全球首富。由此可见,创新的含义比创造发明的宽泛。创造发明是指创造出前所未有的事物,而创新则还包括将已有的东西予以重新组合、开发,从而产生新的效益。

具体来说,创新是指以现有的思维模式提出有别于常规或常人思路的见解为导向,利用现有的知识和物质,在特定的环境中,本着理想化需要或为满足社会需求,而改进或创造新的事物、方法、元素、路径、环境,并能获得一定有益效果的行为。

创新是人类特有的认识能力和实践能力,是人类主观能动性的高级表现,是推动民族进步和社会发展的不竭动力。一个民族要想走在时代前列,就一刻也不能没有创新思维,一刻也不能停止各种创新。创新在经济、技术、社会学以及建筑学等领域的研究中举足轻重。

二、创新的内容

(一)创新的主体

创新的主体是具有创新能力并实际从事创新活动的人或社会组织。包含两层含义,一是指个人(如:自然人的发明创造,像爱迪生等);二是指团体或组织(如:国家创新体系的建立)。

(二)创新的客体

创新的客体是客观世界。包括自然科学、社会科学以及人类自身思维规律。

(三)创新的过程

创新的过程是不断拓展和改变对客观世界(包括人类)认知与行为的动态活动本身。

(四)创新的核心

创新的核心就是创新思维,指人类思维不断向有益于人类发展的方向动态化的改变。

(五)创新的关键

创新的关键就是改变,向新的方向、有效的方面进行量和质的变化。

（六）创新的结果

创新的结果有两种。其一是物质的，如蒸汽机、电脑等；其二是非物质的，如新思想、新理论、新经验等。

三、创新的来源

当今世界已进入创新的时代。创造性思维方式是培养创新能力、进行开创性的起点。一般来说，常规思维是纵向、线性、收敛和刚性的思维方式，而创新思维是多向、发散性的，思维方式是辩证的。在中国古代，诸子百家中的兵家（孙子与孙膑）与纵横家（鬼谷子）就很重视谋略思维。关于谋略的产生，人们通常认为，中、下略是常规思维的结果，上略是创造性思维的结果。因此，要以中略和下略作为设谋的起点。常规思维为正，创造性思维为奇，设谋要经历参正变奇和参奇再变的过程。只有具备了创造性思维，才有可能进行开创性工作。

根据马克思主义认识论的基本原理，创新能力的来源是社会实践。

但具体来说，创新能力的来源包括：意料之外的事件；不协调的事件；产业机构或市场结构的改变；基于程序需要的创新；人口统计特性；认知、情绪以及意义上的改变；新知识。

（一）意料之外的事件

意料之外的事包括：意外的成功、意外的失败、意外的外在事件。

假如在企业的产品线中，有一种产品的表现要好过其他产品，这大大出乎管理层的预料，那么管理者正确的反应应该是什么呢？

当万豪还只是一家餐饮连锁企业时，它的管理者已经注意到，他们在华盛顿特区的一家餐馆生意特别好。经过调查，他们了解到是因为这家餐馆对面是一座机场，当时航班不提供餐饮，很多乘客会到餐馆买些快餐带到飞机上。于是，万豪酒店开始联系与航空公司合作——航空餐饮由此诞生。

在20世纪30年代，IBM公司开发出了全世界第一台现代化的财务核算设备，这一产品在当时是专门为银行客户设计的。但不幸的是，1933年的银行正处在大萧条中，买不起新设备。这时，一个意外的机会拯救了IBM公司。按照IBM公司创始人和首任CEO老托马斯·华生的说法："IBM充分利用了这场意外的失败。"当时的纽约公共图书馆都需要买一台财务设备。而恰恰在罗斯福新政实施的初期，它们都有不少的采购经费。因此，IBM向全美上下的图书馆出售了100多台机器。于是这一发明得以存活下来，IBM也为自己找到了更宽广的服务领域。

爱德赛汽车（Edsel）曾经是有史以来新车上市最失败的案例。然而很少人知道，爱德赛的失败为福特日后的成功奠定了基础。当福特穷尽其策划、市场研究、设计等各方面的力量而未能成功营销爱德赛时，它意识到自己犯了一个根本性的错误，那就是：美国的汽车市场已不再围绕着收入高低来做细分了，而是围绕着生活方式来划分消费群体。基于这一认识，福特推出了野马跑车，正是野马（Mustang）这个品牌赋予了福特独特的个性，并使福特重新成为美国汽车行业的领跑者。

(二) 不协调的事件

不协调的事件类型有：

(1) 一个产业（或公共服务领域）的经济现状之间存在的不协调；

(2) 一个产业（或公共服务领域）的现状与设想之间存在的不协调；

(3) 一个产业（或公共服务领域）的付出与价值和客户的期望之间存在的不协调；

(4) 程序的节奏或逻辑的内部不协调。

在所有不协调中，现状和设想之间的不协调最为普遍。生产商和供应商们几乎总是对顾客真正要购买的东西生产误解。他们总是假设对自己有价值的东西，对顾客也会具有同样的价值。隐藏在现状与设想之间的不协调背后的，往往是傲慢、强硬和武断。

人们都记得，过去的电冰箱一概是冷冻柜在上，保鲜柜在下，这样的设计，显然不合理，因为绝大多数电冰箱是保鲜柜的存货量最大、使用率最高，而冷冻柜每天一般只有一两次被打开，这样，电冰箱的使用者为了从保鲜柜里取物，几乎每次都得弯腰蹲下去。现在，几乎所有的电冰箱在设计上都把冷冻柜和保鲜柜的位置做了改变。另外一个例子是计算机，计算机的双核处理器带来了高效，但同时也带来了高热与高电能消耗，正因为双核处理器存在这"不良环节"，才促使第二代双核处理器以及高效风扇的诞生。

20 世纪 60 年代的一个成功案例就是阿尔康公司（Alcon Laboratories）——这家公司创始人之一的比尔·康纳成功地利用了一个外科手术中存在的矛盾。他发现，在白内障手术中使用一种酶可以明显降低手术失败的风险。康纳的实验室提取了这种酶，但这还不算是创新。康纳最重要的贡献，是在这种酶里加入了一种防腐剂，从而延长了它的保存期。这一变化使得外科医生可以随时从阿尔康公司订购这种酶为手术之用。为了降低手术风险，美国的眼外科医生很快就接受了这项新的辅助技术，而阿尔康公司很快就取得了该技术的全球垄断权。这样，一个解决手术中矛盾的方案成了绝佳的创新机会。

(三) 产业结构或市场结构的改变

在过去的十几年里，影像行业出现了革命性的技术创新和市场转向，柯达作为全球最大的影像公司，未能赶上潮流，一步步陷入绝境。而事实上，早在 1975 年，柯达就发明了第一台数码相机，管理层们知道胶卷总有一天会消失，但是不知道什么时候会发生。结果，当市场结构真正变化时，一切都来不及了。这家百年企业的市值蒸发超过 90%，不得不于 2012 年在美国申请破产保护。

柯达的失败是因为它倾向于重复地做同一件事情，一直做下去，忽视了产业结构和市场结构的变化。与之恰恰相反的是亨利·福特的汽车公司。亨利·福特及其汽车公司之所以能长期立于不败之地，有什么神奇之处呢？人们普遍认为汽车装配线是福特公司发明的，但实际上并非如此，而且汽车装配线也不是获得巨大成功和巨额盈利所必需的——劳斯莱斯公司就证明了这一点。福特所做的只是观察到市场结构已经发生了改变，老式汽车已经不只是富人的玩具了，而是具有广泛适用性。因此，福特设计了一款可以以相对较低的成本进行批量生产的汽车，而汽车装配线只是这个创新中的一部分。福特改变了产业和市场的运作模式。

然而，正如德鲁克所指出的那样，如果另辟蹊径，利用现有的产业和市场结构也能搞好创新。大概就在福特创新批量生产技术的时候，劳斯莱斯公司也进行了创新，但它的创新是在现有的高价基础上将价格提高3倍，不采用福特公司那种高效率的装配线，而是使用中世纪那种古老的生产方法和生产材料。与福特不同的是，劳斯莱斯公司承诺它的产品具有永恒价值，其汽车具有珍藏价值。劳斯莱斯不试图让每个人都成为客户，而是瞄准王室以及财力与王室相当的富裕人群，结果它也取得了辉煌的成功。

（四）基于程序需要的创新

这种创新来源于流程的需要，一般来说，程序创新要满足5个条件：自身完善的流程、流程中存在薄弱或缺失环节、清晰界定的目标、明确的解决方案、希望找到更好方式的普遍认同感。

在20世纪电力发明后的20多年里，每个人都知道世界即将进入"电力工业"时代。但在那个阶段最后的五六年中，有一个非常明显的缺失环节，那就是（民用照明）灯泡。缺少它，电力工业根本不可能有长足的发展。爱迪生意识到了这一点，并由此专注于灯泡发明的创新，用了不到两年的时间，攻克了这一难关，由此，爱迪生开启了电力消费的大众时代。

一些新手开车时，往往在紧急状态下踩错刹车，把油门当刹车。上海一位17岁的女中学生设计出一个传感器，借助它，人们能够迅速判断出是否误踩油门，如果是的话，就会转换成自动刹车。专家认为，此项创造发明可创造60亿元的市场价值。这个创意就是"基于程序的需要"。在我们的管理流程、营销流程和客户服务流程中，存在许多不合理的程序，它们等待着我们去改进。

（五）人口统计特性

在外在的创新来源中，人口结构的变化是最可靠的。人口结构上的变化可以带动整个时代。然而，由于决策者经常不注意人口学的变化，那些对其注意观察和善加利用的人就可以因此获得很大的竞争优势。

假牙清洁片的使用者是55岁以上的中老年假牙佩戴者，大多数人对专业的假牙护理产品并无概念，他们已经习惯用牙刷清洗假牙、用盐水浸泡假牙，并没有意识到这样的清洁方式不能够彻底清洁假牙，并会危害到身体健康。中老年人对新观念、新产品的接受度比较低，需要品牌付出更多努力进行说服和教育。中美史克针对这一现状采取了恰当的营销策略，取得了成功。

因为重视人口结构方面的变化，日本人很早就取得了在机器人研究领域的优势。大约从1970年开始，在发达国家中就出现了出生率下降和教育时间延长的现象，半数以上的年轻人在高中毕业后会继续读书，而不会直接进入工作阶段。因此，劳动人口，特别是从事传统蓝领工作的劳动人口到1990年的时候已经明显不足。这一点很多人都知道，但只有日本人采取了行动，为此，他们取得了机器人研究方面领先10年的优势。

（六）认知、情绪以及意义上的改变

意料之外的成功和失败都可能意味着认知和观念的转变。"半满的杯子"和"半空的杯子"是对同一现象的不同描述。改变经营者对水从"半满"到"半空"的认识也会带来巨大的创新机会。认知的改变并不能改变现实，但是它能够改变事实的意义，而且非常迅速。

我们现在处于信息时代，网络极大地改变了人们认识世界的方式，于是人们的生活方式也随之而改变。"网购"在当今已经成为一种流行的购物方式。阿里巴巴的成功，无疑向人们昭示着一个新时代的到来。

1999年9月，马云带领的18位创始人在杭州的公寓中正式成立了阿里巴巴集团，集团的首个网站是英文全球批发贸易市场阿里巴巴。同年，阿里巴巴集团推出专注于国内批发贸易的中国交易市场。到2014年9月19日，阿里巴巴集团于纽约证券交易所正式挂牌上市。

阿里巴巴利用了网络这一媒介，以及人们不断改变的认知水平，使自己在这十几年的发展中不断强大。

（七）新知识（包括科学的和非科学的）

新知识的创新从来不是基于一个因素，而是几种不同知识的会合，因此需要一个漫长的过程。从新知识的出现到其被用于开发新技术，会有一年，甚至更长的时间。而新技术被开发出来之后，要以产品、流程、服务的形式投放于市场，这又是一个漫长的过程。

一个典型的案例是喷气式发动机，这一发明早在1930年就取得了专利，但直到1941年才进行首次军事试验，而首架商业喷气式飞机直到1952年才诞生。波音公司最终研发出了波音707客机，这是在1958年，也就是喷气发动机取得专利的28年之后。新飞机的研发不仅需要发动机，还需要空气动力学、新材料以及航空燃料等多方面技术的会合。

这7方面创新的机会来源之间的界线是模糊的，有时有重叠，但可以通过它们来得出结论：重大的创新可能源于对变化征兆的分析，也可能源于由科学上的重大突破所带来的新知识的大规模应用。

四、创新的类型

（一）理念创新

理念实际上就是我们对某种事物的观点、看法和信念。在很多情况下，理念和观念都是可以互用的。因此，这里的理念创新也就是指思想观念的创新和思维方法的创新——打破常规，突破现状，敢为人先，敢于挑战未来，谋求新境界的思维定式。理念的创新必须具备创新的意识——表现为对创新的重视、追求和开展创新活动的兴趣和欲望，以及创新精神——综合运用已有的知识、信息、技能和方法，提出新方法、新观点的思维能力和进行发明创造、改革、革新的意志、信心、勇气和智慧等。创新意识只是一种兴趣和欲望，这种意识转化为行动还需要创新精神。创新精神是一种勇于抛弃旧思想、旧事物，创立新思想、新事物的精神。例如：不满足已有认识（掌握的事实、建立的理论、总结的方法），不断追求新知识；不满足现有的生活生产方式、方法、工具、材料、物品，根据实际需要或新的情况，不

断进行改革和革新；不墨守成规（规则、方法、理论、说法、习惯），敢于打破原有框框，探索新的规律、新的方法；不迷信书本、权威，敢于根据事实和自己的思考，向书、事和权威质疑；不盲目效仿别人的想法、说法、做法，不人云亦云，唯书唯上，坚持独立思考，说自己的话、走自己的路；不喜欢一般化，追求新颖、独特、异想天开、与众不同；不僵化、呆板，灵活地运用已有知识和能力解决问题……都是创新精神的具体表现。

（二）理论创新

理论上来讲，有了创新意识和创新的精神，在此基础上形成了理念的创新，但如果想将这些理念转化为现实的行动还需要理论创新的系统支持。理论创新就是在扬弃原有的思想、学说和理论的基础上，通过创造性的思维活动，提出新思想、新学说、新理论的过程。通过理论创新推动制度创新、科技创新、文化创新以及其他各方面的创新，不断在实践中探索前进。理论创新的种类很多，但是根据创新的不同程度，我们往往把它区分为原始性创新和综合性创新。原始性创新，就是在深刻把握事物发展规律、有效探索社会实践新领域的基础上，独辟蹊径，创立新原理、新理论或新学说的过程。综合性创新，是指人们在社会实践活动中，根据实践的发展和要求，对前人的理论观点通过扬弃和修正进行丰富和发展；对不断出现的新情况、新问题作新的理性分析和理论解答；对认识对象或实践对象的本质、规律和发展变化的趋势作新的揭示和预见；对人类历史经验和现实经验作新的理性升华。

（三）技术创新

对技术创新内涵的正确理解源于对技术的正确理解。狭义的技术主要是指工程学含义上的技术，是具有特定应用目标的手段、方法体系。技术并不等同于知识，任何技术都有目的，都服务于某个特定的应用目标，采用正确的技术手段、方法是技术创新成功的重要保证。美国技术哲学家米切姆对技术的分类具有广泛影响，他将技术区分为：作为对象的技术（装置、工具、机器），即实体性技术；作为知识的技术（技能、规划、理论），即观念性技术；作为过程的技术（发明、设计、制造和使用）；作为意志的技术（意愿、动机、需要、设想）。可见，技术的内涵绝不仅限于知识层面的理解。通常意义上的知识总是与认识活动相关联的，而技术活动却与实践紧密相关，是介于科学活动、生产活动之间的具有生产、研究双重性的特殊社会活动；知识主要是以观念性形态存在的，而实体性技术却可作为直接的生产工具应用于生产；相对于技术突出的目的性来说，知识是相对零散的，不具有明显的应用性目的。因此，不宜将技术简单地归入知识的范畴，否则会抹杀其不同于知识的应用性特征。

（四）制度创新

制度创新必须符合社会结构变动和社会发展的要求。制度创新的核心内容是社会政治、经济和管理等制度的革新，是支配人们行为和相互关系的规则的变更，是组织与其外部环境相互关系的变更，其直接结果是激发人们的创造性和积极性，促使人们不断创造新的知识和社会资源，最终推动社会的进步。同时，良好的制度环境本身就是创新的产物，而其中很重要的就是创新型的政府，只有有了创新型政府，才会形成创新型的制度、创新型的文化。目前科技创新存在和面临体制、机制、政策、法规等诸多问题，很大程度上依赖于中央和地方政府能否以改革的精神拿出创新型的新思路，同时政府从经济活动的主角转化为公共服务的提供者，努力创造优质、高效、廉洁的政务环境，进一步完善自主创新的综合服务体系，充分发挥各方面的积极性，制定和完善促进自主创新的政策措施，切实执行好已出台的政策，激发各类企业特别是中小企业的创新活力。自主创新是强国之道，而制度创新是自主创新的保证，是促进自主创新和经济发展的一个非常重要的动力。所以，制度创新应该是需要优先解决的问题，也是在自主创新上取得突破的关键所在。应当从体制改革、机制完善、政策扶持、人才培养、作风建设等方面形成鼓励和支持自主创新的良好文化和制度环境。

（五）创新团队

团队概念本身类似于组织的概念——为了一个共同的目标而共同努力的人群。也就是说，团队是一个由少数成员组成的小组，是为了一个共同的目标而一起努力的一群人，小组成员具备相辅相成的技术或技能，有共同的目标、有共同的评估和做事的方法，他们共同承担并分享最终的结果和责任。然而，团队与普通的人群有着明显的不同。在简单组成的一群人中每个人本身是独立的，他们的目标各不相同，有着不同的活动。而一个团队的人是有共同目标的，他们互相依赖、互相支持，共同承担最后的结果：首先，团队成员之间为了完成任务，相互支持，相互依赖。而一群人是独立地完成任务。其次，团队成员有共同的目标，有相同的衡量成功的标准。而一群人内部没有统一的衡量标准。最后，团队成员之间相互负责，共同承担最终的对产品或服务的责任。而一群人中没有最终的责任人。创新团队则是指具有创新精神的团队，也就是具有创新意识、创新思维和创新能力，从而能取得创新性成果、有所建树的团队，而其核心则是创造性新思维。

（六）创新学习

创新学习是创新人才的首要能力。创新学习过程是接受、活化、内化和建构知识的过程。创新学习的实质是知识的增殖。因此，要想对创新能力进行开发，首先要重视创新学习能力的开发。创新学习能力是获取、继承、建构知识的能力，创新思维能力是标新立异、另辟蹊径的想象和思考能力，创新实践能力是把新的思想和设计变为现实产品的能力，这种产品包括文字产品、艺术作品、技术成果和工艺、方法、工业产品等。创新学习能力是进行创新思维和创新实践的基础，创新思维能力是进行创新学习和创新实践的纽带，创新实践能力是实现创新学习和创新思维的关键，三者共同作用形成人的创新能力。创新学习是与传统的学习方法——维持学习相对的一种学习，是能够引起变化、更新、改组和形成一系列问题的学习。它的功能在于通过学习，提高学习者发现、吸收新信息以及提出新问题的能力。创新学习的基础是创造性教育。创造性教育在发展人的创造性思维、开发创造性潜力中起着主导作用。创新学习强调学习者的主体地位，学生之所以是创新学习活动的主体，在于学生是学习活动的主人。创新学习是学习者与某种学习经验、知识、文化相互融通、消化，进而不断验证各种解决问题的假设，获得新颖、独特的解决问题的活动。创新学习是一种全新的学习观。创新意识和创新能力是创新学习的关键。创新意识是创新能力的先导。只有掌握创新的基础知识、基本技能和一定的创造规律，了解科技发展、知识更新的动态，具有较强的学习能力和思维能力，才能萌生创新意识。只有具备较强的创新意识，不断培养创新能力，才能有效开展创新学习，成为创新型人才。一句话，培养创新型人才需要创新学习。

五、创新的原则

创新的原则就是开展创新活动所依据的法则和判断创新构思所凭借的标准。

（一）遵守科学原理原则

创新必须遵循科学原理原则，不得有违科学发展规律。因为任何违背科学原理原则的创新都是不能获得成功的。比如，近百年来，许多才思卓越的人耗费心思，力图发明一种既不消耗任何能量，又可源源不断地对外做功的"永动机"。但无论他们的构思如何巧妙，结果都逃不出失败的命运。其原因在于他们的创新违背了"能量守恒"的科学原理。

（二）社会评价原则

创新设想要获得最后的成果，必须经受走向社会的严峻考验。爱迪生曾说："我不打算发明任何卖不出去的东西，因为不能卖出去的东西都没有达到成功的顶点。能销售出去就证明了它的实用性，而实用性就是成功。"这需要在进行社会评价时把握住评价事物使用性能最基本的几个方面，然后在此基础上做出结论，主要包括：

（1）解决问题的迫切程度；
（2）功能结构的优化程度；
（3）使用操作的可靠程度；
（4）维修保养的方便程度；
（5）美化生活的美学程度。

（三）相对较优原则

创新不可盲目地追求最优、最佳、最美、最先进。创新产物不可能十全十美。在创新过程中，利用创造原理和方法，获得许多创新设想，它们各有千秋，这时，就需要人们按相对较优原则，对设想进行判断选择。运用该原则应着重考虑如下几个方面：

（1）从创新技术先进性上进行比较；
（2）从创新经济合理性上进行比较选择；
（3）从创新整体效果上进行比较选择。

（四）机理简单原则

创新只要效果好，机理越简单越好。科技竞争日趋激烈的今天，结构复杂、功能冗余、使用烦琐已成为技术不成熟的标志。

因此，在创新的过程中，要始终贯彻机理简单原则。为使创新的设想或结果更符合机理简单的原则，可进行如下检查：

（1）新事物所依据的原理是否重叠，超出应有范围；
（2）新事物所拥有的结构是否复杂，超出应有程度；

（3）新事物所具备的功能是否冗余，超出应有数量。

（五）构思独特原则

我国古代军事家孙子在其名著《孙子兵法·势篇》中指出："凡战者，以正合，以奇胜。故善出奇者，无穷如天地，不竭如江河。"所谓"出奇"，就是"思维超常"和"构思独特"。创新贵在独特，创新也需要独特。在创新活动中，关于创新对象的构思是否独特，可以从以下几个方面来考查：

（1）创新构思的新颖性；

（2）创新构思的开创性；

（3）创新构思的特色性。

（六）不轻易否定、不简单比较原则

不轻易否定、不简单比较原则是指在分析评判各种产品创新方案时应注意避免轻易否定的倾向。在飞机发明之前，科学界曾从理论上进行了否定的论证；过去也曾有权威人士断言，无线电波不可能沿着地球曲面传播，无法成为通信手段。显然，这些结论都是错误的，这些不恰当的否定之所以出现是由于人们运用了错误的理论，而更多的不应该出现的错误否定，则是由于人们的主观武断，给某项发明规定了若干用常规思维分析证明无法达到的技术细节。在避免轻易否定倾向的同时，还要注意不要随意在两个事物之间进行简单比较。不同的创新，包括非常相近的创新，原则上不能以简单的方式比较其优势。不同创新不能简单比较的原则，带来了相关技术在市场上的优势互补，形成了共存共荣的局面。创新的广泛性和普遍性都源于创新具有的相融性。如市场上常见的钢笔、铅笔就互不排斥，即使都是铅笔，也有普通木质的铅笔和金属或塑料杆的自动铅笔之分，它们之间也不存在排斥的问题。

以上是在创新活动中要注意并切实遵循的创新原则，这些均是从千百年来人类创新活动成功的经验和失败的教训提炼出来的，是创新智慧和方法的结晶。它体现了创新的规律和性质，按创新原则去创新并非束缚思维，而是把创新活动纳入安全可靠、快速运行的大道上来。

六、创新的原理

（一）综合原理

综合原理是指在分析各个构成要素基本性质的基础上，综合其可取的部分，使综合后所形成的整体具有优化的特点和创新的特征的原理。

（二）组合原理

组合原理是将两种或两种以上的学说、技术、产品的一部分或全部进行适当叠加和组合，用以形成新学说、新技术、新产品的创新原理。组合既可以是自然组合，也可以是人工组合。在自然界和人类社会中，组合现象是非常普遍的。爱因斯坦曾说："组合作用似乎是创造性思维的本质特征。"组合创新的机会是无穷的。有人统计了20世纪以来的480项重大

创造发明成果，经分析发现，三四十年代是突破型成果为主而组合型成果为辅；五六十年代两者大致相当；从80年代起，则组合型成果占据主导地位。这说明组合原理已成为创新的主要方式之一。

（三）分离原理

分离原理是把某一创新对象进行科学的分解和离散，使主要问题从复杂现象中暴露出来，从而厘清创造者的思路，便于抓住主要矛盾的原理。在发明创新过程中，分离原理提倡将事物打破并分解，它鼓励人们冲破事物原有面貌的限制，将研究对象予以分离，创造出全新的概念和全新的产品。如隐形眼镜是眼镜架和镜片分离后的新产品。

（四）还原原理

还原原理很重要，也十分经典。还原原理要求我们要善于透过现象看本质，在创新过程中，能回到设计对象的起点，抓住问题的原点，将最主要的功能抽取出来并集中精力研究其实现的手段和方法，以取得创新的最佳成果。任何发明和革新都有其创新的原点。创新的原点是唯一的，寻根溯源找到创新原点，再从创新原点出发去寻找各种解决问题的途径，用新的思想、新的技术、新的方法重新创造该事物，从原点上解决问题，这就是还原原理的精髓所在。

（五）移植原理

移植原理是把一个研究对象的概念、原理和方法运用于另一个研究对象并取得创新成果的创新原理。"他山之石，可以攻玉"就是该原理能动性的真实写照。移植原理的实质是借用已有的创新成果进行创新目标的再创造。创新活动中的移植依重点不同，可以是沿着不同物质层次的"纵向移植"；也可以是在同一物质层次内不同形态间"横向移植"；还可以是把多种物质层次的概念、原理和方法综合引入同一创新领域中的"综合移植"。新的科学创造和新的技术发明层出不穷。其中有许多创新是运用移植原理取得的。

（六）换元原理

换元原理是指创造者在创新过程中采用替换或代换的思想或手法，使创新活动内容不断展开、研究不断深入的原理。通常指在发明创新过程中，设计者可以有目的、有意义地去寻找替代物，如果能找到性能更好、价格更省的替代品，这本身就是一种创新。

（七）迂回原理

迂回原理很有实用性。创新在很多情况下，会遇到许多暂时无法解决的问题。迂回原理鼓励人们开动脑筋、另辟蹊径。不妨暂停在某个难点上的僵持状态，转而进入下步行动或进入另外的行动，带着创新活动中的这个未知数，继续探索创新问题，不要钻牛角尖、走死胡同。因为有时通过解决侧面问题或外围问题以及后继问题，可能会使原来的未知问题迎刃而解。

（八）逆反原理

逆反原理首先要求人们敢于并善于打破头脑中常规思维模式的束缚，对已有的理论方法、科学技术、产品实物持怀疑态度，从相反的思维方向去分析、去思索，去探求新的发明创造。实际上，任何事物都有着正反两个方面，这两个方面同时相互依存于一个共同体中。人们在认识事物的过程中，习惯于从显而易见的正面去考虑问题，因而阻塞了自己的思路。如果能有意识、有目的地与传统思维方法"背道而驰"，往往能得到极好的创新成果。

（九）强化原理

强化就是对创新对象进行精练、压缩或聚焦，以获得创新的成果。强化原理是指在创新活动中，通过各种强化手段，使创新对象提高质量、改善性能、延长寿命、增加用途。或达到产品体积的缩小、重量的减轻、功能的强化效果。

（十）群体原理

科学的发展，使创新越来越需要发挥群体智慧，才能有所建树。早期的创新多是依靠个人的智慧和知识来完成的，但随着科学技术的进步，靠"单枪匹马、独闯天下"，去完成像人造卫星、宇宙飞船、空间试验室和海底实验室等大型高科技项目的开发设计工作，是不可能的。这就需要创造者们能够摆脱狭窄的专业知识范围的束缚，依靠群体智慧的力量、依靠科学技术的交叉渗透，使创新活动从个体劳动的圈子中解放出来，焕发出更大的活力。在创新活动中，创新原理是运用创造性思维，分析问题和解决问题的出发点，也是人们使用何种创造方法、采用何种创造手段的凭据。

因此，是否掌握创新原理，是人们能否取得创新成果的先决条件。但创新原理不是治百病的"万应灵丹"，不能指望在浅涉创新原理之后，就能对创新方法了如指掌并使用自如了，也不能指望懂得一些创新原理就能解决创新中的任何问题了，只有在深入学习并深刻理解创造原理的基础上，人们才可能有效地掌握创新方法，也才有可能成功地开展创新活动。大学生创新小组就是一种群体原理的运用。

七、创新的过程

创新的"四阶段理论"是一种影响最大、传播最广，而且具有较大实用性的过程理论，由英国心理学家沃勒斯提出。该过程理论认为创新的发展分四个阶段：准备期、酝酿期、明朗期和验证期。

（一）准备期

准备期是准备和提出问题阶段。一切创新是从发现问题、提出问题开始的。问题形成的本质在于人们发现现有状况与理想状况之间有差距。爱因斯坦认为："形成问题通常比解决问题还要重要，因为解决问题不过牵涉到数学上的或实验上的技能而已，然而明确问题并非易事，需要有创新性的想象力。"他还认为对问题的感受性是人重要的资质，准备还可分为下列三步：

（1）对知识和经验进行积累和整理；
（2）搜集必要的事实和资料；
（3）了解自己提出问题的社会价值，能满足社会的何种需要及价值前景。

（二）酝酿期

酝酿期也称沉思和多方思维发散阶段。在酝酿期要对收集的资料、信息进行加工处理，探索解决问题的关键，因此常常需要耗费很长时间，花费巨大精力，是大脑高强度活动时期。这一时期，要从各个方面，如前面讲到的纵横、正反等方面去进行思维发散，让各种设想在头脑中反复组合、交叉、撞击、渗透，按照新的方式进行加工。加工时应积极主动地使用创造方法，不断选择，力求形成新的创意。著名科学家彭加勒认为："任何科学的创造都发端于选择。"这里的选择，就是充分地思索，让各方面的问题都充分地暴露出来，从而把思维过程中那些不必要的部分舍弃。创新思维的酝酿期，特别强调有意识地选择，所以，彭加勒还说："所谓发明，实际上就是鉴别，简单说来，也就是选择。"为使酝酿过程更加深刻和广泛，还应注意把思考的范围从熟悉的领域，扩大到表面上看起来没有什么联系的其他专业领域，特别是常被自己忽视的领域。这样，既有利于冲破传统思维方式和"权威"的束缚，打破成见，独辟蹊径，又有利于获得多方面的信息，利用多学科知识"交叉"优势，在一个更高层次上把握创新活动的全局，寻找创新的突破口。有时也可把思考的问题暂时搁置一下，让惯性思维被有意识地切断，以便产生新思维。再有，灵感思维的诱发规律告诉我们，大脑长时间兴奋后有意松弛，有利于灵感的闪现。酝酿期的思维强度大，困难重重，常常百思不得其解，屡试难以成功。"山重水复疑无路"却又欲罢不能。此时良好的意志品质和进取性性格就显得格外重要。因为这是酝酿期取得进展直至突破的心理保证。创造性思维的酝酿期通常是漫长而艰巨的，也很有可能归于失败。但唯有坚持下去，方法对头，才是充满希望的。

（三）明朗期

明朗期即顿悟或突破期，寻找到了解决办法。明朗期很短促、很突然，呈猛烈爆发状态，久盼的创造性突破在瞬间实现。人们通常所说的"脱颖而出""豁然开朗""千里寻它千百度，蓦然回首，那人却在灯火阑珊处"等都是描述这种状态的。如果说："踏破铁鞋无觅处"描绘的是酝酿期的话，"得来全不费功夫"则是明朗期的形象刻画。在明朗期灵感思维往往起决定性作用。这一阶段的心理状态是高度兴奋甚至感到惊愕，像阿基米德那样，因在入浴时获得灵感而裸身狂奔，欣喜呼喊："我发现了！我发现了！"虽不多见，但完全可以理解。

（四）验证期

验证期是评价阶段，是完善和充分论证阶段。突然获得突破，飞跃出现在瞬间，结果难免稚嫩、粗糙甚至存在若干缺陷。验证期是把明朗期获得的结果加以整理、完善和论证，并且进一步去充实。创新思维所取得的突破，假如不经过这个阶段，创新成果就不可能真正取得。论证一是理论上验证，二是放到实践中检验。验证期的心理状态较平静，但需耐心、周密、慎重，不急于求成和不急功近利是很关键的。何道谊将人的创新活动分解为四个基本的思想行动历程：第一历程在于"想新的"精神观念和思想意识，即追求更好，希望并相信能够创造出新的、更好的；第二历程在于"想新的"思考探索活动，即创造思考；第三历程在于从思考到行动，按想到的新主意做实验，采取行动探索新的，直至创新成模；第四历程在于尝试新的，对创新形成的模本进行试验性应用和改进，应用成功之后自然就是创新模本的重复推广。前两个历程是一类，即想新的；后两个历程是一类，即做新的。知行合一，第二历程和第三历程通常结合在一起，形成思考和实验探索的连接循环，同样，思考和应用试验也结合在一起。

任务二　创新能力是什么

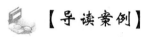【导读案例】

英格瓦·坎普拉德

英格瓦·坎普拉德是全球著名的家具大王，宜家的创始人。1926年出生在瑞典。他把瑞典的一个小家具公司，经营成了今天著名的家具公司——宜家（IKEA）。调查显示，宜家为全球前50名最知名品牌之一，名列第43位，其品牌价值为560亿克朗（约合70亿美元）。英格瓦·坎普拉德在2004年以185亿美元列《福布斯》全球富豪排行榜第13位；2005年以230亿美元列《福布斯》全球富豪排行榜第6位。

坎普拉德出生在瑞典首都南部的一个商人家里。受到家人的影响，他在很小的时候就开始做生意，5岁时就曾用火柴盒与小伙伴进行价格谈判、10岁时就卖手表和尼龙袜子，他发现成批买进，然后再分零卖出，即使买得很便宜，也可以获得很大的利润。在家人的支持下，他年纪轻轻就成为一名商人，他的首批顾客全是他的家人以及亲戚，一些生意上的业务都有家人给予帮助和支持。家成了他的办公室，爸爸每天负责记账，妈妈每天负责做饭，他就成了董事长。

1943年，年仅17岁的坎普拉德在瑞典注册了一个很小的公司，名叫"IKEA"——是他成长的村子与农场的首字母。从此，他开始了缔造一个商业王国的历程。

坎普拉德在开始经营的过程中，一切都比较顺利，虽然没有很雄厚的资本，但是还不至于亏损。但是他不满足于现状，几年后，他去了巴黎。这次巴黎之行，让这位小伙子长了不少见识，大开了眼界。回到瑞典后，这位年轻人很快就开办了一家从事电话邮购业务的公司。他在当地报纸上大做广告，自己印刷产品目录并利用乡间的送奶车将广告发布到邻近的地区以及火车站，很快他的公司就经营得有声有色，取得了很好的效益，同时也有了不小的知名度。1950年，坎普拉德开始开展邮购家具的服务。他邮购的家具是由附近的一家家具厂推出的，这家家具厂推出的家具，很受消费者的欢迎，经常是供不应求，并且有很丰厚的利润。坎普拉德由此看到了家具市场的巨大潜力，决定放弃所有的其他业务，专门从事经营低价位的家具。

当时瑞典国内家具市场被制造与零售商卡特尔垄断，他们靠彼此间的订货合同排斥新的竞争对手。于是，为了对付国内各类家具展对宜家产品的封杀，坎普拉德寻找到一处被废弃的旧厂房，并把它改造成第一个宜家仓库兼展厅，从此第一个"宜家专卖店"正式诞生。

那时的他被称为"长七只脑袋的怪兽",在经营商品的同时,他还开始琢磨怎样设计家具和降低家具的成本。

1955年,一个偶然的机会,促成了宜家家具用品独特的风格。当时,为了装运一张又大又长的长腿桌子,宜家的一位雇员建议将桌子的长腿卸下来绑在桌面下运输。精明的坎普拉德意识到这是一个很好的主意,因为这种平板式的运输能有效地降低运输成本,并且还可以使家具的设计独具风格。由此衍生的念头在他的脑子里迅速生根发芽,便成为宜家产品的核心设计。从那以后他把亲手缔造的宜家王国当成一个大玩具,将所有的创意、想象都融进宜家的经营中。宜家独特的设计风格很快便风靡各地。

坎普拉德由于自己的一个独特设计而使公司的业务直线上升,成就了他辉煌的事业。因此坎普拉德成立了一系列公司,在市场上扮演不同的角色,这使得竞争对手已无法阻止他参加交易会。同时,他也展开了一次比一次猛烈的反击,其中最狠的一招就是在交易会上公布令竞争对手难以想象的特别价格。

宜家在坎普拉德不屈不挠的带领下步步扩张,而瑞典狭小的空间再也装不下坎普拉德的雄心。20世纪60年代初,坎普拉德跑到了波兰寻找低成本家具生产厂家,他的波兰之行催生了宜家第一家海外生产基地。1963年,坎普拉德在挪威奥斯陆开设了第一个瑞典之外的分店,而后业务很快发展到丹麦和瑞士。1974年,宜家又开辟了它在全球最大的德国家具市场,之后进入加拿大、荷兰。1985年和1987年,宜家成功打入美国市场和英国市场,并成功地将两个地方开发成了现在的第一和第二大市场。这时候,宜家公司已经名副其实地成了全球家具零售业的龙头老大。

(资料来源:https://baike.baidu.com/item/9637679?fr=aladdin)

【思考】宜家的发展历程对你有何启发?

一、创新能力的概念与内涵

所谓创新能力是为了达到某一目标,综合运用所掌握的知识,通过分析解决问题,获得新颖、独创的,具有社会价值的精神和物质财富的能力。创新能力是个体的一种创造力,它从来就不是孤立地存在于个体的心理活动中,而是与每个人都具有的人格特征紧密相连的。古今中外科学发展史的实践证明,优秀的人格特征是创新能力充分发挥的心理品质。一般来说,对科技发展和人类进步有突出贡献的科学家都具有优秀的人格特征,其中坚定的事业心,强烈的责任感,勇于探索、敢于创新的精神尤为重要。

创新能力是人在顺利完成以原有的知识、经验为基础的创建新事物的活动过程中表现出来的潜在的心理品质。创新能力是人们革旧立新和创造新事物的能力,包括发现问题、分析问题、发现矛盾、提出假设、论证假设、解决问题以及在解决问题的过程中进一步发现新问题,从而不断推动事物发展变化等。创新能力最基本的构成要素是创新意识、创新思维、创新技能。创新能力有一部分是来自于不断发问的能力和坚持不懈的精神;创新能力在一定知识积累的基础上,可以训练出来、启发出来,甚至可以"逼出来"。总的来说,创新能力是人们运用已有的基础知识和可以利用的材料，并掌握相关学科的前沿知识，产生某种新颖、独特，有社会价值或个人价值的思想、观点、方法和产品的能力。

二、创新能力的来源与特征

创新能力人人都有，但并非人人都能取得创新的成功。其中关键原因在于一个人能否最大限度地释放自己的创新能力。一个成功的创新者善于有目的、系统地思考问题，通过理性或感性的分析掌握社会的期望、价值观和需要，采取行之有效且重点突出的措施，从小处起步，集中满足一项具体的要求，从而使创新能力充分释放，产生良好的创新效果。一个失败的创新者则常常爱耍小聪明，总想为未来创新而不为现在创新，致使创新能力得不到正常发挥。因此，如何最大限度地释放一个人的创新能力，是一个很值得研究的问题。

（一）创新能力的来源

1. 欲望原理

一个人形成某种欲望，对释放创新能力能够产生积极的影响，因为欲望可以集中人的精力、集中人的注意力，使人深入所研究的问题中去，专心致志，废寝忘食，乐此不疲，不断做出一些新的、与众不同的事情。托马斯·爱迪生给自己和助手确立了提出新想法的定额，以此来保证创新能力。他个人的定额是每10天一项小发明，每半年一项大发明。他生前拥有1093项专利，这个记录迄今仍无人打破。

因此，要有意识地去培养和激发自己的欲望，有意识地使自己对某一事物和某一科学领域产生浓厚兴趣，自觉地去深入了解它、研究它、热爱它，培养起创新的强烈欲望，时时刻刻想着创新，事事处处琢磨着创新，这样，一定会使自己的创新能力得到极大发挥。

2. 突变原理

突变（孕育性或瞬时性）是一种客观存在的普遍现象，如生活中常见的一朝分娩、急中生智、乐极生悲、药到病除等都是突变现象。人类的创新活动在于认识了这一突变的规律后，能够主动地运用它。创新的机理是突变论，是指原有极限的突破，新生事物的产生。达尔文的渐进变化论，说明了生物在既定的道路上不断提高着自身适应环境的能力。突变进化论（灭绝、杂交等）虽具有风险性，却能开辟新路，产生新的事物。

自然界、社会和人类思维的发展，都是一条不间断的量的渐进线，量的渐进过程发展到一定程度就要中断，即引起质变、飞跃。事物只有通过渐进过程的中断，才能实现由旧质到新质、由一事物到另一事物的转化。

3. 压力原理

一个饱食终日、无所事事的人，不需要追求创新，也不会有所创新。人的聪明才智需要在一定的压力场内才能得到释放。人们常说"压力就是动力""变压力为动力"，说的就是这样一个道理。

人们一生都在试图摆脱压力，但终归是徒劳的。科学家认为，人需要激情、紧张和压力。如果没有既甜蜜又痛苦的冒险滋味的"滋养"，那么人的机体就根本无法存在。对这些情感的体验有时就像药物和毒品一样让人"上瘾"。适度压力可以激发人的免疫力，从而延长人的寿命。试验表明，将一个人关进隔离室内，即使给他提供一个非常舒适的环境，但如果没有任何的情感体验，那么他也是会很快发疯的。

4. 刺激原理

刺激在创新活动中具有特殊意义。金钱、实物等物质刺激和获得荣誉、地位、知识、成就感等精神刺激都会产生创新动力。这在体育竞赛中体现得最为明显。越是在巨额奖金的国际大赛中，越是容易出现刷新世界纪录的成绩，常常是奖金、荣誉越高，对手越强，竞赛的成绩越好，一些选手甚至可能超常规发挥水平，取得令人难以置信的成绩。可以说这每一项新的世界纪录都是刺激使创新能力得到极大释放的结果。现在科技界、经济界以及社会各行各业设立了名目繁多的奖项，不言而喻，这些都利用了物质刺激和精神刺激的作用。刺激的作用还常常在逆境中得以发挥。司马迁在《史记》中写道："西伯拘，而演《周易》；仲尼厄，而作《春秋》；屈原放逐，乃赋《离骚》；左丘失明，厥有《国语》；孙子膑脚，《兵法》修列；不韦迁蜀，世传《吕览》；韩非囚秦，《说难》《孤愤》。《诗》三百，大抵圣贤发愤之所为作也。"

（二）创新能力的特征

1. 创新能力人人都有

决定创新能力的是人的大脑，只要脑细胞发育正常，每个人就都有创新能力，并且每个正常人的创新能力天赋都不相同。也就是说，人们一生下来就不站在同一起跑线上。

这一结论打破了"天才论"，纠正了人们过去一直认为的创新能力只是少数人的所为，是普通人可望而不可即的错误思想，揭开了创新能力的神秘面纱。

2. 创新能力是潜力，需经过开发才能释放

创新能力必须经过开发才能表现出来，如果不开发，永远是潜力，一直到老。每个人的创新能力大致是相同的，即便有区别，也没有数量级的区别。之所以后天表现得差别极大，是因为开发的程度不同，只要我们去开发，创新能力就会释放；不断发开，就会不断释放，在这种情况下，我们的创新能力水平就会不断提高，人人都可以成为创新能力的强者。

3. 创新能力无穷无尽

相对于有限的生命来说，人们有着无限的脑资源。而创新能力存在于人脑之中，那么，无限的脑资源中自然也潜藏着无限的创新能力，只要人们去开发，每个人都可能成为人才，成为伟人。

（三）创新能力的内容

创新能力是人类突破旧认识、旧事物，探索和创造有价值的新知识、新事物的能力，它涉及一个人的多种能力。至少包括了逻辑思维能力、无限想象能力、换位思考能力、自我超越能力、方法运用能力、学习创新能力和管理创新能力。

1. 逻辑思维能力

逻辑思维能力与一个人的创新能力有着极为密切的关系。因为无论何种形式的创新，都必须建立在逻辑思维的基础之上。逻辑思维能力可以为创新提供必要的工具，使人们在创新

时能独立判断和有效推理，以提高工作效率。

2. 无限想象能力

无限想象能力是创新必不可少的一种能力，它可以帮助人们超越已有的知识、经验，使思维达到新境界。想象不需要逻辑，但它是创新的火种和出发点。

3. 换位思考能力

换位思考能力是人们设身处地地认同和理解别人的处境与情感的能力，换位思考能力，要求人们站在别人的立场上换位思考，用别人的角度来看待事物，体验他人的感受。

4. 自我超越能力

自我超越能力是指突破极限的自我实现的一种能力。自我超越是一个过程，一种终身的修炼。自我超越的价值在于学习和创造，不断发展完善自我，向成功的目标迈进。

5. 方法运用能力

方法运用能力是指在解决问题时人们对创造性方法的寻找、筛选以及实践的能力。创新方法的运用能力，是创新能力的一个重要体现。只有不断提高创新方法的运用能力，人们才能以更高效的方式解决问题，更快地实现既定目标。

6. 学习创新能力

学习创新能力是人们通过对特定对象进行分析和研究来获得新观点、新创意和新成果的能力。

7. 管理创新能力

管理创新能力是人们创造性地把新的管理方法、管理手段以及管理模式等管理要素引入组织管理系统，并将其转换为有用的产品服务或作业方法的能力。

三、创新能力形成的原理

（一）创新能力形成的第一原理

遗传素质是形成人类创新能力的生理基础和必要的物质前提。它决定着个体创新能力未来发展的类型、速度和水平。大脑是人的创新能力形成的物质基础，是人的创新能力发展的物质载体。离开了这个物质基础，人的创新能力的形成和发展就成了"无源之水、无本之木"。所以有人说："一两遗传胜过一吨教育。"人类创新能力的形成首先要遵循遗传规律。遗传素质是人类创新能力的物质基础。我们承认它，但不把它当作唯一，即"承认天赋，不唯天赋"。

（二）创新能力形成的第二原理

环境是人的创新能力形成和提高的重要条件。环境优劣影响着个体创新能力发展的速度和水平。如：狼孩卡玛拉。

（三）创新能力形成的第三原理

实践是人的创新能力形成的最基本途径。实践也是检验创新能力水平和创新活动成果的尺度标准。人改造实践的活动也就是创新活动。只有通过社会实践才能把人的创新意识变成现实，而创新能力也必须通过实践才能形成，实践是创新能力形成的唯一途径。如：袁隆平与水稻杂交。他不是在有这种想法后立即成功的，而是经过了反复实验后才成功的。

（四）创新能力形成的第四原理

创新思维是人的创新能力形成的核心与关键。创新能力与创新思维休戚相关。没有创新思维，就没有创新活动。创新思维的一般规律是：先发散而后集中，最后解决问题。

四、创新能力的培养

一个人的创新能力由两方面组成。第一方面是智力，包括知识和能力。知识学得越多、学得越活，这个人的创新能力可能就越强。所谓能力就是理解力、记忆力和想象力等，这些构成创新能力的第一方面。创新能力的另一方面，就是这个人在面对复杂的局面时，是否能够迅速地抓住要害，找得出办法来，这是一种能力，这种能力还包括在复杂的工作中，善于发现机遇并抓住机遇的能力。

创新其实就是一个发现问题、构思创意、解决问题的过程。培养一个人的创新能力，应学会发现问题，随时构思创意，善于解决问题。当今时代的发展对创新能力提出了更高的要求，在迎接挑战的过程中把握机遇，实现人生价值是我们每一个人的目标。要培养创新能力，可以从以下几方面入手：

（一）不畏常规，敢于超越，增强创新意识

创新是真正意义上的超越，是一种敢为人先的胆识。小学、中学的教育方式大多是老师机械地灌输，学生被动地接受，课堂上缺乏热烈宽松的氛围，学生很少有自己独立思考的空间，即使是掌握得很好的知识，也只是运用于考试之中，换句话说，学生学习的目的是考好，他们平时的学习方式也很单调，基本上就是做题。悟性、灵感在经过"千锤百炼"之后基本上没了，思维也被严重地禁锢。在超越中求发展，创新能力的提高应该从增强创新意识开始。

（二）日积月累、循序渐进

一个人的创新意识可以在短时间内快速得到增强，但是一个人创新能力的提高是一个日积月累、循序渐进的过程。创新需要基础，一些世界级的重大科技成果都是从基础研究开始的，目前我国高度重视基础研究工作，就是因为没有了基础研究，超越便没有了可能。而要真正做好基础研究工作，为创新做好准备，必不可少的一个环节就是脚踏实地地学好知识，掌握真才实学，在此基础上融会贯通，构建合理的知识体系。

（三）热爱生活，关注生活，享受生活

热爱生活，关注生活，享受生活是创新的前提和基础，试想一下，如果自己都不热爱生活，对生活持一种漠视的态度，又怎会去关注生活呢？不关注生活创新又从何来，创新不可能凭空而来，它不是神话，是实实在在存在于现实中的东西。我们只有热爱生活，关注生活，好好享受生活，创新的灵感源泉才会永不枯竭，生活也才会日新月异、丰富多彩。

（四）创新能力是智慧的最高形式

创新能力一般被视为智慧的最高形式。它是一种复杂的能力结构。在这个结构中创新思维处于最高层次，它是创新能力的重要特性。创新能力的实质就是创造性解决问题的能力。除此之外，创新能力还包括认识、情感、意志等许多因素。创新能力意味着不因循守旧，不循规蹈矩，不故步自封。随着知识经济时代的来临，知识创新将成为未来社会文化的基础和核心，创新人才将成为决定国家和企业竞争力的关键。创新思维是综合素质的核心。知识既不是智慧也不是能力，大量的事实表明，古往今来许多成功者既不是那些最勤奋的人，也不是那些知识最渊博的人，而是一些思维敏捷、最具有创新意识的人，他们懂得如何去正确思考，他们最善于利用头脑的力量。

在当今的知识经济时代，一个人要想在激烈的竞争中生存，不仅需要努力付出，还必须具有智慧，首先创新要有强烈的创新意识和顽强的创新精神。所谓创新意识就是推崇创新、追求创新、以创新为荣的观念和意识。所谓创新精神就是强烈进取的思维。一个人的创新精神主要表现为首创精神、进取精神、探索精神、顽强精神、献身精神、求是精神。其次，创新还要有创新能力。创新能力是指一个人产生新思想、认识事物的能力，即通过创新活动、创新行为而获得创新性成果的能力。最后，要创新就必须认同两个基本观点，即创新的普遍性和创新的可开发性。创新的普遍性是指创新能力，是人人都具有的一种能力。如果创新能力只有少数人才具有，那么许多创新理论，包括创造学、发明学、成功学等就失去了存在的意义。人的创造性是先天自然属性，它随着人大脑的进化而进化，其存在的形式表现为创新潜能，人先天的创新能力并无强弱之分。

五、创新者的基本素养

（一）健康的心理
健康的心理是指创新者对客观事物有正确的认知和良好的心态。

（二）良好的自信
良好的自信是指创新者对自己的能力与水平的恰当认同与自信。自信是创新者的第一要素；自信是创新者的力量源泉；自信是创新者心中的太阳。

（三）灵活的思维
灵活的思维是指创新者在追求目标的过程中不会受到思维角度的影响。思维是创新者的核心关键要素；思维是人获得幸福的彩桥；思维是人类地球上最美的花朵；思维是人类走向文明的使者。

（四）强烈的创新意识
强烈的创新意识是指创新者的思想系统中弥散浸润着的思新求变的意向与冲动。

（五）明确的目标
明确的目标是指创新者对未来的自我有清楚的设计与追求，即知道自己要做一个什么样的人。理想目标要清晰；理想目标要可行；理想目标要有价值。

（六）恒久的耐心

恒久的耐心是指创新者在追求目标创新的过程中，始终保持对目标实现的高度期待。耐心是一种境界，耐心是一种静态追求，耐心是一种品质，耐心是创新者应具备的核心要素。

（七）坚强的意志

坚强的意志是指创新者为达目标而克服各种困难的心理状态。意志是人成功的必备品质；意志是创新者的核心要素。

（八）坦诚的合作意识

坦诚的合作意识是指创新者为实现目标能与他人真诚合作的心态与理念。合作是成就事业的关键要素；合作是创新者的良好品德；合作是人类文明的表现。

（九）献身精神

献身精神是指创新者对新事物中蕴含真理的无私热爱与忘我追求。献身精神是人类的至高境界；献身精神是创新成功者的崇高品德。

任务三　培养创新能力的方法

【导读案例】

"胜利女神"耐克鞋

菲尔奈特于1964年创建了蓝带体育用品公司，这就是日后赫赫有名的耐克公司的前身。与耐特一起投资的是比尔·鲍尔曼，他是俄勒冈大学的一名田径教练，对跑鞋很有研究，喜欢改进跑鞋的设计。1972年，为了扩大公司在美国社会的影响力，公司业务逐渐从东海岸扩展到西海岸，借用希腊神话中的"胜利女神"的名称——"耐克"作为公司商标名，从此，蓝带体育用品公司有了自己的正式注册商标。与此同时，美国俄亥俄州立大学的一名毕业生卡特林为公司设计了独特而标志性很强的耐克商标标志——Swoosh（意为"嗖的一声"），简单的标志像一个精彩的钩儿，极为醒目、独特，耐克公司的每件产品上都有这个标志。20世纪70年代，耐克的销售量以每年2~3倍的数额增长，从1976年的1400万美元到1978年的7100万美元，再到1980年的2.7亿美元，再到1983年的超过9亿美元，增速迅猛。1979年，耐克的跑鞋市场占了整个美国跑鞋市场的一半，一年后它超过了长期主导美国运动鞋市场的阿迪达斯。

《华尔街日报》曾撰文分析认为，耐克成功的关键是模仿、跨领域、品牌经营和技术开发。前3项都是从阿迪达斯学到的，在与阿迪达斯竞争的过程中，耐克把生产的整个过程包给了成本低廉的厂商去做，而自己则主要做鞋型设计和开发，同时把设计成果转移到其他的鞋型领域。这一点后来被认为是耐克超越阿迪达斯的关键，即通过产品技术的演化进入更多的市场,从而预先获得最有潜力的产品组合。

就跑鞋市场来说,长期以来的领先者阿迪达斯公司所实行的市场战略,就是生产多种型号的鞋,在重大体育竞赛中让运动员穿用带有公司标志的产品,不断使产品更新换代。耐克公司把这一操作方法拿来,就等于在企业成长中掌握了现成的经营方法,也就是抄了一条近路,使公司获得了快速发展的机会。另外,耐克早期的品牌创建工作也沿用了阿迪达斯的模式,主要是增强运动员们对产品的偏好。头几年耐克资金不足,无法吸引一流选手,所以主要关注运动场上的新星和奥运会的小项目。随着其销量的增长,吸引的选手越来越多。耐克当时的做法是让其商标出现在获胜者的圈子里和电视屏幕上,这不但提高了运动鞋的知名度,而且创造了情感性和自我表达性利益,深入挖掘出了体育运动所蕴含的情感。

但是,耐克的模仿并不是简单地进行照搬,而是在效仿他人的同时,注重发展自己的个性,培养自主创新的能力,充分发挥自己与众不同的特征,建立善于抓住各种新机会的组织机构和管理部门。可以说,耐克公司成功的关键是卓有成效的仿效,它还创立了"只见品牌,不见工厂"的策略。这些策略主要是:集中力量试验和开发更好的跑鞋;为吸引鞋市上各方面的消费者而扩大生产线;发明出印在全部产品上的、可被立刻辨认出来的明显标志;利用著名运动员和重大体育比赛展示产品的使用情况;把大部分生产任务承包给成本低的国外加工厂,后来的市场发展证明该策略对制鞋业而言是极为有效的,这种只有品牌、本土没有工厂的虚拟经营战略,使企业降低了劳动力成本,使产品获得了更强的市场竞争力。

耐克把别人的成功经验和做法借鉴过来,并有选择地进行使用,不是一味地模仿,而是在模仿中有创新,这最终成就了耐克的辉煌。

笛卡儿说过:"最有价值的知识是关于方法的知识。"学习到好的方法,不仅可以提高个人的学习和工作效率,达到事半功倍的效果,而且更重要的价值还在于能够复制成功!

(资料来源:http://www.360doc.com/content/10/0723/19/2344462_40967102.shtml)

【思考】从耐克的发展历程来看,你有何启发?

一、创新方法概述

黑格尔曾说过:"方法是任何事物所不能抗拒的、最高的、无限的力量。"笛卡儿则认为:"最有价值的知识是关于方法的知识。"而我国民间也流传着这样一句谚语:"授人以鱼,不如授人以渔。"所有这类关于方法的表述,都从不同的角度提示了"方法就是力量"的道理。其实,一个人拥有物质的多少,并不代表其"财富"的多少,而真正代表其"财富"的应该是获得这些"财富"的方法。

创新方法起源于1938年身为纽约BBDO广告公司副经理的亚历克斯·奥斯本制定并成功地应用于实践的"头脑风暴法"。当时,奥斯本为普及这一开发创造力的方法而撰写了一系列著作,如《思考方法》(1941年)、《所谓创造能力》(1948年)、《实用的想象》(1953年)等,从而建立了系统的理论基础,并深入学院、社会团体和工厂企业,组织培训、推广,继而转向大学、产业界、联邦政府等,以至在美国形成了一个开发创造力的热潮。奥斯本也因此被誉为创造工程之父,成为创造工程的奠基人。

创新方法是指创新活动中带有普遍规律性的方法和技巧。它是通过研究一个个具体的创新过程而揭示出的一般规律和方法。比如创新的题目是怎样确定的、创新的设想是怎样提出的、设想如何变成现实，等等。

二、创新能力的提升方法

客观世界中任何事物的发展都是有规律的。发明、创造、创新等同样有规律可循、有方法可用。创造学家在收集了大量成功的创新、创造先例并研究其获得成功的过程与思路后，进行分析、归纳、总结，得出了许多可供我们借鉴、学习和效仿的规律与方法。据称，到目前为止，国内创造学家已总结、归纳出了300多种创造方法，常用的就有100多种。

在那么多的创新方法之中，我们必须有选择地进行学习。为了便于系统学习，我们从中选取具有代表性的常用方法加以介绍。

（一）头脑风暴法

1. 头脑风暴法的概念

头脑风暴法出自"头脑风暴"一词。头脑风暴（Brain Storming），最早是精神病理学上的用语，是指精神病患者的一种胡思乱想的思维状态，现在转化为无限制的自由联想和讨论，其目的在于产生新观念或激发创新设想。

头脑风暴法在我国的称呼较多，如智力激励法、自由思考法、诸葛亮会议法等，而头脑风暴法是最常见的简单称呼。它是由美国创造学家亚历克斯·奥斯本于1939年首次提出、1953年正式发表的一种激发思维的方法。

奥斯本认为人类在长期解决问题的过程中总企图走捷径，遇到问题时习惯本能地过早进行判断。但这种判断的依据又是什么呢？是以前的经验，所以判断的结果总是指向与原先行为相同的思路和方式，这样我们就无法突破定式，无法创造性地解决问题。因此，在创造发明过程中，我们要控制这种判断。

采用头脑风暴法组织群体决策时，要集中有关人员召开专题会议，主持人以明确的方式向所有参与者阐明问题，说明会议的规则，尽力创造出融洽轻松的会议氛围。主持人一般不发表意见，以免影响会议的自由氛围，由参与者"自由"提出尽可能多的方案。

2. 头脑风暴法的基本原则

布法罗大学的帕尼斯教授在《创造性思维的基础著作》中对头脑风暴法的基本原则进行了阐述，他认为在解决问题的设想探索阶段要遵循延迟判断（Deferred Judgment）这一原则。

头脑风暴法中有两个基本原则：

（1）延迟判断。延迟判断是指在提出设想阶段，只专心提出设想，而不进行评价。

（2）数量产生质量。数量产生质量（Quantity Breeds Quality），奥斯本在说明该原则时强调，在同一时间内思考出2倍以上设想的人，更善于创新。

此外，头脑风暴法还必须遵守以下5条规则。

规则1：延迟和不给予你对观点的评判。

要到头脑风暴会议结束时才对观点进行评判。不要暗示某个想法不会有作用或它有一些消极的副作用。所有的想法都有潜力成为好的观点，所以要到后面才能评判它们。

规则2：鼓励狂热的和夸张的观点。

鼓励一个狂热的想法比率先想出一个立即生效的观点要容易得多。观点越"疯狂"越好。大声说出奇异的和不可行的观点，看看它们引出了什么。

规则3：在现阶段量有价值，而不是质。

此时寻求观点的量，然后浓缩观点清单。所有活动都适合在给定的时间内提炼出尽可能多的观点。供选择的观点越有创造性越好。如果头脑风暴会议结束时有大量的观点，那就更可能会发现一个非常好的观点。简要保存每个观点，不要详细地描述它——仅仅抓住它的本质。也可能需要简短阐述，快速思考，稍后反思。

规则4：在他人提出的观点之上建立新观点。

建立在其他人的观点之上，而且进行扩展。试试把另外的思想加入每个观点之中。使用其他人的观点来激发你自己的观点。有创造力的人也是好的听众，他们会结合一些提出的观点来探索新的可能性。采纳和改进他人的观点跟生成一系列观点的最初想法一样有价值。

规则5：每个人和每个观点都有相等的价值。

每个人都可以有独特的视角。在一个头脑风暴会议里，你可以尽情地提出自己的观点，即使这些观点只是为了激发别人，只要参与进来就是有价值的。

3. 头脑风暴法的实施程序

头脑风暴法的具体运作程序通常分为五个步骤。

（1）确定课题：头脑风暴法适合解决单一明确的问题，不适合处理复杂、面广的问题。对于后者，我们可将其分解成若干简单的小课题，逐个解决。

（2）会前准备：会前应该将会议参与人、主持人和课题任务落实好，必要时可进行柔性训练。

①选定理想的主持人，善于启发和鼓励。

②组成头脑风暴法小组，小组成员不一定全是专家。

③会议之前通知与会成员，告知会议目的，以便事前做些准备工作，但要防止造成先入为主的后果。

（3）热身：热身的目的在于使与会者逐步投入，使大脑进入最佳启动状态。

（4）小型会议：小型会议的与会者以5~10人为宜，人多了很难使每个人充分发表意见。会议时间为半小时到1小时。主持人宣布议题后，即可启发、鼓励大家提出设想。

（5）加工处理。

4. 头脑风暴法的派生类型

（1）默写式头脑风暴法。奥斯本头脑风暴法传入德国后，德国的创造学家荷立根据德意志民族习惯于沉思的性格进行改良，创造出一种默写式头脑风暴法。

默写式头脑风暴法规定：每次会议由6个人参加，每人在5分钟内提出3个设想，所以它又称为"635法"。

在举行"635法"会议时，由会议主持人宣布议题，即创造性设想的目标，并对与会者提出的疑问进行解释。

然后发给每人几张设想卡片，在每张设想卡片上标上1、2、3编号，在两个设想之间要留有一定的间隙，可让其他人填写新的设想，填写的字迹必须清楚。

在第一个5分钟内，每个人针对议题在卡片上填写3个设想，然后将设想卡片传给右邻的与会者。这样，半个小时可以传6次。一共可以产生108个设想。

(2) CBS式头脑风暴法。CBS式头脑风暴法是由日本创造开发研究所所长高桥诚根根据奥斯本头脑风暴法改良而成的。它的具体做法是：

会前明确主题，每次会议由3~8人参加，每人持60张卡片，桌上另放200张备用卡片。会议大约举行1小时。

最初10分钟为"独奏"阶段，由与会者各自在卡片上填写设想，每张卡片上填写一种设想，接下来的30分钟，由与会者按座位次序轮流发表自己的见解，每次只能宣读一张卡片，宣读时将卡片放在桌子中间，让别人都能看清楚。

在宣读后，其他人可以提出质询，也可以将启发出来的新设想填入备用卡片中。余下的20分钟，与会者互相交流和探讨各自提出的设想，从中再引发出新的设想。

(3) NBS的头脑风暴法。日本广播公司又在上述基础上，提出一种叫NBS的头脑风暴法。

它的具体做法是：会前必须明确主题，每次会议由5~8个人参加，每人必须提出5个以上的设想，每个设想填写在一张卡片上。

会议开始后，每个人都出示自己的卡片，并依次做出说明。在别人宣读设想时，如果自己发生了"思维共振"，并产生了新的设想，应立即使其填写在备用卡片上。

等与会者发言完毕，将所有卡片集中起来，按内容进行分类，横排在桌上，在每类卡片上加一个标题，然后进行讨论，挑选出可供实施的设想。

(4) 三菱式的头脑风暴法（MBS）。日本三菱树脂公司感到采用奥斯本头脑风暴法，虽然可以产生大量的设想，但由于它严禁批评，这样就难于对设想进行评价和集中，于是它们又创造出一种叫三菱式的头脑风暴法，又称M头脑风暴法。它的具体做法是：

第一步，提出主题；

第二步，由参加会议的人各自在纸上填写设想，时间为10分钟；

第三步，各人轮流提出自己的设想，每人1~5个，由会议主持人记下每人提出的设想，别人也可以根据宣读者提出的设想，填写新的设想；

第四步，将设想写成正式提案；

第五步，由会议主持人将各人的提案用图解的方式写在黑板上，让与会者进一步讨论，以便获得最佳方案。

(二)形态分析法

1. 形态分析法概述

形态分析法是由瑞士天文学家弗里兹·扎维奇创立的一种创新方法,又称"形态矩阵法"和"形态综合法"。

形态分析法是一种系统搜索方法,用来探求一切可能存在的组合方案,属于"穷尽法"。形态分析法的核心是将机械系统分解成若干个组成部分,然后用网络图解的方式或形态学矩阵的方式进行排列组合,以产生解决问题的系统方案或创新设想。如果机械系统被分成的部分数量较多,而且每个部分又有很多解法,那么它的组合方案数量将十分巨大,会产生"方案爆炸"现象。

在形态分析法中,因素和形态是两个非常重要的基本概念。因素是构成机械系统中或技术系统中各种子功能的特性因子;形态是实现系统各功能的技术手段。例如,对于机械产品而言,它的各分功能(行为)为基本因素,而实现该产品各分功能的技术手段为基本形态。对于任一产品的每一基本因素,均可用多种技术手段来实现,它们被视为对应的基本状态。

2. 形态分析法的基本原理

形态分析法是将研究对象视为一个系统,通过系统分析方法将其分解为相对独立的子系统,各子系统所实现的功能称为基本因素,实现各子系统功能的技术手段称为基本形态,通过排列与组合方法可以得到多种可行解,经过筛选可从中确定系统的最佳方案。

若系统分解后的基本因素为 A、B、C、D、…,而对应的基本形态分别为 A1、A2、A3、…,B1、B2、B3、…,C1、C2、C3、…,D1、D2、D3、…,则可写成表 1-1 所示的形态学矩阵。因此,从每个基本因素中选出一个基本形态就可以组合成为不同的系统方案。

表 1-1 形态学矩阵

基本因素	基本形态				
A	A1	A2	A3	A4	A5
B	B1	B2	B3		
C	C1	C2	C3		
D	D1	D2	D3	D4	

3. 形态分析法的特点

(1) 所得方案只要能将全部因素及各因素的所有可能形态都排列出来,则是无所不包的;

(2) 具有程式化性质,主要依靠人们认真、细致、严密的工作,而不是依靠人们的直觉、美感或想象,因而易于操作;

(3) 其创新点在于如何进行系统的分解,使之不同于已有的方法,还在于对基本形态的创新构想。

4. 形态分析法的步骤

(1) 确定创新对象:准确表述所要解决的课题,包括该课题所要达到的目的及属于何类原理、技术系统等。对于创新对象的性能要求、使用可靠性、成本、寿命、外观、尺寸、产量等必须逐步加以明确。这是寻找方案的出发点。

(2) 基本因素分析：确定创新对象的主要组成部分（基本因素），编制形态特征表。确定创新对象的各种主要因素（如各个部件、成分、过程、状态等），要求列出研究对象的全部组成因素和划分，且各因素和划分在逻辑上应该是彼此独立的。组成因素的分析过程也包括创新思维的过程，不同的人对组成因素及划分的理解可以是不同的。

(3) 形态分析：要揭示每一形态特征的可能变量（技术手段），应充分发挥横向思维能力，尽可能列出无论是本专业领域的，还是其他专业领域的所有具有这种功能特征的各种技术手段（方法）。在形式上，为了便于分析和进行下一步的组合，往往采取列矩阵表的形式，一般表格为二维的，每个因素的每个具体形态用符号 P_{ij} 表示，其中 i 代表因素，j 代表具体形态。对较复杂的课题，也可用多维空间模式的形态矩阵。

依据创新对象和各因素提出的功能及性能要求，详细地列出能满足要求的各种方法和手段（统称为形态），并绘制出相应的形态学矩阵。确定可能存在的、新颖的形态，其中就蕴含着创新。

(4) 形态组合：根据发明对象的总体功能要求，分别把各因素的各形态加以排列组合，以获得所有可能的组合设想。

(5) 评价选择最合理的具体方案：选出少数较好的设想后，通过进一步具体化分析，选出最佳方案。需指出，任何组合方案都不可能面面俱到地达到最优，而只能是在综合性能方面达到最优。

(三) 综摄法

1. 综摄法的含义

(1) 综摄法（Synectics Method）又称类比思考法、类比创新法、提喻法、强行结合法等，它最初是 1944 年由美国麻省理工学院水下声学研究室的教授威廉·戈登（W. J. Gordon）在心理学"垃圾箱理论"启发下发明的，后来由他的同伴普莱因斯丰富和完善，这种方法是以类比思考为核心的著名创新技术。戈登认为，创新不是阐明事物间已知的联系，而是探明事物间未知的联系，因此，需要采用"翻垃圾箱"、非逻辑推理等方法，把那些看似无关的东西联系起来，这就是综摄法。

(2) 综摄法有两个基本要点：一个是使陌生的东西变得熟悉起来；另一个是使熟悉的东西变得陌生起来。归根到底是通过联想运用类比推理来进行。

2. 综摄法的主要内容

(1) 两项基本原则。①异质同化，简单来说是指把看不习惯的事物当成早已习惯的熟悉事物。在发明成功前或问题解决前，它们对人们来说都是陌生的。异质同化就是要求人们在碰到一个完全陌生的事物或问题时，要用全部的经验、知识来分析、比较，并根据这些结果，做出很容易处理或很老练的态势，然后再去解决。例如，在脱粒机发明以前，谁也没有见过这种机械，要发明这样一种机械，就要通过当时现有的知识或熟悉的事物来进行创造。脱粒机实际上是一种使物体分离（将稻谷和稻草分开）的机械。根据用雨伞尖顶冲撞稻穗，把稻谷从稻禾上脱落下来的创造性设想，终于发明出一种带尖刺的滚桶状的脱粒机。②同质异化，就是指对某些早已熟悉的事物，根据人们的需要，从新的角度或运用新知识进行观察和研究，以摆脱陈旧固定的看法的约束，产生出新的创造构想，即将熟悉的事物当成陌生的事物来研究。例如，对于大家都很熟悉的热水瓶，将它缩小，变成和茶杯一样大小，于是就产生了保暖杯。将电子表装在笔中，就发明出一种电子计时笔。

（2）类比法。这种方法的关键是进行类比，类比法常被人表述成能抓住那些互不相干的现象中存在着的明显或隐蔽的各种关系，并且能够利用这些相似条件，从中提炼出一些解决问题的设想的思考方法。经过研究，威廉·戈登发现，类比法是实现这种创新构思的最好方法之一。在具体实施上述两项原则时，常用的类比法主要有以下三种。

①拟人类比法。进行创造活动时，人们常常将创造的对象加以"拟人化"。挖土机可以模拟人体手臂的动作来进行设计。它的主臂如同人的上下臂，可以上下左右弯曲，挖土斗类似人的手掌，可以插入土中，将土挖起。在机械设计中，采用这种"拟人化"的设计，常常会收到意想不到的效果。现在，这种拟人类比法还被大量应用在科学管理中。

②直接类比法。直接类比法是指从自然界或者已有的成果中寻找与创造对象相类似的东西，即将事物甲与事物乙直接类比的应用。也就是说把某一领域的事实、信息、知识和技术应用于另一领域的方法。例如，设计一种水上汽艇的控制系统，人们可以将它同汽车相类比。汽车上的操纵机构、车灯、喇叭、制动系统等经过适当改造之后都可以应用到汽艇上，而这要比凭空想象设计一种东西容易获得成功。再如运用仿生学设计飞机、潜艇等，也都是一种直接类比的方法。

其实施步骤如下：

第一，研究和分析问题，明确掌握问题的内容和要求，以及解决问题的设想；

第二，根据分析问题的结果，寻找类似事物作为问题解决的类比物；

第三，研究类比物的机理，即研究类比物的性质、功能、原理和结构等；

第四，在类比物机理的启发下，构想实现与类比物机理相似的技术原理和手段，从而形成技术方案，解决问题。

③象征类比法。所谓象征类比法是一种用具体事物来表示某种抽象概念或思想感情的表现手法。在创造性活动中，人们有时也可以赋予创造对象一定的象征性，使它们具有独特的风格，这叫象征类比。即先用简练的词汇来表达所要探讨的问题。如绿色会使人联想到生命，于是绿色就成了生命的象征；设计咖啡馆、茶楼、音乐厅时，就需要赋予它们"艺术""优雅"的象征格调等。

（3）四种模拟技巧。为了加强发挥创造力的潜能，使人们有意识地活用异质同化、同质异化两大原则，戈登提出了四种极具实践性、具体性的模拟技巧：

①人格性的模拟是一种感情移入式的思考方法。先假设自己变成该事物以后，再考虑自己会有什么感觉，又如何去行动，然后再寻找解决问题的方案。

②直接性的模拟是指以作为模拟的事物为范本，直接把研究对象范本联系起来进行思考，提出处理问题的方案。

③想象性的模拟是指充分利用人类的想象能力，通过童话、小说、幻想、谚语等来寻找灵感，以获取解决问题的方案。

④象征性的模拟是指把问题想象成物质性的，即非人格化的，然后借此激励脑力，开发创造潜力，以获取解决问题的方法。

3. 综摄法的基本特点

综摄法作为一种创新方法，它的特点在于：由于两个或两类事物在某些方面具有相同的或相似的特点，因此期望通过类比把某些事物的特点复现到另一类事物上实现创新，这种方法能在一定范围和一定程度上给人以某种新启示，这对创造性思维是非常有益的，但综摄法也有其不足，它的运用受到一定程度的限制。它的正确运用，既需要利用心理学的许多理论，又需要在很大程度上依靠人的想象、直觉、灵感等非逻辑思维，因此，必须花费相当多的时间和精力才有可能较好地掌握此方法。

4. 综摄法的实施应用

（1）实施程序。戈登的综摄法分为两步：第一步为准备阶段，先把问题分解为若干个小问题，再找出解决问题的办法，这一步可称为"变陌生为熟悉"。第二步是暂时离开问题，从陌生的角度去思考，得到启发后再回到原问题上来，通过联想结合得到解决问题的方法，这一步可称为"变熟悉为陌生"。

普林斯将综摄法划分七步进行：第一步，给定问题，由主持人说明要解决的问题；第二步，分析，由主持人详细介绍问题的有关背景材料、现行解决方法及存在的问题；第三步，问题重新表述，与会者从不同的角度对问题重新进行表述；第四步，整理重新表述，主持人对众多的表述做简单分析后按问题的重要性大小进行排列；第五步，远离问题，与会者采用类比方法尽力搜寻看起来无关但确有相通之处的概念、要素或方法，这是陌生化过程；第六步，强行结合，把陌生化过程中受到的启发和类比的成果与原问题结合起来形成独创性的构想；第七步，方案的认可，主持人就强行结合形成的初步构想来讲述其理解，以确认是否准确地表达了具体构想，与会者还可以对构想加以补充和完善。

（2）实施要点。①讨论时最好先不公布议题，有人涉及时再提出来，以便于与会者灵感的相互激发；②这种方法不追求设想的数量，而是追求设想的质量和可行性；③人格性的模拟一般不易做到，因此必须集中精力。④想象性和象征性的模拟需要从"问题在童话、科幻小说中，会变成什么样呢"的疑问开始进行，继而寻找答案，这样才能符合两大原则。

（3）应注意的问题。①模拟时要集中注意力。②综摄法的精髓是通过识别事物之间的异同来捕捉富有启发性的新思路，产生有用可行的创造性设想，并得出解决问题的方案。③要确定贯彻综摄法的两大原则。

5. 综摄法的适用范围

综摄法的宗旨是以已有的事物为媒介，将它们分成若干元素，并将某些元素选出来，根据它们的特征，产生一个新的设想，以此来解决问题。因此它的最大用处在于借助已有产品的优势元素，设计新产品，进而制定营销策略等。

(四)"5W2H"分析法

1. "5W2H"分析法的定义

"5W2H"分析法又叫七何分析法,由"二战"中美国陆军兵器修理部首创。它简单、方便、易于理解、富有启发意义,所以广泛应用于企业管理和技术活动中。

发明者用五个以 W 开头的英语单词和两个以 H 开头的英语单词进行设问,发现解决问题的线索,寻找发明思路,进行设计构思,从而搞出新的发明项目,这就叫作 5W2H 法。具体为:

(1) Why?——为什么?为什么要这么做?理由何在?原因是什么?

(2) What?——是什么?目的是什么?做什么工作?

(3) Who?——谁?由谁来承担?谁来完成?谁负责?

(4) When?——何时?什么时间完成?什么时机最适宜?

(5) Where?——何处?在哪里做?从哪里入手?

(6) How?——怎么做?如何提高效率?如何实施?方法是什么?

(7) How Much?——多少?做到什么程度?数量如何?质量水平如何?费用产出如何?

提出疑问、发现问题、解决问题是极其重要的。创造力强的人,都具有善于提出问题的能力,众所周知,提出一个好的问题,就意味着问题解决了一半。好问题的提出,可以使人尽情地发挥其想象力。相反,一些不好的问题提出来,就会挫伤我们的想象力。发明者在设计新产品时,常常提出:为什么(Why);是什么(What);何人做(Who);何时做(When);何地做(Where);如何做(How);做多少(How Much)。这就构成了 5W2H 法的总框架。如果提出问题中常有"假如……""如果……""是否……"这样的虚词,就是一种设问,设问更需要想象力。

在发明设计中,对问题不敏感、看不出毛病是与平时不善于提问有密切关系的。如果对一个问题追根刨底,就有可能发现新的知识和新的疑问。所以从根本上说,要学会发明就要首先学会提问,并且善于提问。

2. "5W2H"分析法的优势

如果现行的做法或产品经过七个问题的审核已无懈可击,便可认为这一做法或产品可取。如果七个问题中有一个答复不能令人满意,则表示这方面有改进余地。如果哪方面的答复有独创的优点,则可以扩大产品这方面的效用。

(1) 可以准确界定、清晰表述问题,提高工作效率。

(2) 有效掌控事件的本质,完全抓住了事件的主骨架。

(3) 简单、方便,易于理解、使用,富有启发意义。

(4) 有助于思路的条理化,杜绝盲目性。有助于全面思考问题,从而避免在流程设计中遗漏项目。

3. "5W2H"分析法的应用程序

(1) 检查原产品的合理性。①为什么(Why)?为什么采用这个技术参数?为什么不能有响声?为什么停用?为什么变成红色?为什么要做成这个形状?为什么采用机器代替人力？为什么产品的制造要经过这么多环节？为什么非做不可？②做什么（What）？条件是什么？哪一部分工作要做？目的是什么？重点是什么？与什么有关系？功能是什么？规范是什么？工作对象是什么？③谁（Who）？谁来办最方便？谁会生产？谁可以办？谁是顾客？谁被忽略了？谁是决策人？谁会受益？④何时（When）？何时要完成？何时安装？何时销售？何时是最佳营业时间？何时工作人员容易疲劳？何时产量最高？何时完成最为时宜？需要几天才算合理？⑤何地（Where）？何地最适宜某物生长？何处生产最经济？从何处买？还有什么地方可以作销售点？安装在什么地方最合适？何地有资源？⑥怎样（How）？怎样做省力？怎样做最快？怎样做效率最高？怎样改进？怎样得到？怎样避免失败？怎样求发展？怎样增加销路？怎样提高效率？怎样才能使产品更加美观大方？怎样使产品用起来方便？⑦多少（How Much）？功能指标达到多少？销售多少？成本多少？输出功率多少？效率多高？尺寸多少？重量多少？

（2）决定设计新产品：改进原产品的缺点，扩大原产品独特优点的效用。

（五）检核表法

1. 检核表法的定义

检核表法是指在考虑某一个问题时，先制成一览表，对每个项目逐一进行检查，以避免遗漏要点。

检核表法几乎适用于任何类型与场合的创造活动，因此享有"创造之母"的称号，许多富有创意的思考方法，也是由此派生或者启发而来的。虽然当前科学技术的门类已多达两千多种，但是人们一旦使用这种简单易行的检核表法，就能正确有效地掌握创造发明的目标与方向。

亚历克斯·奥斯本是美国创新技法和创新过程之父。1941年出版《思考的方法》，提出了世界第一个创新发明技法"智力激励法"。1941年出版世界上的第一部创新学专著《创造性想象》，提出了奥斯本检核表法。

奥斯本检核表是针对某种特定要求而制定的检核表，主要用于新产品的研制开发。奥斯本检核表法是指以该技法的发明者奥斯本命名，引导主体在创造过程中对照九个方面的问题进行思考，以便启迪思路，开拓思维想象的空间，促进人们产生新设想、新方案的方法，九个方面的问题分别是：有无其他用途、能否借用、能否改变、能否扩大、能否缩小、能否代用、能否重新调整、能否颠倒、能否组合。

奥斯本检核表法是一种产生创意的方法。在众多的创造技法中，这种方法是一种效果比较理想的技法。由于它具有突出的效果，所以被誉为创造之母。人们运用这种方法，提出了很多杰出的创意，进行了大量的发明创造。

2. 检核表法的优势（以奥斯本检核表法为例）

检核表法是一种具有较强启发创新思维的方法。这是因为它强制人去思考，有利于突破一些人不愿提问题或不善于提问题的心理障碍。提问，尤其是提出有创意的新问题本身就是一种创新。另外，核检表法提供了创新活动最基本的思路，可以使创新者尽快集中精力，朝提示的目标方向去构想、创造、创新。奥斯本检核表法有利于提高发现创新的成功率：创新发明最大的敌人是思维的惰性。大部分人总是自觉和不自觉地利用惯性思维来看待事物，对问题不敏感，即使看出了事物的缺陷和毛病，也懒得进一步思索，因而难以有创新。检核表法使人们克服了不愿提问或不善提问的心理障碍，在进行逐项检核时，强迫人们思维扩展，突破旧的思维框架，开拓创新的思路，提高创新的成功率。

利用奥斯本检核表法，可以产生大量的原始思路和原始创意，它对人们的发散思维，有很大的启发作用。当然，运用此方法时，还要注意：要和具体的知识经验相结合。奥斯本只是提供了思考的一般角度和思路，思路的发展，还要依赖于人们的具体思维。运用此方法时，还要结合改进对象（方案或产品）来进行思考。运用此方法时，还可以自行设计大量的问题。提出的问题越新颖，得到的主意越有创意。

奥斯本检核表法的优点很突出，它使思考问题的角度具体化了。它也有缺点，就是它是改进型的创意产生方法，你必须先选定一个有待改进的对象，然后在此基础上设法加以改进。它不是原创型的，但有时候，也能够产生原创型的创意。比如，把一个产品的原理引入另一个领域，就可能产生原创型的创意。

3. 检核表法的实施过程（以奥斯本检核表法为例）

奥斯本检核表法的核心是改进，或者说关键词是改进，通过变化来改进。

其基本做法是：首先，选定一个要改进的产品或方案；其次，面对一个需要改进的产品或方案，或者面对一个问题，从下列角度提出一系列的问题，并由此产生大量的思路；最后，根据第二步提出的思路，进行筛选和进一步思考、完善。

具体实施步骤为：

（1）根据创新对象明确需要解决的问题；

（2）根据需要解决的问题，参照表中列出的问题，运用丰富想象力，强制性地一个个核对讨论，写出新设想；

（3）对新设想进行筛选，将最有价值和创新性的设想筛选出来。

在实施过程中需要注意的是：

（1）要联系实际一条一条地进行核检，不要有遗漏。

（2）要多核检几遍，效果会更好，或许会更准确地选择出所需创新、发明的方面。

（3）在核检每项内容时，要尽可能发挥自己的想象力和联想力，产生更多的创造性设想。进行检索思考时，可以将每大类问题作为一种单独的创新方法来运用。

（4）核检方式可根据需要进行选择。一人核检也可以，3~8人共同核检也可以。集体核检有利于互相激励，更有希望创新。

4. 检核表法的9组问题（以奥斯本检核表法为例）

奥斯本检核表法属于横向思维，以直观、直接的方式激发思维活动，操作十分方便，效果也相当好。

下述9组问题对于任何领域创造性地解决问题都是适用的，这些问题不是奥斯本凭空想象的，而是他在研究和总结大量近、现代科学发现、发明、创造事例的基础上归纳出来的。

（1）现有的东西（如发明、材料、方法等）有无其他用途？保持原状不变能否扩大用途？稍加改变，有无别的用途？

人们从事创造活动时，往往沿着这样两种途径：一种是当某个目标确定后，沿着从目标到方法的途径，根据目标找出达到目标的方法；另一种则与此相反，首先发现一种事实，然后想象这一事实能起什么作用，即从方法入手将思维引向目标。后一种是人们最常用的，而且随着科学技术的发展，这种方法将越来越广泛地得到应用。

某个东西，"还能有其他什么用途？""还能用其他什么方法使用它？"……这能使我们的想象活跃起来。当我们拥有某种材料时，为了扩大它的用途，打开它的市场，就必须善于进行这种思考。橡胶有什么用处？有家公司提出了成千上万种设想，如用它制作床毯、浴盆、人行道边饰、衣夹、鸟笼、门扶手、棺材、墓碑等。炉渣有什么用处？废料有什么用处？边角料有什么用处？……当人们将自己的想象投入这条广阔的"高速公路"，就会以丰富的想象力产生出更多的好设想。

（2）能否从别处得到启发？能否借用别处的经验或发明？外界有无相似的想法，能否借鉴？过去有无类似的东西，有什么东西可供模仿？谁的东西可供模仿？现有的发明能否引入其他的创造性设想之中？

当伦琴发现"X射线"时，并没有预见到这种射线的任何用途。因而当发现这项发现具有广泛用途时，他感到非常吃惊。通过联想借鉴，现在人们不仅已用"X射线"来治疗疾病，外科医生还用它来观察人体的内部情况。同样，电灯最初只用来照明，后来，人们改变了光的波长，发明了紫外线灯、红外线加热灯、灭菌灯等。科学技术的重大进步不仅表现在某些科学技术难题的突破上，也表现在科学技术成果的推广应用上。一种新产品、新工艺、新材料，必将随着它越来越多的新应用而显示其生命力。

（3）现有的东西是否可以作某些改变？改变一下会怎么样？可否改变一下形状、颜色、味道？是否可改变一下意义、型号、模具、运动形式？……改变之后，效果又将如何？

例如，有时改变一下汽车车身的颜色，就会增加汽车的美感，从而增加它的销售量。又如，给面包裹上一层芳香的包装，就能提高它的嗅觉诱惑力。据说妇女用的游泳衣是婴儿衣服的模仿品，而滚柱轴承改成滚珠轴承就是改变形状的结果。

（4）现有的东西能否扩大使用范围？能不能增加一些东西？能否添加部件、拉长时间、增加长度、提高强度、延长使用寿命、提高价值、加快转速？……

在自我发问的技巧中，研究"再多些"与"再少些"这类有关联的成分，能给想象提供大量的构思设想。使用加法和乘法，便可能使人们扩大探索的领域。

"为什么不用更大的包装呢？"——橡胶工厂大量使用的黏合剂通常装在1加仑[①]的马口铁桶中出售，黏合剂使用完后铁桶便被扔掉。有位工人建议将黏合剂装在50加仑的容器内，容器可反复使用，节省了大量马口铁桶。

"能使之加固吗？"——织袜厂通过加固袜头和袜跟，使袜子的销售量大增。

"能改变一下成分吗？"——牙膏中加入某种配料，成了具有某种附加功能的牙膏。

---

① 1加仑=3.79立方分米。

（5）缩小一些怎么样？现在的东西能否缩小体积、减轻重量、降低高度、压缩、变薄？……能否省略，能否进一步细分？

前面一条是沿着"借助于扩大""借助于增加"而通往新设想的渠道，这一条则是沿着"借助于缩小""借助于省略或分解"的途径来寻找新设想的道路。袖珍式收音机、微型计算机、折叠伞等就是缩小的产物。没有内胎的轮胎、尽可能删去细节的漫画，就是省略的结果。

（6）能否代用？能否由别的东西代替，由别人代替？能否用别的材料、零件代替？能否用别的方法、工艺代替？能否用别的能源代替？能否选取其他地点？

例如在汽车中用液压传动来替代金属齿轮，又如在电灯泡中用充氩来代替真空，使钨丝灯泡提高亮度。通过取代、替换的途径也可以为想象提供广阔的探索领域。

（7）能否更换一下先后顺序？能否调换元件、部件？是否可用其他型号？能否改变另一种安排方式？原因与结果能否对换位置？能否变换一下日程？……更换一下，会怎么样？

重新安排通常会带来很多创造性设想。飞机诞生的初期，螺旋桨安排在头部，后来，将它装到了顶部，成了直升机，说明通过重新安排可以产生种种创造性设想。商店柜台的重新安排、营业时间的合理调整、电视节目的安排顺序、机器设备的布局调整等都有可能导致更好的结果。

（8）通过对比也能成为萌发想象的宝贵源泉，可以启发人的思路，那倒过来会怎么样？上下是否可以倒过来？左右、前后是否可以对换位置？里外可否倒换？正反是否可以倒换？能否用否定代替肯定？

这是一种反向思维的方法，它在创造活动中是一种颇为常见和有用的思维方法。第一次世界大战期间，有人就曾运用这种"颠倒"的设想建造舰船，建造速度也有了显著的加快。

（9）组合起来怎么样？能否装配成一个系统？能否把目的进行组合？能否将各种想法进行综合？能否把各种部件进行组合？等等。

例如，把铅笔和橡皮组合在一起成为带橡皮的铅笔，把几种部件组合在一起变成组合机床，把几种金属组合在一起变成种种性能不同的合金，把几件材料组合在一起制成复合材料，把几个企业组合在一起构成横向联合等。

应用奥斯本的检核表是一种强制性思考过程，有利于克服不愿提问的心理障碍。很多时候，善于提问本身就是一种创造。

5. 检核表法分析实例

（1）能否他用——其他用途：信号灯、装饰灯；
（2）能否借用——增加功能：加大反光罩，增加灯泡亮度；
（3）能否改变——改一改：改灯罩、改小电珠和用彩色电珠等；
（4）能否扩大——延长使用寿命：使用节电、降压开关；
（5）能否缩小——缩小体积：1号电池→2号电池→5号电池→7号电池→8号电池→纽扣电池；
（6）能否替代——代用：用发光二极管替代小电珠；

（7）能否调整——换型号：两节电池直排、横排，改变式样；

（8）能否颠倒——反过来想：不用干电池的手电筒，用磁电机发电；

（9）能否组合——与其他组合：带手电收音机、带手电的表等。

（六）属性列举法

1. 属性列举法的含义

属性列举法（Attribute Listing Technique），也称特性列举法，是美国尼布拉斯加大学的罗伯特·克劳福德（Robert Crawford）教授于1954年所提倡的一种著名的创意思维策略。此法强调使用者在创造的过程中观察和分析事物或问题的特性或属性，然后针对每项特性提出改良或改变的构想。

属性列举法是发明常用的方法之一，它的使用原理有两点：一是对物体的特性加以描述。例如对于键盘，可以用形状、颜色、使用功能、使用方法、使用人群等来描述其特性。又如显示屏，又如何描述？可以用材料、尺寸、形状、使用场合、使用人群、重量等来描述其特性。使用这种方法首先要熟悉所要研究的对象，列举出它的特性。二是分解原理。由整体到局部，由大到小，分得越细，越容易发现问题和解决问题。当然在分解的同时如果能考虑此物品的使用环境和使用人群，就更容易发现创新点。此法的优点是能保证对问题的所有方面进行全面的研究。

2. 属性列举法的实施步骤

属性列举法的实施步骤为（以椅子为例）：

（1）把可以看作椅子属性的东西分别列出"名词""形容词"及"动词"三类属性，并以头脑风暴法的形式一一列举出来。

（2）如果列举的属性已达到一定的数量，可从下列两个方面进行整理：①内容重复者归为一类。②相互矛盾的构想统一为其中的一种。

（3）将列出的事项、按名词的属性、形容词的属性及动词的属性进行整理，并考虑有没有遗漏的，如有新的要素须补充上去。

（4）按各个类别分类，寻求更好的构想。

（5）如果针对各种属性进行考虑，然后进一步构想，就可以设计出实用的、新型的椅子了。

3. 属性列举法分析实例

下面以雨伞为例说明。

（1）确定研究对象：尼龙绸折叠花伞。

（2）特征举例：①名词性特征：伞把、伞架、伞尖、伞面、弹簧、开关机构、伞套、尼龙绸面、铝杆、铁架。②动词性特征：折叠、手举、打开、闭合、握、提、挂、放、按、晒、遮雨。③形容性特征：圆柱形的（伞把）、曲形的（伞把）、直的（伞架）、硬的（伞架）、尖的（伞尖）、花形的（伞面）、圆的（伞面）、不发光的雨伞等。

（3）进行特征变换。将直的、硬的、铁的伞架变换为软的充气管式伞架，以便于携带。将同种材料、不透明的伞面变换为应用两种不同材料的、带透明伞边的伞面，以扩大视线。

将用手举的伞变换为用肩固定的伞、用头固定的伞，以方便骑车者、提物者、抱婴儿者使用。将无声响的伞变换为带音乐的、带收音的、带电筒的伞。还可增加一些新的特征，如带香味、能发光、能代替太阳灶、透风不透雨等。

（4）提出新产品设想。依变换后的新特征与其他特征组合可得到以下新产品：①硬塑伞把、铝杆、充气式伞架组成的花面折伞。②普通型带透明伞边的伞及充气型带透明伞边的伞。③带在头上的无杆伞；普通支架、小伞面伞；带在头上的充气型小伞面伞；能背在肩上的伞。④伞把与伞中藏有收音机、电筒的花面金属架的伞。⑤旅游用的太阳能多用伞。

项目二

创新思维及创新设计思维

【知识目标】

➢ 了解创新思维的概念、内容、来源、类型
➢ 掌握创新思维的特征、方式
➢ 熟悉创新设计思维的过程

【能力目标】

➢ 掌握创新设计思维能力培养的方法
➢ 熟练运用创新思维训练方法培养创新思维

【导读案例】

家庭主妇发明"花罐头"

发明"花罐头"的人,是日本的一个家庭主妇,名叫富田惠子。有一天,她的一位邻友去西欧度假,临走时,把家中的几盆花托她代养。由于她没有养花经验,浇水施肥又把握不好,几盆花最后只能落得枯枝败叶的下场!这件事情叫富田惠子很不开心。"怎样才能使外行也能养好花呢?"这个想法一直在她脑海中萦绕。一次做饭,她又像往常那样打开罐装午餐肉。一阵灵感突然袭来:能否把花草和罐头结合在一起呢?如果能像吃罐头一样,只要打开罐头盖,每天往那些早已混合好的泥土、花籽和肥料中浇点水,外行也会种出艳丽的花朵,那该有多美妙啊!苍天不负有心人,富田惠子在丈夫的帮助下,终于研制出了"花罐头"。他们按严格的配方比,在罐头里添装好复合配料、泥土和种子,然后再密封起来销售。由于任何人都能靠浇水养好这种花,所以产品销路很好,成了"热门货"。"花罐头"

当年就获利2000万日元的盈利。富田惠子由一名家庭主妇成为令人羡慕的企业家，靠的正是对种植花卉进行了创新。

创新是指人类为了满足自身的需要，不断拓展对客观世界及其自身的认知与行为，从而产生有价值的新思想、新举措、新事物的实践活动。具体地讲，创新是指人为了达到一定的目的，遵循事物发展的规律，调动已知信息、已有知识，开展创新思维，对事物的整体或其中的某些部分进行变革，产生出某种新颖、独特、有价值的新概念、新设想、新理论、新技术、新工艺、新产品等新成果的智力活动过程。

（资料来源：http://www.doc88.com/p-0814329626416.html）

【思考】富田惠子是如何创造出"花罐头"的？

任务一 探索创新思维是什么

【导读案例】

犹太人的经营之道

多年以前，在奥斯维辛集中营里，一个犹太人对他的儿子说："现在我们唯一的财富就是智慧，当别人说一加一等于二的时候，你应该想到大于二。"纳粹在奥斯维辛集中营里毒死了几十万人，这父子俩却活了下来。

1946年，他们来到美国，在休斯敦做铜器生意。一天，父亲问儿子一磅铜的价格是多少，儿子的答案是35美分。父亲说："对，整个得克萨斯州都知道每磅铜的价格是35美分，但是作为犹太人的儿子，应该说3.5美元。你试着把一磅铜做成门把手看看。"

20年后，父亲死了，儿子独立经营铜器店。他做过铜鼓，做过瑞士钟表上的簧片，做过奥运会的奖牌。他曾把一磅铜卖到3500美元，这时他已是麦考尔公司的董事长。然而，真正使他扬名的，是纽约州的一堆垃圾。1974年，美国政府为了清理自由女神像翻新后产生的废料，向社会广泛招标。但好几个月过去了，没人应标。正在法国旅行的他听说以后，立即飞往纽约，看了自由女神像下堆积如山的铜块、螺丝和木料后，未提任何条件，当即就签了字。纽约许多运输公司对他的这一愚蠢举动暗自偷笑。因为在纽约，垃圾处理有严格的规定，处理不好会受到环保组织的起诉。就在一些人要看这个犹太人的笑话时，他开始组织工人对废料进行分类。他让人把废铜熔化，铸成小自由女神像；把水泥块和木头加工成底座；把废铅、废铝做成纽约广场的钥匙。最后，他甚至把从自由女神身上扫下来的灰包装起来，出售给花店。不到3个月的时间，他让这堆废料变成了350万美元，使铜的价格整整翻了一万倍。

犹太人智慧地运用了创新思维，发挥了创新精神，把无人问津的废料变成可售商品，换来了成倍增长的财富！

（资料来源：https://tieba.baidu.com/p/2467778852？red_tag=0484030366&traceid）

【思考】什么是创新思维呢？

一、思维的定义

什么是思维？广义上的思维是相对于物质而与意识同义的范畴；狭义上的思维是相对于感性认识而与理性认识同义的范畴（《中国大百科全书·哲学卷》第二册，中国大百科全书出版社1987年版，第828页）。"思维是人脑的机能和对客观存在的反映，是人脑接受、加工、储存和输出信息以指导人的行为的活动过程"（《社会思维学》，人民出版社1996年版，第33页）。思维是人类所特有的，是人区别于其他动物的根本标志。人类接收、加工、储存和输出信息，这些行为的目的是指导人们的各种活动。

二、创新思维的概念与内涵

创新思维是指人类在探索未知的领域过程中，充分发挥认识的能动作用，突破固定的逻辑通道，以灵活新颖的方式和多维的角度探究事物运动内部机理的思维活动。通过这种思维能突破常规思维的界限，以超常规甚至反常规的方法、视角去思考问题，提出与众不同的解决方案，从而产生新颖的、独到的、有社会意义的思维成果。

人类的思维具有习常性和创新性。习常性思维，即有既定的方法可借鉴、利用，存在确定规则可遵循的日常思维。创新性思维，即无有效的方法可供直接利用，不存在确定规则可遵循的思维。英国剑桥大学认知基金会主席爱德华·德·波诺曾根据思考的出发点的不同情况，把思维活动的方式分为垂直思考法和水平思考法。垂直思考法是从一个固定的前提出发，遵照思考者惯常的推论定式，一直往下推演，直至获得结论。水平思考法无固定的推论前提，当思考者从原有的观点出发，推不出所期望的结论时，便尝试以其他的观点为推论前提，探寻认识事物、解决问题的新途径、新角度。这种以变换观点、变换前提为特征的思维就是创新性思维。相对而言，以上对习常性思维的描述更偏向于垂直思考法，因此我们也可以把习常性思维称为垂直思维，把创造性思维称为水平思维。另外，也可以把习常性思维称为左脑思维，把创新性思维称为右脑思维。人们根据人的生理结构，把人类的思维划分为左脑思考法和右脑思考法，认为左脑的功能主要在于语言性的逻辑思考、推论能力；右脑的功能则主要在于语言性的直觉、创造想象力等。

创新性思维与习常性思维具有不同的思维品质，它们的不同表现在性质和思维形态上。两者性质不同：习常性思维是常规性思维，追求确定的规则、方法、进程；创新性思维是开拓型思维，追求独到性和新颖性。两者的思维形态不同：习常性思维是平稳不息的思维，创新性思维是时断时续的思维。

同时，创新性思维与习常性思维又有着密切联系。首先，它们是同一思维的两个侧面，不可分离。其次，两者互为前提，习常性思维是创新性思维的基本，创新性思维是习常性思维的升华。人类大量的思维活动是习常性的思维活动，有了持之以恒的习常性思维才会产生创新性思维，创新性思维是对习常性思维的突破。最后，两者相互渗透，创新性思维往往渗透于习常性思维活动中，而创新性思维过程也离不开类似于逻辑推导这样的习常性思维。

三、创新思维的特征

创新思维的本质在于"创新",即首创事物的能力,它体现出来的是创造力,而不是墨守成规的重复。创新思维的过程就是根据一定的目的、任务,在脑海中创造出新东西的过程,它包括构思新思路、创作新艺术形象、设计新产品、发明新技术、勾勒新图案、制定新规划。离开了"创新"就谈不上创造力,也就无所谓创新思维了。

创新思维常以"奇""异"制胜于其他类型思维。人们之所以能区别于其他动物,对自然环境和社会环境进行改造,是因为人类的创造性禀赋赋予了人们创造新世界的能力。创新思维是人类创造性禀赋的集中体现,使人类突破各种自然极限,在一切领域里开创新局面,是不断满足人类精神与物质需求的重要思维活动。

(一) 独立性(求异性)

独立性(求异性),即积极地求异,与众人、前人有所不同,独具卓识。创新思维是一种求异思维。墨守成规、步人后尘就做不到创新。只有敢于在认知的过程中积极发现客观事物之间的差异性,发现人们习以为常的事物背后的问题,对似乎完美无缺的经常现象和已知的权威理论进行分析、怀疑,才能突破成规,勇于创新。科学史上每一次科学革命都和科学怀疑紧密相关,科学怀疑是从反面进行思考、探索、研究的理性思维活动,是具有否定性、试探性、不确定性特征的思维形式。科学怀疑是人类进行创新思维活动必不可少的,它既是科学思维的起点,也是科学思维发展的环节和手段,起着开拓思路和促进创新的作用。因此"怀疑因子"是构成独立性即求异性的关键。除此之外,主动否定自己,打破"自我框架"的"自变性因子"以及敢于坚持真理、敢于反潮流,不怕外在压力的"抗压性因子"也是独立性的重要条件。

(二) 联动性(联想性)

联动性(联想性),即由此及彼的思维能力。创新思维往往需要举一反三,融会贯通。这种连动或表现为"纵向连动",即发现一种现象后,对其进行纵向挖掘,探究其内在机理;或表现为"横向连动",即发现一种现象后随即联想到与之相似、相关的事物;也可以表现为"逆向连动",即看到一种现象后,立即联想到其对立面。联动性表明创新思维是一种联想思维。

(三) 多向性(发散性)

多向性(发散性),即善于从不同的角度思考问题。这种思维或表现为"发散机智",即在一个问题面前提出多种设想,多种答案;或表现为"换元机智",即灵活地置换影响事物质与量的因素,从而产生新思路;或表现为"转向机智",即在一个方向受到阻碍时,不钻"牛角尖",而是转向其他方向;或表现为"创优机智",即在多种答案中努力探寻最优的方案。多向性特点表明,创新思维是一种具有流畅性、灵活性的发散思维、置换思维和迂回思维。具有创新思维素质的人应该思路开阔,不受传统思想、观念、习惯的束缚,敢于从新的角度思考问题,善于从不同的角度考虑问题。

（四）跨越性（反常性）

跨越性是指跳出常规的逻辑推导规则和通常的实践进程，另辟蹊径；跨越时间进度，省略思维步骤，加大思维的前进性；跨越转换角度，省略事物转化为其他事物的思维步骤，加大思维的跳跃性、灵活性。跨越性表明，创新思维是一种非常规思维，无序性往往是其一个重要特征。

（五）统摄性

统摄性，即统摄前人成果、统摄多种思维形式和方法、智慧杂交的性质。创新思维不是一种简单的平面思维，而是一种复杂的立体思维。创新思维形成于大量概念、事实和观察材料的综合。在创新思维过程中，既有归纳、演绎、分析、综合等逻辑思维，又有超越经验的科学遐想；既有长期的积累和经久的沉思，又有短时间的突破和顿悟；既有正向、逆向的线性思维和纵向、横向的平面思维，又有多维开阔的立体、空间思维和交叉、整体思维。总而言之，创新思维是一种具有综合性、统摄性的高级思维形态，具有高度概括性，是建立在各种思维基础上的整体，是人类多方面智慧的体现。创新思维又极具深刻性，是各种思维的升华，是突破性的质的飞跃。

（六）无畏性

创新之路不是平坦的大道，在创新的遥远路途中，充满着艰险。等待、失败、绝望是创新路上经常的伴侣。为了取得创新成果，有时甚至要付出生命的代价。因此，思维创新不仅需要超常的智力，而且需要非凡的勇气。美国的罗斯曼对710位获得发明专利的人做调查，问他们"成功的因素是什么"，70%的被调查者回答是"坚持不懈"。不仅如此，创新要有献身的勇气，有自我牺牲的精神。科学史上许多创新者都是值得敬仰的勇士。美国毒蛇研究专家卡尔·施密特和海斯德为了体验蛇毒，勇敢地在自己身上注入蛇毒，用亲身体验写下报告，卡尔·施密特的报告是在他临终前忍着蛇毒的剧烈反应写下的。意大利科学家布鲁诺因坚信宇宙的无限性而触犯教廷，面对烈火的吞噬而不放弃自己的新思想。伽利略因宣传并完善了哥白尼的"日心说"而遭受迫害，但他不屈服于宗教的淫威，在监狱中继续从事科学研究。

以上特征说明，创新思维的形成，一方面，需要创新者具有敏锐的洞察力和独特的知识结构。有敏锐的洞察力才能独具慧眼，洞察事物的本质，揭示事物的规律，才能抓住机遇做出创新。有独特的知识结构才能对各种知识成果进行科学的分析，选取其中的智慧精华，再通过巧妙的综合形成新的成果。另一方面，创新思维的形成还需要不迷信权威、不盲从传统、敢于面对困难和具有勇于献身的大无畏精神。思维的创新与真理的追求是内在的统一，害怕真理的人、不敢坚持真理的人，是难以拥有创新思维的。

四、创新思维的方式

国内外的学者对创新思维的方式有不同的分类。以左右脑为标准，把创新思维界定为右脑思维。研究认为，左脑的功能主要在于语言性的逻辑思考、推论能力；右脑的功能则主要在于语言性的直觉、创造想象力等。因而创新思维是右脑思维。以是否遵循逻辑规则为标准，把创新思维界定为非逻辑思维方式。持这种观点的学者认为创新思维既然不受逻辑规则的束缚，则应该是一种非逻辑的思维方式。另外，依据思维的自觉程度，把创新思维界定为自觉思维方式，或界定为非自觉思维方式。自觉思维方式的创新思维形式有"创造想象说"和"发散思维说"两种理论。"创造想象说"把创造性想象视为创新思维的主要形式。"发散思维说"将发散思维视为一种典型的创造想象，是一种典型的创新思维方式。然而，创新思维并非都是自觉的，它也可以是一种非自觉的思维方式。作为非自觉思维的创新思维方式通常指无意识或是下意识状态下的思维，其典型表现形式是灵感、直觉、顿悟等特异思维方式。但是，无论是自觉的创新思维形式（如创造想象、发散思维等）还是非自觉的创新思维形式（如灵感思维、直觉思维、潜意识等），都只是创新思维的局部，不应该片面强调。由此，出现了一种"自觉意识与非自觉意识交融说"，即将自觉意识与非自觉意识的相互交融或相互作用视作创新思维的本质形式理论，这一观点相信潜意识活动在一定范围内是受显意识支配的。此外，还有把创新思维称为水平思维、横向思维的，水平思维是与垂直思维相对应的。垂直思维即从一固定的前提出发，按照惯常的推论定式一直往下推衍，直至获得结论。而水平思维无固定的推论前提，当从原有的观点出发，推不出所期望的结论时，便尝试以其他观点为推论前提，探寻认识事物、解决问题。

综上所述，创新思维是逻辑思维与非逻辑思维、自觉思维与非自觉思维、水平思维与垂直思维、左脑思维与右脑思维的统一，是一种复杂的思维方式。

创新的思维方式是多种多样的，可以从不同的侧面做出不同角度的揭示，在这里将介绍四种思维方式。

（一）发散思维

发散思维又称"辐射思维"或"放射思维"，是指从一个目标出发，沿着各种不同的途径去思考，探求多种答案的思维方式。发散思维是指大脑在思维时呈现的一种发散状态的思维模式，比较常见，它表现为思维视线广阔，思维呈现出多维发散状。其具体思维过程是：以已知的某一点信息为思维基点，运用已有的知识，通过分解组合、引申推导、想象类比等，从不同方向进行思考，得出多种思路，想出多种可能，从中引发创新。

（二）联想思维

联想思维由两部分组成：一部分是联想体，另一部分是联想物。联想是想象的一种，是由一事物联想到另一事物的心理过程。联想以事物间的相互联系为基础。人们在实践中把握了事物间的种种联系，在大脑深处形成了种种联系渠道，成为一种潜意识，一旦受到启发，刺激这些联想渠道，联想由此产生。联想是创新的重要途径，许多创新思维的产生都是基于出色、奇特、新颖的联想。

（三）逆向思维

逆向思维是创新的独特思路。所谓逆向思维就是为了实现创新过程中的某项目标，通过逆向思考，运用常规的逻辑推导和技术以实现创造发明的思维方式。一般人思考问题，往往按照经验或是现有的方法，运用"正向思维"按照事物的先后顺序进行。运用"正向思维"无疑是解决问题的一种有效途径，但是客观事物的联系具有正反两个方面，具有可逆性，对于习以为常的事物，用"逆向思维"去理解它的另一面，往往会产生新的理解。

（四）超越思维

超越思维就是超越常规，突破固定的逻辑通道。

以上所介绍的几种创新思维方式都可以视为超越思维方式。发散思维是对常规思维的超越；联想思维突破事物原有的类属关系，是对事物类属关系的超越；逆向思维是对常规思维方向和位置关系的超越。超越思维就是对思维惯性的超越，可以说超越是创新的实质，超越思维方式是创新思维的最根本方式。

任务二　创新设计思维

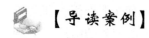
【导读案例】

可口可乐玻璃瓶

说起可口可乐的玻璃瓶包装，至今仍为人们所称道。1898年，鲁特玻璃公司一位年轻的工人亚历山大·山姆森在同女友约会时，发现女友穿着一套筒型连衣裙，显得臀部突出，腰部和腿部纤细，非常好看。约会结束后，他突发灵感，根据女友穿着的这套裙子的形象设计出了一个玻璃瓶。

经过反复修改，亚历山大·山姆森不仅将瓶子设计得非常美观，很像一位亭亭玉立的少女，而且他还把瓶子的容量设计成刚好一杯水的大小。瓶子试制出来之后，获得了人们的交口称赞。有经营意识的亚历山大·山姆森立即到专利局申请了专利。

亚历山大·山姆森设计的瓶子不仅美观，而且使用非常安全，手握时不易滑落。更令人叫绝的是，瓶子的中下部是扭纹型的，如同少女所穿的条纹裙子。而瓶子的中段则圆满丰硕，如同少女的臀部。此外，由于瓶子在结构上中大下小，当用它盛装可口可乐时，给人的感觉是量很多。可口可乐的决策者坎德勒在市场上看到了亚历山大·山姆森设计的玻璃瓶后，认为它非常适合作为可口可乐的包装。于是他主动向亚历山大·山姆森提出购买这个瓶子的专利。经过一番讨价还价，最后可口可乐公司以600万美元的天价买下此专利。采用亚历山大·山姆森设计的玻璃瓶作为可口可乐的包装以后，可口可乐的销量飞速增长，在两年的时间内，销量翻了一番。从此，采用亚历山大·山姆森设计的玻璃瓶作为包装的可口可乐开始畅销美国，并迅速风靡世界。600万美元的投入，为可口可乐公司带来了数以亿计的回报。

（资料来源：http://www.360doc.com/content/15/0420/09/915114_464533375.shtml）

【思考】可口可乐瓶子的设计体现出了设计思维，那么，设计思维与设计有什么不同？

一、创新设计思维的概念与内涵

创造性思维是指在客观需要的推动下,系统化地综合现有的存储信息,创造出新概念、新方法、新观点、新思想,从而促使认识或是实践取得重大进展的思维活动。

设计思维是以问题为导向,对设计领域出现的问题进行搜集、调查、分析,并最终得出解决方案的方法和过程。设计思维具有综合处理问题的能力,提供发现问题和分析问题的方法,最终给出新的解决方式。

创新设计思维是思考设计问题、解决设计问题的方式。回到思维层面,创新设计思维是创造性思维在设计上的延伸和具体化。创新设计思维是以最终用户的角色探索潜在的需求,不断从当前的现状和出现的问题出发,考虑现有的挑战,还要寻求潜在的挑战,强调最终客户的体验。而且,从美好的未来和理想的愿景出发,忘掉现状,强调最终客户未知的渴望的体验,将逻辑思维和直觉能力结合起来,利用一整套的设计工具和方法论进行创新方案或者服务设计的思维模式。设计思维的核心是创造性思维,它贯穿于整个设计活动的始终。创造的意义在于突破已有事物的约束,以独创性、新颖性的崭新观念或形式体现人类主动地改造客观世界、开拓新的价值体系和生活方式的有目的的活动。

二、创新设计思维的基本理论

创新设计思维是一种极为注重人性的科学,用来调动人们都具备的但为传统的解决问题方式所忽视的能力。创新设计思维依赖人们的直觉能力、辨识模式的能力、构建创意以实现情感共鸣和使用功能的能力,以及通过文字或符号之外的方式来表达自我的能力,实际上就是逻辑思维和设计思维的组合。创新设计思维具有主动性、目的性、预见性、求异性、发散性、独创性、突变性、灵活性等特点。创新设计思维是抽象思维、形象思维、发散思维、收敛思维、直觉思维、灵感思维、逆向思维、联想思维等多种思维形式的高效综合运用及反复辩证发展的过程。

创新设计方法是以创新思维为基础的,可以说创新设计与创新思维有着不解之缘,没有创新思维就没有创新设计。也就是说,创新设计具有多种创造性思维的原理和依据。

(一)综合创新

从一定意义上说,综合就是创造。但是,简单的拼凑不是综合,我们所说的综合是将事物的各个方面、各个部分和各种因素联系起来整体考虑,从系统总体上把握事物的本质和规律。综合创新就是运用系统整合和功能创新去形成和生成新的事物。综合并不是将各个构成要素简单相加,而是将各个要素的机理巧妙地整合起来,从而产生新的功能。

(二)分解创新

分解是与综合思路相反的一种创新方法,它是把创造对象进行分割、分解或分离,使大系统变为若干个子系统,这样各种问题就从复杂系统中剥离出来,从而达到创新思路、抓住事物主要矛盾的目的。运用分解创新,人们获得了很多创新设计成果。例如,宜家家居公司的构件家具理念,采用了化整体为组件,再由组件构成整体的设计思路。宜家对同一型号的组件进行不同的设计,然后根据不同的组合,拼装出不同的款式,满足了不同消费者的需求。

(三) 移植创新

把一个研究对象的概念、原理和方法等运用或渗透到其他研究对象,从而取得研究成果的方法就是移植创新。移植方法也是一种广泛的应用创新原理,移植原理能促使思维发散,只要某种科技原理转移至新的领域具有可行性,通过新的结构或新的工艺就可以产生创新。

(四) 优化创新

产品的价值与其功能成正比,而与其成本成反比。如果 F 为产品具有的功能,C 为取得该功能所耗费的成本,则产品的价值 V 为:$V = F/C$,我们称这一公式为价值工程公式。价值工程就是产品或技术方案以提高价值为目的,实现技术经济效益的提高。要研究功能与成本的内在联系,价值优化并不一定能使每一项性能指标都达到最优的状态,而是综合考虑各个因素性能以后,达到系统最优,而不是局部最优。

(五) 逆向创新

逆向创新就是运用逆向推理,将以往思考问题的思路反转过来,针对现象、问题或解决方法,分析其相反方面,从另一个角度探寻新途径的逆向创新方法。司马光砸缸救小孩儿的故事就是运用了逆向思维的典型例子。他不是想着把小孩儿从缸里面救出来,而是用砸缸的方式让水流走来救小孩儿。

(六) 还原创新

还原创新是指先暂时放下当前的问题,回到问题的起点,分析问题的本质,对事物进行分解还原,从而另辟蹊径的创新方法。这里的起点指的是创新的根本出发点,即为何创新,体现该创新成果的本质所在。还原创新的实质是要从根本上抓住问题的关键,去寻求新的解决问题的方法。例如曹冲称象的典故,曹冲将无法称重的大象替换为可以分散称量的石块就是通过分析问题的本质,回到问题的起点,另辟蹊径,找到了简便易行的解决途径。

三、创新设计思维的步骤

创新设计思维是培养整个社会具有以人为本,发现问题,解决问题,获得创新解决方案的能力,并且将创新的基因注入人们的思维模式之中。整个创新设计包括三个过程,即启发、构思与实施。启发是指激发人们寻找解决方案的问题或机遇,也就是从某些现象、问题和挑战中发现一些需要解决的问题。构思是产生、发展和测试创意的过程,而实施则是将想法从项目阶段推向人们生活的路径。具体步骤如下:

(1) 最初的观念:对于要解决的问题或是要做的一件事产生的最初想法。

(2) 准备阶段:包括我们从发现问题到明确目标、初步分析以及收集资料等。

(3) 酝酿阶段:这一阶段要让潜意识活跃起来,集中精力去寻找、探索满足目标要求的设计方案或是技术要求等。这一阶段持续的时间相对较长。

(4) 休整阶段:为了有益于问题的解决而有意识地中断努力,稍作休息,在此期间可继续推敲这个问题，也可暂时转移注意力去做其他的工作。

（5）瞬间突破阶段：经过反复思考、试验、探索之后，从错综复杂的联想中突破性地顿悟，通过顿悟来解决问题，这一顿悟犹如瞬间灵感。这是创作过程的最高阶段。

（6）验证阶段：产生的预感或是灵感都要经过逻辑推理加以肯定或否定，对解决问题的新想法进行证明和检验，看其是否正确和具有价值。例如，经过精心讨论设计出来的方案或是设计图，通过实验或试制来完善创造性成果。

任务三　培养创新设计思维的方法

【导读案例】

爱迪生巧测灯泡体积

爱迪生有着许许多多的发明创造，凭着勤奋和努力，他一生取得了2000多项发明，被美国人誉为"大众英雄"。可是，年轻的时候，只读过小学三年级的爱迪生却常被别人瞧不起。爱迪生曾经有个助手，名叫阿普顿。阿普顿毕业于普林斯顿大学数学系，他常讥笑爱迪生是个只会瞎摆弄的"莽汉"。为了让阿普顿谦虚些，也为了让阿普顿对科学有真正的认识，爱迪生决定出个难题给他。

一天，爱迪生把一只有孔的废玻璃灯泡交给阿普顿，让他算算灯泡的体积。阿普顿拿着灯泡看了看，觉得灯泡应该是梨形的，心想：虽然计算起来不容易，但还是难不住我！阿普顿拿尺子量了量灯泡，并按灯泡的形状画了张草图，然后列出了一大堆密密麻麻的算式。他算得非常认真。几个小时过去了，桌上堆满了算过的稿纸。又一个小时过去了，爱迪生来看他算好了没有，阿普顿边擦汗边摇头："快了，算了一半多了。"爱迪生强忍住笑："还是换个别的办法试试吧。"阿普顿头也不抬："我这个办法是最简单、最精确的，你还是等着看结果吧。"阿普顿根本没有快要完成的样子。爱迪生于是拿过灯泡，把它一下沉到洗脸池中，让灯泡灌满了水，然后把灯泡里的水倒入量筒中。

阿普顿这才恍然大悟，爱迪生的办法才是简便而精确的！将水灌入灯泡，灯泡里水的体积和灯泡的体积是一样的，再将水倒入量筒，也就量出了灯泡的体积。

（资料来源：https://wenku.baidu.com/view/d17728ffc0c708a1284ac850ad02de80d4d80668.html）

【思考】爱迪生是如何解决问题的？

一、创新思维障碍

（一）思维定式的含义

思维是一种复杂的心理现象，是大脑的一种能力。人一旦沿着某个方向、次序思考，久而久之就会形成习惯。当再次遇到类似的问题时，就会不由自主地运用之前的思考方法，这种现象就是思维惯性。长期用这样的惯性思维对待某些客观事物，就会形成非常固定的思维模式，这就是思维定式。

在环境不变的条件下，思维定式能够使人应用已掌握的方法快速地解决问题，而在环境发生变化的情况下，思维定式会阻碍人们的思考方向，妨碍人们采用新的解决方法。正如生物学家贝尔纳所言："妨碍人们创新的最大障碍，并不是未知的东西，而是已知的东西。"当我们面临新的问题、新的状况时，只一味地沿用约定俗成的规则，就如同给人的思维套上了枷锁，阻碍了新观念、新方法的产生。

我们要想挖掘自身无穷的创新能力，必须先跳出思维定式，解放自己的思维，让思维活跃起来，大胆地思考，大胆地设想，让开阔的思路迸出焕然一新的解决方法。

（二）消极的思维定式

消极的思维定式是指人们在解决新的问题或是开创新的领域时，受原有的思维定式的影响，难以找到新的思考方向，我们称之为思维障碍。消极思维的形成可以归纳为两点：聚集效应和功能性固结。聚集效应是指人在面对已经发生变化的情况时，仍然采用以往的刻板化心态。功能性固结是指人在知觉上受到问题情境中经验功能的局限，而不能发现其潜在的功能，以至于不能解决问题的心态。

消极的思维定式是创新思维的一大阻碍，只有破除消极的思维定式，才能更好地开发创新能力。下面介绍几种消极思维的类型以及如何破除这类消极思维定式。

1. 习惯型消极思维定式

习惯型消极思维定式是指人们不自觉地用已有的经验或是某种习惯的思维方式去思考已经变化的问题。这种习惯型思维会削弱大脑的想象力，降低人们的创新能力。要想破除习惯型消极思维定式，首先不要囿于简单的经验，要广泛地培养自己的兴趣，拓宽自身的知识面。

2. 权威型消极思维定式

权威型消极思维定式是指人们对权威人士的言行的一种不自觉的认同和盲从。迷信权威会让人懒于思考，失去质疑的勇气。破除权威型消极思维定式，首先，对问题或事物的看法要有自己独特的见解，不能迷信于权威。其次，对产生怀疑的问题、事物要敢于验证。

3. 从众型消极思维定式

从众型消极思维定式是指人们不假思索地盲从众人的认知与行为。这种思维定式的最大特征就是人云亦云，缺乏独立思考的品质。陷入从众心理状态的人自然也就与创新无缘了。破除从众型消极思维定式要做到不盲从，在遇到问题时要善于观察，进行独立的思考，先对事物获取准确的信息，再对事物做出判断。

4. 书本型消极思维定式

书本型消极思维定式是指人对书本知识的完全认同与盲从。书本知识确实对人类的进步起到非常大的作用，社会在不断地进步和发展，知识也在不断更新。很多书本知识都是在特定的情况下发生的规律，难免带着特定环境下的主观色彩，也会过时，一味地迷信书本知识也有可能会发生错误。破除这种消极思维定式就要学会不迷信书本，对知识点产生怀疑的时候，要敢于去验证。

5. 自我中心型消极思维定式

自我中心型消极思维定式是指人想问题、办事情时完全从自己的主观认识、主观利益出发，武断地看问题，而不顾周围的客观实际存在，从而导致对问题的错误判断。要破除自我中心型消极思维定式，就要学会多角度地观察事物，要善于吸收和借鉴别人的意见和建议，做到全面、辩证地看问题。

6. 直线型消极思维定式

直线型消极思维定式是指人面对复杂多变的事物，仍用简单的非此即彼的方法去思考问题。这种思维的特点是不善于从侧面、反面或是多角度地思考问题。要想破除直线型消极思维定式，在看问题的时候就要广开思路，做到多角度地观察、分析问题。

二、创新意识的培养

创新意识是创造的前提和关键，没有创新意识的人难以产生创造性思维，培养创新习惯首先要培养创新意识。

创新意识包括发现问题意识、怀疑意识、捕捉机会和灵感的意识、抗挫折意识、独立思考意识、合作意识等。创新意识的培养，实际上就是关于创新、创造中的非智力因素的培养。非智力因素是可以后天培养的，其可以在创新和创造中起到发酵的作用。培养创新意识可以从以下几个方面入手。

（一）克服习惯心理，培养发现问题的意识和怀疑意识

发现问题意识是鼓励人们在日常的生活、学习中遇事要多问为什么，不放过任何一个怀疑点，面对怀疑点要爱琢磨、爱专研，养成勤学好问的好习惯。巴尔扎克说："问号是开辟一切科学的钥匙。"发明创造始于问题，问题就是矛盾，有了需要解决的问题进而才会思考，学习才有主动性。思维是由矛盾引起的，问题是矛盾的表现形式，在学习中不存在疑问是学习不深入的表现，能提出问题都是肯动脑筋的结果。现实生活中人们对很多现象熟视无睹，而有的人却能善于观察，问几个为什么，从而发现问题，有所创造。成熟的苹果落地了，大家认为这一现象再平常不过，牛顿却对这一现象发问，最终发现了万有引力。烧开的水把锅盖顶了起来，这一现象司空见惯，瓦特却从中受到启发，最终发明了蒸汽机。多留心观察事物，凡事多问为什么，就能有所发现，有所创造。

怀疑意识与发现问题意识有相通之处，但怀疑意识更强调对权威的挑战以及对书本、对老师、对标准答案的不盲从。怀疑意识是辨伪去妄的钥匙，也是创立新学说、启迪新思维的重要手段。如果人们把权威奉为神明，认为标准答案准确无误，即使有问题也不敢怀疑，那么这些想法都将成为创新过程中的障碍。可见发现问题意识和怀疑意识对学习和创新是多么重要。

（二）克服惰性心理，培养捕捉机遇、灵感意识

机遇是指在某些特定的事物进程中出现的偶然事件往往具有意外性。灵感是指研究者在创造活动中所出现的豁然开朗、思路突然贯通的顿悟状态，其具有随机性、不可预见性，还有瞬间性。机遇和灵感在创新活动中具有重要作用，常常是导致创新突破的导火索。善于捕捉机遇和灵感，是一个人创新能力的重要体现。但机遇和灵感只亲近有准备的头脑，它们是深思熟虑的必然结果，其偶然性中有必然性，只有热烈而顽强地致力于创造性地解决问题，机遇和灵感才会光顾。另外，要有善于捕捉机遇和灵感的意识，否则，哪怕灵感出现的次数再多，也会白白错过。要克服惰性心理，当灵感的火花闪现时，要及时追踪记录，当机遇来临时，要认真观察、反复思考，否则，灵感和机遇就会稍纵即逝，再也找不回来了。培养捕捉机遇和灵感的意识，需要强化我们的观察能力和判断能力，对一闪而过的新想法要及时捕捉，记录在案，对偶然的新发现要进行认真的研究，并从中受到启迪，从而有所创新。

（三）克服依赖和盲从心理，培养独立意识和自主意识

创新具有求异性，是不同于其他人的想法或者已有的事物。因此，培养创新意识，要注意培养独立意识和自主意识。独立意识要求我们在钻研问题的时候不依赖别人，不盲从不附和，要有独立的思考能力并对问题有独到的见解。自主意识则包括对自我激励、自我控制和自主发展意识。人们依靠自己的意志而不是受外界的控制，把注意力集中到所选择的事物上，并且克服困难，百折不挠，这实际上就是自我激励，自我调控。

（四）克服恐惧心理，培养风险意识

人们常把创新看得很神秘，认为那是科学家的事；也有的人对创新怀有恐惧心理，害怕非议，更害怕挫折。其实创新并不神秘，人人都具有创新的能力。潜在的创新力是沉睡在人身上的一股力量，若是不被唤醒就会萎缩乃至泯灭。但是，由于创新是在走前人没有走过的路，因此难免会遇到困难，遭受挫折。科学发明也是有风险的。恩格斯说过：科学是一条崎岖的山路，没有平坦的路好走，只有不怕坎坷的人，才有希望到达光辉的顶点。所以要想有所创新，就要有一定的风险意识和冒险精神，要有克服困难的勇气和百折不挠的意志，畏首畏尾的人是不可能有创新的。

（五）克服封闭心理，培养开放合作意识

在知识爆炸的时代，一个人的知识再丰富也相对有限，要进行创新，光靠个人的力量有时极难完成任务，人们必须学会协作。合作意识在现代创新中显得越来越重要，我们经常会遇上这样的情况：一些单靠个人很难完成的任务，只要几个人协作就能很轻松地完成。所以，有意识地培养自我的团结协作精神，可以在创新的过程中达到事半功倍的效果。

三、创新设计思维方法

创新不仅需要有睿智的眼光，还需要善于发现创新点，通过设问的方式找出问题的答案，这对于提升创新能力乃至整个创新过程起着至关重要的作用。

（一）发现创新点

1. 以需求引领创新

创新的根本目的就是满足人们的各种需要。创新性产品的产生总是与人们的物质生活和精神生活的需求紧密联系在一起的，创新者总是考虑在人们的需求的基础上找到创新点，这

也提示我们要注意观察生活，培养敏锐的眼光，善于捕捉人们的需求，从人们的需求中找到创新点。

2. 善于发现新的市场需求热点

社会在不断进步，人们的物质生活也在不断提高，人们的需求也在不断注入新的要素。人们的需求异彩纷呈，既有相同的需求，也有与众不同的需求，在市场开发的过程中，创新者应该抓住这些创新点，即在满足了市场上不同人的需求的基础上也能对产品进行创新。

3. 把潜在的需求变为现实的市场

曾有一个故事，说的是一个推销员到寺庙去推销梳子。试想，和尚没有头发，根本不需要梳子，又怎么会购买梳子呢？但是，这个推销员建议老和尚把梳子做成"和善梳"赠予香客，这样既回赠了香客，也能让庙里的香火更旺。最后，这名推销员不仅一下子推销了好几千把梳子，还拿到了订单。这个故事告诉我们市场是可以创造的，而且很多潜在市场需要我们去挖掘才能浮出水面。此外，只有对未来市场发展的趋势进行预测，才能更好地把握市场、抓住时机，开发出创新型的产品。

（二）运用柯尔特思维工具

创意大师、英国剑桥大学认知研究中心主任爱德华·德·波诺认为，思维是一种技能，是可以通过有效的途径加以训练的，他在《柯尔特思维教程》中阐述了一系列的思维技巧，每个思维技巧代表一种思考操作的方法。掌握了这些思维工具，就可以更有效地分析讨论问题。

柯尔特思维训练课程的理念是简单、实用、清晰、集中和严肃。该课程学习的重点在于实用性。柯尔特的七个基本思维工具包括：考虑利弊、找出有关因素、推测后果、确定目标、权衡轻重缓急、探求其他选择、参考他人意见。

1. 考虑利弊（Plus, Minus, Interesting, PMI）

考虑利弊的 P 代表 Plus，即优点或有利因素；M 代表 Minus，即缺点或不利因素；I 代表 Interesting，即兴趣点。对于一件事情或一个问题，对于一个主意或建议，在做出判断以前，事先应分析它的利弊得失，是非正反两面的因素，并找出无利也无弊但却有趣的因素，然后才做决定。这样就可以以冷静和客观的态度来处理事情，不至于因个人的好恶或一时的冲动妄下判断。考虑利弊虽然很简单，但要养成对任何事物都能从三个方面进行客观考虑的习惯，特别是对一件你所厌恶的事物，也要考虑它的长处，这就要经过训练了。考虑利弊鼓励人们更全面地看待问题，而不要只是从狭小的、片面的或个人好恶的方面去考虑事情。

考虑利弊，这个思维工具是柯尔特思维训练课程的基础，运用 PMI 可以改变人们只凭直觉对一种观点或建议做出评价的习惯，使人们在现实生活中能够抓住更多的机遇，提高人们对事物的决策能力。因此，人们要在实践中自觉地运用这种思维方法。

PMI 具体操作：

（1）先思考 P（优点），再思考 M（缺点），最后思考 I（兴趣点）。一定要注意，不是先全部写出来再来分 P、M、I。

（2）既不是优点又不是缺点的，就把它归到兴趣点上。

(3) 如果你觉得它既是优点又是缺点，就在优点和缺点方面都放上。

2. 找出有关因素（Consider All Factor，CAF）

当你对某项事物必须做出选择、规划、判断或付诸行动的时候，总有许多因素需要加以考虑。假如你忽略了某些因素，你的决定表面上看起来可能完美无瑕，但日后却发觉错误层出不穷。所以，找出有关因素，不但要考虑那些显而易见的因素，还要探寻那些隐藏不露的因素，主要包括影响个人的因素、影响他人的因素和影响社会的因素。在考虑有关因素时，应把所有的因素罗列出来，并且经常这么问："还有遗漏的其他因素吗？"概括来说，找出有关因素的要点是力求考虑周到，避免遗漏。这个思维工具的重点是训练人们养成认真、细致和系统地观察有关事物的各种因素的习惯。观察的方式可以是从整体到部分，从主要到次要，从近到远，从上到下或按时间的先后顺序等。

3. 推测后果（Consequence & Sequel，C&S）

对于一个行动、计划、决策、规则或发明等事项，要考虑它的后果或影响，这个思维工具就简称推测后果。有些事情所产生的后果或影响是立竿见影的，有些则要经过一段时日才可看出它的结局。有些事物的后果短期是好的，但长远的影响却是坏的。对后果各个时期的划分并没有固定的年限，应根据各事物的情况来斟酌，灵活处理。

4. 确定目标（Aims，Goals，Objectives，AGO）

确定目标思维工具是确定做一件事情的目标。有时候，你做出某件事情或对某种情境做出反应是出于习惯，因为人人如此，所以是很自然的。但有时候你为了达到某个目标而做出一件事情，这是"为了……"或"以……为目的"而做，这两种情况都有各自的目标。如果你明确知道你的目标，那么对如何完成这个目标是有很大帮助的；如果你对他人心目中的目标也很清楚，那么对了解他人的行为或看法更有莫大的帮助。确定目标的重点是要思考者确定一个行动的目的。所以，要问清楚这个行动或这样做的目的是什么，要完成什么，要得到什么。有了明确的目标，有助于思考者做出决策，拟订计划，使一个行动所要达到的目标容易实现。

5. 权衡轻重缓急（First Important Priorities，FIP）

有些事情比别的事情更紧急，有些因素比别的因素更重要，有些目标比别的目标更迫切，有些影响或后果比别的影响或后果更重大。当你面对这样的情况，对众多的观点进行分析后，就得衡量哪些是最紧急的，哪些是较次要的，以便从最重要的项目中去处理有关问题。

权衡轻重缓急是建立在前面论述过的四个思考方法之上的，即对一件事情应先找出有关因素，在众多因素中考虑利弊，然后确定目标或推测后果。一件事情的重要性并没有绝对的标准，要看实际情况。某个人认为是最重要的事情，在另外一个人看来也许是无关紧要的。

权衡轻重缓急的重点就是要人们对一种情况的某些因素或意见做出评估，把这些因素或意见按照重要性排列，优先处理认为最重要的，以免凭个人的喜恶而做出片面的、主观的判断。

6. 探求其他选择（Alternative，Possibilities，Choices，APC）

在你做出抉择或采取某项行动之前，可能觉得已经想得非常周到和很完美了，再也没有其他更好的办法可以选择了。但是，如果你再仔细想一想，也许还可以想出其他可行的办法。对于一个事件的看法也是一样，也许你觉得一切解释都很明显，一目了然，但是，如果你再仔细研究一下，可能发现还有更多的其他解释。探求其他选择是要人们集中精力去探索其他可能的选择、解释、办法等，特别是那些不显而易见的事情。当一件很明显的事情需要对其再做深一层的思考时，一般人是不愿意去做的，这需要苦心孤诣，乐此不疲地去进行。而那些越是不明显的，越可能是最佳的选择。只有"打破砂锅问到底"和不断的穷源探索，才能达到最佳境界。

总之，前面提到的第二个柯尔特思维工具"找出有关因素"要求人们力求考虑周全，避免遗漏，而第六个柯尔特思维工具"探求其他选择"，要求人们从众多明显的、完美的解释或选择中，继续探求更佳的解释或选择，力求尽善尽美、精益求精。

7. 参考他人意见（Other People's Views，OPV）

在许多思考的情况中都包括了其他人。其他人在某种情况中对有关因素、后果或目标，都有他们的看法和不同的观点。有时候他人和我们同在一个情况下，看法也会悬殊。因此，了解他人的想法或对事物的看法是很重要的，参考他人意见就是要设身处地地站在别人的立场来考虑有关问题。大家在思考时，也许会考虑不同的因素，看出不同的后果或影响，确定不同的目标，权衡轻重缓急等。了解他人的想法，对解决问题是很有帮助的。事实上，所有的思考操作都可以站在不同人的立场来进行。

参考他人意见可以扩大一个人的视野，避免钻牛角尖，训练人们对某个问题或某件事情从不同的角度和层面去探讨，虽然不一定能够找出共同的结论，但是能够了解他人各种不同的观点，对于判断问题和处理事情能够比较客观。

模块二
创新思维设计与创新能力训练

项目一

探索虚拟商业社会环境训练平台

【知识目标】

➢ 熟悉虚拟商业社会环境实训系统的课程性质
➢ 了解企业各岗位工作职责

【能力目标】

➢ 掌握企业岗位设置与岗位职责

【导读案例】

我收获了什么？

在一般人眼里，大四的课程应该是用一只手也数得过来的。当拿到本次 VBSE 企业运营仿真综合实训的课程时，我明白了，为什么我不能成为"一般"的人。于是，第一天抱着一颗还未睡醒的心，爬上五楼，走进那层"被搬进校园的企业"。随意找个位置坐下，开始听老师给我们介绍这门课程。"你们不是来上课，而是上班！"似乎还在迷糊中的自己，正是被这句话提起了精神，大家似乎也为此提起了兴趣。顺水推舟，老师开始带着大家玩起了收集签名和做心理测评的游戏。收集签名是为了更好地让三个班的同学相互熟悉，也是为了使大家同陌生的同学进行交流。做心理测评其实是老师为下午的课程埋下的伏笔，那便是竞选 CEO！

一个成形的企业，一定离不开 CEO。而这个 CEO 就是由竞选产生的，CEO 产生后，再由 CEO 去组建自己的团队。由于人缘不错，我便成了一名被推选上竞选台的 CEO 了。虽说是被大家推选的，但还是本着认真待人、负责做事的原则，开始走上了这条也许会给未来仕途带来些许帮助的CEO之路。我接到的是小精灵童车制造有限公司。这是家大公司，现在需招聘15名员工组建团队。起初我有一些担心：如此多的名额会不会让自己的招聘冷场？没有想到的是，在我拿着表格走到指定位置上时已经"人满为患"了。那么问题又来了。该选谁，又该淘汰谁呢？眼前有学霸，有好友，似乎很难抉择。在一番激烈的思想斗争后，我最终留下了15名同学，组成自己的团队。当然在这期间我也难免"得罪"了好多好友，感到十分抱歉。

原以为组建完团队之后可以喘口气了，没想到老师又下达了第2道指令：组织团队成员开会，并讨论创作公司海报及公司的一些宗旨理念。这又是一场头脑风暴。由于时间有限，我们只好把未完成的工作放到课后来完成了。那天夜里，可以看见各个团队开始了"职业生涯"的第一次"加班"。大家买来颜料，铺上海报，一笔一画地工作，满满的都是我们对未来两周共同奋斗的愿景和期待。特别要提的是，设计的海报上有组员们亲手将颜料抹在手上按出的手印，这象征着我们团队的携手共进和对这份"工作"的热忱。

当第2天到来时，大家不再是昨日的倦态，5层楼的阶梯似乎更像是为大家提供了攀登的动力。大家找到自己的岗位，挂上工作牌，简单的晨会后便开始了这一天的工作。期初建账则是首道工序，作为CEO，接受的任务自然就是读懂什么是期初建账，然后监督并帮助各岗位人员完成期初建账工作。在此期间，我便要把各个部门的一些单据表格下发给他们，让其在建账过程中去填写，然而就是简单地发放单据也让我有点儿手忙脚乱，类似"CEO，我这张单据少一张，那张表格没有拿到"这样的声音此起彼伏，我来来回回地为他们提供和解释。其实，CEO作为团队的最高职位，在某种意义上也是服务大家的职位。所有人配合好才能使公司正常运营，因此作为一名"服务者"，我也是十分乐意的。在建账这样看似简单的工作中，我们也难免遇到一些问题。如在填写支票单据上，有没有大写顶格、金额数字是否紧贴"￥"号、在多少金额下总经理才需要签字通过，等等。通过这些看似细微的问题，我们看出了一名财会人员的最基本素质。然而对于这些问题，我们都是在老师的点评中才发现的。

在接下来的工作中，我们小组的成员都各司其职，各自忙碌着。而我，通常是最先成为最闲的那一个。然后，我便开始游走于各个成员之间，给予他们"上级"的关怀。在这期间，有一件让我自豪的事，那便是盖印章。原本这并不属于我的工作职责，但是由于在这方面上具有"特长"，因此"盖章"便顺理成章地成为我的职责。说到盖章，与其联系最密切的便是签合同了。作为CEO，在签订合同这一项业务流程中，我所要做的是审批合同并在合同汇签单上签字。我们的第1份合同是同客户商签订的。而让我印象最深刻的是公司签订的第2份合同。当到了我们同供应商签订合同这一环节时，老师为了让整个仿真模拟更真实、竞争性更强一些，便临时调整"游戏规则"，即开放供应商标价，让我们与供应商讨价还价，通过商定售价来签订供销合同。当通知发布后，整层教室便炸开了锅，各种"声讨"四起。这可乐坏了在一旁"看热闹"的老师了，最后还是由他们出面调解，供应商才放弃了之前的定价，制造商也才解散联盟各自找供应商谈价，终于平息了这场斗法。

时间过得很快，当系统的日期进入月底时，身边的小伙伴们开始为各种结账忙碌起来。

我也开始总结在此次实训课程中取得的收获,用 3 个词形容就是合作、分享、奉献。合作的重要性已是毋庸置疑,从第一天一直到最后结账完,所有的工作、所有的谈判都不离开合作。在这里,你有你的角色、你有你的团队,你的行动,所代表的则是一个整体。分享,其实也是一个自我提升的过程,你是否会去分享自己的想法、点子以及你的缺点,反映了你是否信任自己的团队。奉献,自然也是对自我的一种考验,你是谋算着自己的小得小利,能偷得清闲,还是乐于奉献,为他人排忧解难?这些都值得我们好好思考和总结,并且也将是未来我们在职业生涯中需要思考、对待的问题。

最后,要感谢 3 位老师这两周以来的指导和传授,还有那些在竞选 CEO 时选择了我的同学们,同时还要感谢我身旁的这一群组员,没有他们也没有我今天的这篇总结报告。这段体验值得我在未来的人生之路上去细细品味,慢慢回忆!

(资料来源:http://3y.uu456.com/bp_29f976kwzk72h8v7sn1p_1.html)

【思考】 你知道该学生参加的是什么课程吗?

任务一　了解虚拟商业社会环境

【导读案例】

企业岗位如何设置

某局机关因工作需要,新成立了一个行政处,由局原办公室副主任李佳任处长,原办公室的 8 位后勤服务人员全部转到行政处。李佳上任后便到处物色人才,又从别的单位调进 5 位工作人员。这样,一个 14 人的行政处便开始了正常工作。李佳 38 岁,年富力强,精力旺盛,在没有配备副手的情况下,他领导其他 13 人开展工作。开始倒没什么,但时间长了,问题也就多了。因为处里不管是工作分配、组织协调还是指导监督、对外联络,都是李佳拍板。尽管他工作认真负责,每日起早贪黑,但也适应不了如此繁杂的事务,哪个地方照顾不到都会出娄子,行政处的内部开始闹矛盾,与其他处室也发生了不少冲突。

在这种情况下,局领导决定调出李佳,派局办公室另一位副主任王强接任行政处处长。王强上任后,首先,着手组建行政处的内部组织机构,处下设置四个二级机构:办公室、行政一科、行政二科和行政三科。其次,选调得力干将,再从原来的局办公室选调两位主任科员任行政处副处长,在业务处选调 3 位副主任科员任行政一、二、三科的科长,其余科长、副科长在原 13 名工作人员中产生。王强采取这些做法,目的就是改变处里的沉闷气氛,调动大家的工作积极性,提高行政处的工作效率。

这样,一个 19 人的行政处在 3 位正副处长、8 位正副科长的领导下,再次以新的面貌投入工作中。但是过了不久,行政处的工作效率不仅没有提高,反而更加糟糕了。有些下属认为王强经常越权乱指挥,他们的工作没法开展;有的下属则认为王强到处包办代替,没事找事干,和科长争权;有的人认为行政处官多兵少,没有正经干活的。不到半年,行政处又陷入重重矛盾之中，不但人际关系紧张复杂，而且大家都没了干劲。王处长带来的几个人也要求调回原处室。在这种情况下王强只好辞职。但他很困惑：自己工作的热情很高，为什么还领导不好行政处的工作呢？

(资料来源：https://wenku.baidu.com/view/ac6d951c02020740be1e9b68.html)

【思考】李佳和王强失败的主要原因是什么？应如何改进？

一、虚拟商业社会环境概念

虚拟商业社会环境（Virtual Business Society Environment，VBSE）就是通过在学校里建立一个虚拟仿真商业社会环境，该商业社会环境由不同形态的组织机构组成，学生在虚拟的市场环境、商务环境、政务环境和公共服务环境中分别扮演不同的商业角色，根据现实岗位的工作内容、管理流程、业务单据以及相关的业务规则，与实际业务接轨，将实际工作内容在虚拟仿真的实验环境中完成，充分发挥学生的创新力与创新思维，出色地完成经营项目并取得经营成果，在这个训练项目中培养、锻炼学生的创新能力。

二、虚拟商业社会环境结构

虚拟商业社会环境的设计理念就是把企业搬进校园，让学生在校园中进行商业项目的经营与训练。该虚拟商业社会环境是以制造业为核心，基于制造业的发展流程或是工作流程构建商业社会环境。该项目以制造企业的工商注册为起点，办理工商税务登记、银行账户开立、注册会计师验资审核等相关业务，从而设立工商局、税务局、银行、注册会计师事务所等机构；企业成立后想要正常运转，需要设置供应商；企业招聘员工、雇佣生产工人、核算工资等需要人力资源与社会保障局；企业生产完产品，组织销售需要下游的客户企业组织；期末企业核算经营成果上缴所得税，聘请注册会计师审计财务报告等业务需要税务局、注册会计师事务所等组织机构。因此，通过制造企业所发生的供应、生产、销售等相关业务将商业社会环境中的各个组织机构组织在一起形成一个立体化、网络化的虚拟商业社会环境。该环境中主要包括四大机构：一是核心的制造企业；二是上游供应商企业；三是下游客户企业；四是其他服务机构，如工商局、税务局、银行、注册会计师事务所、人力资源与社会保障局等，统称为社会资源机构。

三、虚拟商业社会环境跨专业实训的特点

在传统的高等教育中划分了多个专业方向，专业方向的划分有利于教学实施和专业化发展，有利于培养专、精、尖人才，但是不利于工作的协同发展，因为专业方向会弱化全局观念。在虚拟商业社会环境项目中，制造企业为了在将原材料转化为产品的生产过程中获得最大的价值，就必须设计出能高效生产产品的生产过程，进而就必须进行管理作业；管理作业意味着对过程中使用的资源即人力、财力和物力进行计划和控制。因此，在虚拟商业社会环境跨专业实训中，可以通过手工管理的方式可以清晰地洞察企业业务的发生，看其如何驱动

物流、信息流、资金流，从而完成企业所涉及的所有业务。为了完成这项业务，可以组织经济管理类专业的学生，如财务管理专业、会计专业、营销专业、国际贸易专业、物流管理专业、人力资源管理专业或企业管理、工商管理专业等的学生，参与到项目中，通过协同工作完成项目；也可以组织相同专业同年级的学生一起完成训练项目，这样可以让学生对企业经营管理有一个整体性认识，培养学生的全局观念，强化全局意识，成为"懂业务会管理"的合格管理人才。

因此，虚拟商业社会环境（VBSE）的设计路径就是：借助操作、逻辑、理论、应用、创新五个方面的培养层级，培养学生的创新思维设计能力与创新能力。

（1）操作：按照业务岗位要求填报与完整业务流程相关的单据、表格。

（2）逻辑：了解业务岗位操作动作的逻辑，以及对其他业务可能造成的影响。

（3）理论：结合实际业务，理解业务流程和岗位的业务策略和管理理论。

（4）应用：针对新的管理目标，综合应用管理知识，提出对业务的优化建议。

（5）创新：运用理论创新解决企业运营中出现的问题，增加企业价值的同时，提升学生的创新能力与创新思维设计能力。

虚拟商业社会环境下的人才培养目标：①通过虚拟商业社会环境，使学生感知企业内外部组织管理流程、业务流程及各组织间的关系；②认知理论与实践结合的重要性，能够根据组织岗位任务要求完成相应的工作；③认知企业各岗位工作对其他岗位业务的影响；④在此基础之上，训练学生的实践操作能力、协调沟通能力、综合决策能力与创新能力。

四、创新思维设计与创新能力训练实训案例介绍

提升学生创新思维设计与创新能力的实训案例是：以童车生产行业为背景，围绕6家童车制造企业开展的采购、生产及销售等运营活动，同时涉及企业前期的组建、投入生产、人员招聘培训管理及后续的工商税务年检等各项业务的具体工作内容与管理流程。

（一）童车制造企业

6家组织结构完全相同的童车制造企业在虚拟仿真社会环境中生产运营与竞争。每家童车制造企业设置7个部门、18个岗位。分别为企业管理部、营销部、生产计划部、仓储部、采购部、财务部、人力资源部。其中企业管理部设置2个岗位，分别是总经理（兼企管部经理）、行政助理（兼商务管理）；营销部设置3个岗位，分别是营销部经理、市场专员、销售专员；生产计划部设置5个岗位，分别是生产计划部经理、车间管理员、计划员、初级生产工人、中级生产工人；仓储部设置2个岗位，分别是仓储部经理、仓管员；采购部设置2个岗位，分别是采购部经理、采购员；人力资源部设置2个岗位，分别是人力资源部经理、人力资源助理；财务部设置4个岗位，分别是财务部经理、出纳、财务会计、成本会计。

（二）上游供应商企业

有2家组织结构完全相同的材料供应商企业。每家供应商企业设置3个岗位，即总经理、行政主管和业务主管。其中总经理兼财务部经理和税务会计；行政主管兼仓储部经理、

仓管员、行政助理、人力资源部经理、人力资源助理与出纳；业务主管兼采购部经理、采购员、营销部经理、销售专员、市场专员。

（三）下游客户

下游客户属于商品沟通领域企业，虽然没有生产环节，但是岗位设置和制造企业是一样的。共有2家客户企业，每家客户企业设置3个岗位，即总经理、行政主管和业务主管。其中总经理兼财务部经理和税务会计；行政主管兼仓储部经理、仓管员、行政助理、人力资源部经理、人力资源助理与出纳；业务主管兼采购部经理、采购员、营销部经理、销售专员、市场专员。

（四）社会资源人员设置

社会资源是商业社会环境中必不可少的服务部门。同样为保证较少的学生能够完成实训项目，分别设置4个岗位完成相关的岗位工作任务，分别是工商、税务、银行和人力资源与社会保障局。

任务二　了解岗位职责

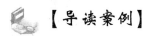【导读案例】

王氏年糕厂的抉择

王小旺本是北京平谷的一位普通农民，不过人们早就知道他家有一种祖传手艺——烹制一种美味绝伦的年糕——王氏年糕。早在清朝道光年间，王小旺祖上所创的这种美食就远近闻名，王家代代在村口开有一家专卖此种年糕的小饭馆。他的父亲直到中华人民共和国成立初期还经营着这祖传的小饭馆，那时才十来岁的王小旺已时常在店前店后帮忙干活了。后来合作化，跟着又人民公社化，接着父亲病逝，饭馆不开了，他成了一名普通的公社社员，人家似乎已不知道他居然还保留了那种绝技。

20世纪80年代，改革之风吹来，王小旺又办起了"王家饭馆"，而他做的年糕绝不亚于他的祖上。由于生意兴隆，他开始到邻村去开分店，后来竟把分店开到了县城。1987年，不知是他自己的还是别人给他出的主意，他在本村办起了利平年糕厂，开始生产"老饕"牌袋装和罐装系列年糕食品。由于其风味独特和质量上乘，牌子很快打响。其生产的年糕不只是在本县，也在北京市里呈供不应求之势。王小旺如今已管理着这家100多名职工的年糕厂和多家经营"王氏年糕"的王家饭馆、小食品店。

王小旺在经营上有自己的想法。他固执地要求保持产品的独特风味与良好质量，如果小食品店服务达不到规定标准，职工的技能培训未达到应有水平，宁可不设新店。王小旺强调质量是生命，宁可放慢速度，也绝不冒险危及产品质量，不能砸了牌子。

目前，王小旺年糕厂里的主要部门是质量检验科、生产科、销售科和设备维修科。此外，还有一个财会科以及一个小小的开发科。其实这个厂的产品很少有什么改变，品种也不多。王小旺年糕厂生产的年糕就只有几种传统样式，服务的对象也是"老"主顾们，彼此都很熟悉。厂里质检科要检测进厂的所有原料,保证其必须是最优质的。每批产品都要抽检,化验构成成分、甜度、酸碱度。当然最重要的是检验产品的味道。厂里高薪聘有几位品尝师,他们唯一的职责是品尝本厂生产的美食。他们经验丰富,可以尝出与要求的标准的微小偏差。所以王家美食始终在努力保持着它的固有形象。

不久前,王小旺的表哥周大龙回村探亲。他原在县城念中学,"文革"中回乡,20世纪80年代初便只身南下深圳闯天下。大家知道他聪明能干,有文化,敢冒险。他一去就是十来年,据说靠两头奶牛起家,如今已是千万元户了。周大龙来看表弟王小旺,对年糕厂的发展称赞不已,还表示想投资入伙。但他指出王小旺太保守,不敢开拓,认为牌子既已创出,不必僵守原有标准,应当大力扩充品种与产量,大力发展北京市内市场,甚至向北京以外扩展。他还指出,目前厂里这种职能型结构太僵化,只适合常规化生产,为定型的稳定的顾客服务,适应不了变化与发展,各职能部门的眼光只限在本领域内,看不到整体和长远的发展,彼此沟通和协调困难。他建议王小旺彻底改组本厂结构,按不同产品系列来划分部门,这样才能更好地适应大发展的新形势,千万别坐失良机。但王小旺对他的建议听不进去,他说在基本原则上绝不动摇。两人话不投机,争吵很激烈。最后周大龙说王小旺是"土包子""死脑筋""眼看着大财不会赚"。王小旺反唇相讥:"有大财你去赚得了,我并不想发大财,损害质量和名声的事坚决不做。你走你的阳关道,我过我的独木桥!"周听罢,拂袖而去,不欢而散。

(资料来源:https://wenku.baidu.com/view/88669def0975f46527d3e1f2.html)

【思考】本案例反映了组织设计中的哪些问题?企业一定要做大吗?请结合战略与组织设计的关系,谈谈你自己的看法。

一、制造企业岗位职责

制造企业由企业管理部、营销部、生产计划部、仓储部、采购部、财务部、人力资源部构成。

(一)企业管理部

企业管理部是企业的重要管理部门,主要负责企业管理及运营、上下联络沟通、及时向领导汇报情况等工作,承担督查和考核各部门的工作,如行政文案管理、内务后勤、制度规程、监督管理等工作。

1. 企业管理部的主要职能

(1)管理协调督查。包括企业日常工作的管理和协调,督查和考核各部门的工作,建立、完善、检查和指导各部门管理制度等。

(2)行政事务管理。包括企业各项管理制度的制定和完善、会议管理等工作。

(3)公文档案管理。包括合同管理、公文管理、档案管理等工作。

(4)对外公共关系管理。包括印章管理、公关管理等。

(5)内务后勤管理。包括固定资产管理、办公用品管理等。

2. 企业管理部的岗位职责

根据企业目标和企业管理部业务的特点,企业管理部的岗位一般有总经理、副总经理、总经理办公室主任、总经理办公室秘书、行政总监、行政经理、安全保密专员、办公室专员、行政专员、后勤专员、前台接待专员、车辆专员、公关事务专员等。根据中小企业的特点,主要工作岗位有总经理和行政助理。

(1) 总经理的岗位职责。总经理是企业管理部的负责人,在董事会的领导下,负责总经理办公室职责范围内所有工作。①组织制定公司总体战略与年度经营规划;②建立和健全公司的管理体系与组织结构;③组织制定公司的基本管理制度;④主持公司的日常经营管理工作;⑤对公司的经营管理目标负责;⑥主持召开有关企业重大决策会议;⑦负责各职能部门经理的任免。

(2) 行政助理的岗位职责。行政助理是在总经理的领导下,努力做好总经理的参谋助手,起到承上启下的作用,认真做到全方位服务。①负责对项目及部门各类文档进行分类整理并归档;②负责对企业购销合同进行管理;③负责进行招投标管理;④负责总经理日常行程安排、协助起草报告、组织会议及其他办公服务工作;⑤负责公司证照的办理、年审、更换、作废等,公司印章保管、使用管理;⑥负责企业资产管理;⑦负责召集公司办公会议,做好会议记录;⑧负责接待内外部人员来访。

(二) 营销部

营销部是企业的重要部门,是企业利润的创造部门,在企业中具有举足轻重的地位,营销工作的成功与否直接决定着企业的成败。

1. 营销部的主要职能

(1) 完成公司制定的营销指标;

(2) 负责营销策略、计划的拟定与实施;

(3) 负责营销经费的预算和控制;

(4) 负责营销管理制度的拟定、实施和改善;

(5) 负责部门员工的管理。

2. 营销部的岗位职责

根据企业目标和业务特点,依据集中管理、分工负责的原则,营销部主要设置营销部经理、市场专员、销售专员3个岗位。

(1) 营销部经理的岗位职责:①制定全年销售目标和销售计划;②负责销售制度制定及考核、费用预算;③负责营销策划、销售运作与管理、进度控制;④负责重要销售谈判、销售订单汇总;⑤负责管理日常销售业务,控制销售活动;⑥负责客户关系管理。

(2) 市场专员的岗位职责:①搜集相关行业的政策信息,进行市场预测;②配合制订企业年度经营计划和销售计划,进行营销策划活动;③负责公司市场开发、推广及潜在客户的挖掘分析;④负责竞争对手、竞争产品、竞争策略信息的收集分析;⑤负责市场趋势和市场潜力的分析;⑥负责相关资料的统计、分析。

(3) 销售专员的岗位职责:①执行销售计划;②销售接单,签订销售合同;③进行客户联系及管理;④负责应收账款的管理,货款催收;⑤负责销售发货管理;⑥跟踪销售订单执行进度。

(三) 生产计划部

生产计划部是企业的重要管理部门,主要负责有效组织生产部门资源,实现产品高效优质生产,成品准时入库。

1. 生产计划部的主要职能

(1) 生产管理。根据生产部下达的生产计划,组织产品生产,保证产品、质量、交期的有效实现;以更低的成本按时、保质保量地完成生产部和其他职能部门下达的产品生产任务和其他临时工作任务,确保作业,确保安全并可持续运行;制订生产部门人力资源、物料、设备需求计划,以满足生产的需要;保证"ISO 9000"体系及"5S"活动在生产车间的有效实施与推行。

(2) 物料控制。严格执行各项物料的管理制度,降低物料成本;负责生产过程中物料的控制与管理;确保物料配套生产;提高物料利用效益。

(3) 设备管理。监督设备管理运作,提升设备利用率;负责设备的日常维护管理;遵守国家安全生产法规,执行公司安全操作规程,采取有效劳动保护措施,监督劳动防护用品的有效利用,实行安全文明生产,做到可持续运行。

(4) 日常工作管理。每日组织召开生产协调会;定期组织部门例会;负责制度与工作任务的执行与监督;负责部门的成本预算与控制;制定相关工作制度,设置相关工作流程,规范部门协作;设定例会制度,保证部门信息流通、信息共享,确保整体运作的内耗持续下降;健全生产人才培养机制,积极组织培训学习,提高工作技能,提升工作绩效,提高员工的职业素养。

2. 生产计划部的岗位职责

根据制造企业的经营特点,生产计划部的主要岗位有生产计划部经理、生产计划员及生产管理员。

(1) 生产计划部经理的岗位职责:①制订新年度经营计划;②负责生产能力建设;③负责产品研发管理;④负责生产过程管理;⑤负责生产派工;⑥负责审核各项业务计划;⑦负责日常费用报销。

(2) 生产计划员的岗位职责:①编制主生产计划;②编制物料需求计划;③负责原料质检;④负责满足人员、设备的需求;⑤负责厂房、设备购买/出售申请;⑥负责日常费用报销。

(3) 生产管理员的岗位职责:①负责生产领料;②负责生产加工;③负责成品完工入库管理;④负责生产统计;⑤负责设备维修管理;⑥负责日常费用报销。

(四) 仓储部

在社会分工和专业化生产的条件下,为保证社会再生产过程的顺利进行,必须储存一定量的物资,以满足一定时期内社会生产和消费的需要。仓储是指通过仓库对暂时不用的物品进行储存和保管。生产企业的核心竞争力体现在产品的开发、生产和制造上，仓储作为企业生产和营销的保障，主要体现在对物料、备品备件和成品的仓储管理。物料是指企业生产所需的原材料、零部件、在制品等。搞好物料仓储管理对确保企业生产正常进行有着重要意义。

仓储部是企业的重要业务部门，主要负责储存保管生产所需的各类原材料、半成品，以及生产完工等待销售的产成品等物资，并根据业务部门需要适时做好物资的入库、出库、库存控制等主要工作。

1. 仓储部的主要职能

（1）验收入库管理。主要包括物料数量、质量、包装的验收和入库信息处理。

（2）储存保管职能。储存保管职能是指对企业拥有的、处于暂时停滞状态的物资进行储存，并对物资进行保养和管理。包括对仓储空间进行科学规划，合理利用仓容及各种资源，使各类物料摆放适当、位置合理，保持物资数量和质量完好，便于取用。

（3）出库配送管理。主要包括对出库物料进行拣选、清点及办理出库手续等。

（4）物料的盘点。主要包括出库、入库数据的统计，定期进行物料盘点及盘点异常的处理等。

（5）库存控制。主要包括核定和掌握各种物料的储备定额，确定合理的库存水平，利用物资储备来实现企业生产所需要的均衡、连续的供应。

2. 仓储部的岗位职责

仓储部的主要岗位有仓储部经理和仓管员。

（1）仓储部经理的岗位职责：①负责年度计划与预算；②记录材料收发情况，做好物料存放管理和出入库管理；③核定和掌握物料的储备定额，保证仓库的合理使用；④编制库存报表，发各部门参考；⑤负责盘点及盘盈、盘亏处理；⑥负责对账；⑦负责库存分析。

（2）仓管员的岗位职责：①填写物料出入库单据，办理物料出入库手续；②填写物料卡；③负责原料的质检，出具质检报告；④办理销售出库；⑤负责仓库盘点；⑥监控库存变化、及时补充库存。

（五）采购部

采购部是企业的重要业务部门，主要负责外购商品并支付价款工作，承担公司物资采购、供应商管理、收货验收、采购结算等任务。

1. 采购部的主要职能

（1）采购计划管理。审核公司各部门呈报的年度物料需求计划，统筹策划和确定采购内容等。

（2）供应商管理。开发和选择供应商，评审和管理供应商，建立完整的供应商档案库等。

（3）采购活动管理。根据生产需求编制采购计划，签订采购合同和下达采购订单，组织实施采购活动等。

（4）采购合同管理。组织采购合同的评审，建立采购合同台账，对合同进行分类档案管理，并对合同的执行进行监督等。

(5) 采购成本管理。积极与供应商进行询价、比价、谈判，尽量把采购成本降低。

(6) 采购监控与评价。对供应商货物进行到货验收，并对供应商进行评价等。

2. 采购部的岗位职责

根据企业经营目的和采购部业务特点，采购部一般设有采购部经理、采购计划主管、采购合同主管、供应商管理主管、采购成本控制主管和采购员等岗位。现主要介绍采购部经理和采购员。

(1) 采购部经理的岗位职责：①制订采购计划，保证满足经营活动的需要；②供应商开发、评估与管理；③采购物流、资金流、信息流的管理；④制定、审核、签署与监督执行采购合同；⑤控制采购成本和费用；⑥日常费用报销。

(2) 采购员的岗位职责：①根据生产计划和安全库存，编制物料采购计划；②询价、议价，与供应商接触并谈判；③起草并签订采购合同；④根据计划下达采购订单；⑤协助仓储部办理采购货物的入库手续；⑥跟踪采购订单执行情况；⑦负责建立供应商档案并及时更新。

(六) 财务部

财务部是企业的重要管理部门，主要负责核算和监控企业经营情况，税务管理，资金筹措与运用，向利益关系人编送财务报告等业务。

1. 财务部的主要职能

(1) 会计核算与报表的职能。包括会计核算，即依据《企业会计准则》归集、处理各类会计信息；报表编制及分析，即及时编制和提交财务报表，按时编制企业对外报送的财务报告；资产管理，保证企业资源的有效利用；成本核算和监控。

(2) 会计监督的职能。主要包括制定企业的会计制度，编制财务计划与预算，对部门资金的使用情况进行检查，进行绩效考核等。

(3) 参与管理职能。主要包括建立内部控制制度，编制内部管理用报表，资金管理，实施财务资金运作，促使企业形成和保持良好的经营状态。

财务部门的这3个职能各不相同，但都基于企业最基本的会计数据。通过对会计数据的分析，了解企业目前的资源情况，随市场变化做出积极的调整，实现企业价值和股东价值的最大化。

2. 财务部的岗位职责

财务部门是企业的主要管理部门，为了明确工作职责，严格落实责任，一般企业财务部的岗位设置为：财务负责人、财务会计、出纳、固定资产核算、材料物资核算、工资核算、成本核算、收入利润核算、资金核算、往来结算、总账报表、稽核。上述岗位，可以一人一岗、一人多岗或一岗多人，但必须坚持内部牵制制度。

虚拟商业社会环境（VBSE）实训中根据企业目标和业务特点，依据集中管理、分工负责的原则，财务部的岗位主要设立为财务部经理（兼管预算、总账、报表）、财务会计、成本会计、出纳4个岗位。

(1) 财务部经理的岗位职责：①编制公司财务管理制度；②编制公司财务预算；③负责日常财务审批；④负责企业资金筹集及资金计划；⑤负责财务分析；⑥负责凭证审核；⑦负责日常费用报销；⑧编制财务报表。

(2) 出纳岗位的职责：①现金收付、盘点；②办理银行业务；③登记日记账；④季末银行对账；⑤编制资金报表；⑥去税务局报税；⑦销售收款及开票；⑧会计档案管理。

(3) 财务会计的岗位职责：①建立账簿；②日常费用报销；③编制科目余额表；④填制纳税申报表；⑤配合会计师事务所进行年审；⑥负责凭证的填制；⑦负责固定资产的购置及折旧工作；⑧季末结账。

(4) 成本会计的岗位职责：①制定产品成本核算制度；②收集成本核算资料；③制定各种成本费用定额；④负责各种费用的分配；⑤负责产品成本的计算；⑥负责产品成本的分析；⑦编制产品成本报表；⑧负责材料成本账登记；⑨负责季末库存盘点及对账。

（七）人力资源部

人力资源部是企业发展的助推器，其核心职能是选、训、考、用、留5个方面。人力资源部是对公司人力资源管理工作全过程中的各个环节实行管理、监督、协调、培训、考核评比的专职管理部门，对所承担的工作负责。

1. 人力资源部的主要职能

(1) 制定人力资源规划；拟定企业人员编制；编制人力资源支出预算；进行成本控制。

(2) 拟定、修改、废止、解释人力资源管理制度，进行各部门职责权限划分。

(3) 负责组织结构设计和职位说明书的编写。

(4) 进行人员招聘与录用，进行员工异动和离职、辞退管理。

(5) 拟定、研究、改进薪酬管理制度，进行薪酬调整，进行考勤管理，核算和发放职工工资。

(6) 建设完善的培训管理体系；调查、统计分析培训需求；拟订培训计划；组织监督培训工作；进行培训效果评估。

(7) 负责绩效考核体系的建立和绩效考核工作的组织、实施与反馈。

(8) 劳动关系管理；解决处理人事问题、劳动纠纷；维护稳定和谐的劳动关系。

(9) 负责人事档案、劳动合同、培训服务协议等资料的汇集整理、存档保管、统计分析。

(10) 负责部门内部组织、协调、提升工作的管理。

2. 人力资源部的岗位职责

基于公司经营业务、规模的不同，人力资源部的组织结构和岗位设置也有区别。在虚拟商业社会环境（VBSE）实训中的制造企业属于中小制造型企业，其组织机构设置相对简单，人力资源部只设置人力资源部经理和人力资源助理。

(1) 人力资源部经理的岗位职责：①制定年度人力资源规划与预算；②制定部门的工作目标和计划；③制定公司的招聘、培训、薪酬评价、员工档案管理等制度并组织实施；④进行工作分析，进行岗位说明书编制与定岗定编等工作；⑤参与招聘，核定聘约人员；⑥核定人员工资和奖金；⑦负责干部培训及绩效考核；⑧负责处理各种与劳动合同相关的事宜。

（2）人力资源助理的岗位职责：①收集各部门人员的需求信息；②参加招聘会，初试应聘人员；③执行并完善员工入职、转正、离职、辞退手续；④组织新员工培训、在职人员培训；⑤统计考勤，计算员工薪酬和奖金；⑥维护员工信息管理档案。

二、商贸企业岗位职责

商贸企业由总经理、财务部经理、税务会计、行政主管、仓储部经理、仓管员、行政助理、人力资源部经理、人力资源助理、出纳、采购部经理、采购员、营销部经理、销售专员、市场专员等岗位构成。其中，由于商贸企业业务较少，只设置了3个工作人员，他们兼任其他岗位。总经理兼任财务部经理和税务会计。行政主管兼任仓储部经理、仓管员、行政助理、人力资源部经理、人力资源助理、出纳。业务主管兼任采购部经理、采购员、营销部经理、销售专员、市场专员。

（一）总经理

总经理同时兼任财务部经理和税务会计。

1. 总经理的岗位职责

（1）组织制定公司的总体战略与年度经营规划；

（2）建立和健全公司的管理体系与组织结构；

（3）组织制定公司的基本管理制度；

（4）主持公司的日常经营管理工作；

（5）对公司的经营管理目标负责；

（6）主持召开有关企业的重大决策会议；

（7）负责各职能部门经理的任免。

2. 财务部经理的岗位职责

（1）根据公司发展战略，协助公司领导组织制定公司财务部的战略规划，制定部门工作目标和计划；

（2）负责公司的全面财务会计工作；

（3）负责制定并完成公司的财务会计制度、规定和办法；

（4）解释、解答与公司的财务会计有关的法规和制度；

（5）分析检查公司财务收支和预算的执行情况；

（6）审核公司的原始单据和办理日常的会计业务；

（7）负责编制财务报表、登记总账及财务数据的审核；

（8）负责日常会计凭证的审核，包括总账会计的凭证审核和成本会计的凭证审核；

（9）负责部门预算的制定；

（10）负责定期财产的清查；

（11）负责公司预算的制定与监控，包括预算体系建设，日常预算控制，预算支出审核；

(12) 负责资金管理、筹融资管理、资金使用计划的制订等；

(13) 组织期末结算与决算，进行经营分析；

(14) 保证按时纳税，负责按照国家的税法和其他规定，严格审查应缴税金，督促有关岗位人员及时办理手续；

(15) 管理与维护更新部门所需的信息。

3. 税务会计的岗位职责

(1) 按需购买各类发票；

(2) 严格按照税务发票的管理规定，保管好库存未使用的空白发票；

(3) 根据业务需求，开具发票并登记；

(4) 定期进行增值税抵扣联认证工作；

(5) 准确计算增值税、城建税等各项税金；

(6) 编制国、地税各税种纳税申报表；

(7) 按时申报国、地税各税种及缴纳税款；

(8) 按期整理装订纳税申报表和发票留存联及抵扣联。

（二）行政主管

行政主管同时兼任仓储部经理、仓管员、行政助理、人力资源部经理、人力资源助理、出纳。

1. 仓储部经理的岗位职责

(1) 依据公司经营计划，配合公司总目标，制定本部门的目标及工作规划；

(2) 根据仓储规划，改进仓库的工作流程和标准，优化库存方案，加快存货周转速度，降低库存成本；

(3) 合理规划公司仓储场所，对公司仓储场所进行全面管理，达到最佳利用率；

(4) 监督仓库管理员对物料收发存的管理，并监督仓库进行盘点清查，发现账、物、卡不符时，找出原因并予以调账或上报处理；

(5) 设计、推行及改进仓储管理制度，并确保其有效实施；

(6) 安全库存分析与制定，通过以往经验对每个季度的销售或会计周期进行预测、库龄评估，避免呆滞货品占用资金；

(7) 负责制定本部门各级人员的职责和权限，负责指导、管理、监督本部门人员的业务工作，做好下属人员的绩效考核和奖励惩罚工作，进行部门建设、部门内员工的管理培训工作；

(8) 运用有效的领导方法适当地鼓舞下属人员的士气，使其提高工作效率，并督导其按照工作标准或要求，有效执行其工作，确保本部门的目标高效达成；

(9) 完成上级领导交办的其他临时性工作。

2. 仓管员的岗位职责

(1) 负责公司仓库的全面管理、仓库管理及物流调度；

(2) 按照配货计划进行配货，满足发货需求；负责产品的入库、保管和发货；

（3）检验不合格不允许入库，协助采购部处理退货工作；出库时手续不全不发货，特殊情况须经有关领导签批；

（4）负责仓库区域内的安全、防盗、消防工作，发现事故隐患及时上报，对意外事件及时处置；

（5）负责将物料的存储环境调节到最适条件，经常关注温度、湿度、通风、腐蚀等因素，并采取相应措施；

（6）负责定期对物料盘点清仓，做到账、物、卡相符；

（7）以公司利益为重，爱护公司财产，不得监守自盗；

（8）完成仓库经理交办的其他临时性工作。

3. 人力资源部经理的岗位职责

（1）建立、健全公司人力资源管理制度；

（2）制订招聘计划、培训计划，组织技能考核鉴定和培训实施；

（3）负责人力资源支出预算的编制，进行成本控制；

（4）负责公司人员的招聘活动；

（5）负责人事材料及报表的检查、监督；

（6）组织制定公司考核制度，定期进行员工考核，负责公司全员薪资核算与发放；

（7）建立人力资源管理信息系统，为公司的人力资源管理决策提供参考；

（8）负责部门内的组织、管理、协调工作。

4. 人力资源助理的岗位职责

（1）负责招聘渠道的管理与维护，发布招聘信息；

（2）筛选应聘简历，预约，安排面试，跟进面试流程；

（3）负责员工档案的管理、劳动合同的管理；

（4）负责招聘和培训的组织和实际开展；

（5）负责人事政策和管理制度的执行和贯彻；

（6）负责人事信息的实时更新与维护；

（7）负责公司员工的考勤管理及汇总整理；

（8）办理社会保险、住房公积金缴纳等相关手续；

（9）负责员工入职、调动、离职等手续办理，协助上级做好人力资源各模块日常性事务工作；负责协助经理做好部门内其他工作。

5. 出纳的岗位职责

（1）负责办理银行账户的开立、变更和撤销业务；

（2）负责现金收支管理，做到账款相符，确保现金的安全；

（3）定期进行银行对账，编制银行余额调节表；

（4）负责银行结算业务的办理；

（5）签发支票、汇票等重要空白凭证并登记；

（6）保管库存现金、有价证券、重要空白凭证、印章等；

（7）登记现金日记账和银行存款日记账；

（8）及时整理并传递原始票据，完成协同工作；

（9）编制资金报表，按月装订并定期归档；

（10）办理贷款卡的年检；

（11）完成领导交给的其他各项临时工作。

6. 行政助理的岗位职责

（1）协助总经理做好综合、协调各部门的工作，并处理日常事务；

（2）及时了解各部门的工作动态，协助总经理对各部门之间的业务工作领导，掌握公司主要经营活动的情况；

（3）协助参与企业发展规划的制定、年度经营计划的编制和公司重大决策事项的讨论；

（4）协助审核、修订企业各项管理规章制度，进行日常行政工作的组织与管理；

（5）协助企业领导草拟工作计划、总结、规划、决议、报告，组织起草以企业名义发出的行政公文；

（6）配合企业管理体系的运行及各项工作进度的监督与跟进；

（7）及时处理各种合同、公文、函电、报表等文字资料的签收、拆封、登记、承报、传阅、催办，并做好整理归档工作；

（8）负责企业证照的办理、年审、更换、作废等管理，负责印章的保管、使用管理等；

（9）参与企业行政、采购事务管理，负责企业各部门办公用品的领用和分发工作；

（10）协助进行内务、安全管理，为其他部门提供及时有效的行政服务。

（三）业务主管

业务主管同时兼任采购部经理、采购员、营销部经理、销售专员、市场专员。

1. 采购部经理的岗位职责

（1）统筹采购规划和确定采购内容，保证满足经营活动的需要，降低库存成本；

（2）制定采购计划和目标，改进采购的工作流程和标准，降低库存成本；

（3）参与收集供应商信息及供应商开发、选择、管理与考核，建立供应商档案管理制度；

（4）负责采购物流、资金流、信息流的管理工作；

（5）审核、签署与监督执行采购合同，审核采购订单和物资调拨单；

（6）根据需要采取相应的应急行动或进行后续跟踪，保证完成紧急采购任务；

（7）解决与业务主管在合同上产生的分歧以及支付条款问题；

（8）负责制定本部门各级人员的职责和权限，负责指导、管理、监督本部门人员的业务工作，做好下属人员的绩效考核和奖励惩罚工作，进行部门建设、部门内员工的管理培训工作；

（9）确定所进行的采购行为符合有关政策、法规和道德规范；

（10）完成上级领导交办的其他的临时性工作。

2. 采购员的岗位职责

(1) 依据销售订单和商品的库存情况,编制采购计划,报采购部经理审批,并贯彻实施;

(2) 参与收集供应商信息及供应商开发、选择、管理与考核,建立供应商档案管理制度;

(3) 根据采购计划制作采购合同、拟购货合同的相关条款、价格、付款方式和交期等,报上级领导审批;

(4) 根据采购计划和采购合同制作采购订单;

(5) 实时掌握物资材料的库存和生产情况,对所订购的物资从订购至到货实行全程跟踪;

(6) 严格把好质量关,对不符合的物资材料,坚决拒收;

(7) 尽量避免不合格品积压,提高资金周转率;

(8) 制作商品入库的相关单据,积极配合仓储部保质、保量地完成采购货物的入库;

(9) 负责物料货款和采购费用的申请与支付;

(10) 监控库存变化,及时补充库存,使库存维持合理的结构和合理的数量;

(11) 负责建立业务主管档案,并及时更新;

(12) 确定所采取的采购行为符合有关政策、法规和道德规范;

(13) 完成上级领导交办的其他临时性工作。

3. 营销部经理的岗位职责

(1) 根据公司的发展战略和总体目标,负责制定企业营销总体规划并组织实施;

(2) 负责制订本部门的业务计划并监督执行;

(3) 负责营销经费的预算和控制;

(4) 负责营销方案的审核、批准与监督执行;

(5) 负责营销管理制度的拟定、实施与改善;

(6) 负责对本部门员工绩效结果进行评定;

(7) 负责本部门的年度经营分析;

(8) 负责本部门员工的培训工作;

(9) 负责本部门员工的队伍建设工作;

(10) 负责公司总经理交办的其他工作。

4. 市场专员的岗位职责

(1) 负责公司业务相关市场信息的收集与分析,为公司决策及业务拓展提供支持;

(2) 根据市场调研与分析的结果,对公司的产品销售进行预测;

(3) 根据市场调研与分析的结果,进行新市场开发;

(4) 根据市场调研与分析的结果,制订公司的新产品开发计划;

(5) 负责公司广告方案的策划与实施,负责编制公司广告预算;

(6) 负责公司其他促销活动方案的策划与实施,负责编制公司的促销活动预算;

(7) 负责部门经理安排的其他工作。

5. 销售专员的岗位职责

销售专员是在营销经理的领导下，负责完成公司下达的销售指标，负责指定区域内公司产品的客户推广和销售管理工作，其主要职责如下：

(1) 负责搜集与寻找潜在客户，开发新客户，拓展与老客户的业务，建立和维护客户档案；

(2) 负责制订销售工作计划，并按计划拜访客户；

(3) 负责与客户进行产品销售沟通与商务谈判；

(4) 负责销售合同的签订工作；

(5) 负责销售合同的履行与管理等相关工作，包括及时组织货源、发货与货款回收等；

(6) 负责公司客户关系的维护工作；

(7) 负责公司产品临时项目投标工作；

(8) 负责部门经理安排的其他工作。

三、社会资源

(一) 政务服务中心

政务服务中心包括工商局、税务局、社保局、住房公积金管理中心。

1. 工商局专管员的岗位职责

(1) 受理企业核名。要审核企业申请的公司名称是否和其他相关企业出现重名，或者公司名字是否规范。如果重名，企业必须起另外的名字，直到工商局审核通过为止。企业名称预先核准是企业开业登记设立前必须履行的重要工作。

(2) 工商注册登记。依据国家工商行政管理的法律、法规，按照一定的程序，对设立在中国境内的工商企业的开业、变更、注销活动进行注册登记。主要进行公司变更登记。

(3) 企业工商年检。依法按年度对领取营业执照的单位进行检查，确认企业继续经营资格。

(4) 工商监督。依法组织监督检查市场竞争行为，组织实施各类市场经营秩序的规范管理和监督，维护社会公共利益。

(5) 广告、合同和商标管理。依法组织管理广告发布与广告经营活动，依法管理合同行为，依法管理注册商标、保护注册商标专用权。

2. 税务局专管员岗位职责

(1) 税务登记。按照国家税收法规的规定，新设立的企业或者企业经营情况发生变化，需要到当地税务部门办理开业税务登记或变更税务登记，核发税务登记证。

(2) 税款征收。税务机关依照税收法律、法规规定将纳税人应当缴纳的税款组织征收入库。税款征收的主要内容包括税款征收的方式、程序、减免税的核报，税额核定，税收保全措施和强制执行措施的设置与运用以及欠缴、多缴税款的处理等。

(3) 发票管理。发票管理主要针对发票的印制、购领、使用、监督以及违章处罚等各环节进行管理。

(4) 纳税检查。纳税检查是指征收机关依据国家税收政策、法规和财务会计制度规定，对纳税人、扣缴义务人履行纳税义务、扣缴税款义务真实情况的监督和审查。纳税检查是税收征收管理的重要环节，也是贯彻国家税收政策法规，严格税收纪律，加强纳税监督，堵塞税收漏洞，纠正错漏，保证国家财政收入的一项必要措施。纳税检查主要分为3个环节：纳税人自查、常规检查和专项检查。

(5) 税收统计、分析。税务部门应按年度进行税收统计工作，主要任务包括建立税收统计报表体系以及对税务统计结果进行分析，撰写分析报告。税收统计的主要内容包括税源统计、税收统计、税政统计和税负统计等。税务部门每年要对外提供税收统计报表及分析报告。

(6) 税务违法处罚。企业由于工作上的失误或者主观上的故意，违反了税收法律、法规的规定，按照法律规定必须承担法律后果。

3. 社保局专管员的岗位职责

(1) 参保登记。为参保单位、职工和个体进行参保登记，建立、修改参保人员的基础资料，建立个人账户、记账。

(2) 负责企业多险种社保基金的征集。

(3) 负责社会保险关系转移。

(4) 负责社会保险费征收。

(5) 负责档案管理。

(6) 进行咨询服务，提供社保相关政策咨询。

（二）**服务公司**

服务公司的岗位职责，主要有以下内容。

(1) 人力推荐。向制造企业推荐生产工人，收取人员推荐费。

(2) 人才培训。为制造企业代为培训管理人员，收取培训费。

(3) 广告服务。为制造企业提供广告服务，收取广告费，开具发票。

(4) 市场开发。作为第三方，承接各制造企业的市场开发，收取市场开发费。

(5) 产品研发。作为第三方，承接制造企业的产品研发，收取产品研发费。

(6) 其他服务。代买火车票、机票，收取费用；办公用品零售业务，收取费用，开具发票；代办制造企业的其他服务事项，收取费用，开具发票；档案管理，对采购过程的各种文档进行分类归档整理；完成其他任务。

（三）**银行**

银行柜员的岗位职责，主要有以下内容。

(1) 银行开户。为企业办理银行结算账户开户、变更等业务。

(2) 银行转账。为企业办理银行账户转账业务。

(3) 代发工资业务。为企业办理员工劳动报酬等款项的代发。

(4) 委托收款业务。

(5) 出售银行票据。向企业出售各种银行票据,方便客户办理业务。

(6) 银行信贷。为企业提供长期、短期贷款等融资业务。

(7) 档案管理。对银行柜台业务的各种文档进行分类归档整理。

(四) 会计师事务所

注册会计师的岗位职责,主要有以下内容。

(1) 审计。包括会计报表年审、特殊目的审计、清算审计、离任审计等,对企业的财务数据、会计报告出具审计意见。

(2) 验资。包括设立验资、变更验资(增资、减资)。

(3) 评估。包括整体资产评估、实物资产评估。

(4) 造价。即核算工程施工、房屋、基建造价情况。

(5) 税务咨询。

(6) 代理记账。

(7) 财务顾问。

组建团队

【知识目标】

> 熟悉企业工商注册法律规定与人力资源管理

【能力目标】

> 掌握演讲与制作简历的技巧

【导读案例】

你是哪种类型？

美国麻省理工学院的教授指出，职业定位可以分为以下五类。

简单技术型：持有这类职业定位的人出于自身个性与爱好考虑，往往并不愿意从事管理工作，而是愿意在自己所处的专业技术领域发展。我国过去并不培养专业经理，而是经常将技术拔尖的科技人员提拔到领导岗位，但他们往往并不喜欢领导岗位的工作，更希望继续研究自己的专业。

管理型：这类人有强烈的愿望去做管理人员，同时经验也告诉他们自己有能力达到高层领导职位，因此他们将职业目标定为有相当大职责的管理岗位。成为高层经理需要的能力包括三个方面：分析能力——在信息不充分或情况不确定时，判断、分析、解决问题的能力；人际能力——影响、监督、领导、应对与控制各级人员的能力；情绪控制能力——有能力在面对危急事件时，不沮丧、不气馁，并且有能力承担重大的责任，而不被其压垮。

创造型：这类人需要建立完全属于自己的东西，或是以自己名字命名的产品或工艺，或是自己的公司，或是能反映个人成就的私人财产。他们认为只有这些实实在在的事物才能体现自己的才干。

自由独立型：有些人更喜欢独来独往，不愿像在大公司里那样彼此依赖，很多有这种职业定位的人同时也有相当高的技术型职业定位。但是他们不同于那些简单技术型定位的人，他们并不愿意在组织中发展，而是宁愿做一名咨询人员，或是独立从业，或是与他人合伙开公司。其他自由独立型的人往往会成为自由撰稿人，或是开一家小的零售店。

安全型：有些人最关心的是职业的长期稳定性与安全性，他们为了安定的工作、可观的收入、优越的福利与养老制度等付出努力。目前我国绝大多数的人都选择这种职业定位，很多情况下，这是由社会发展水平决定的，而并不完全是本人的意愿。相信随着社会的发展，人们将不再被迫选择这种类型。

为了更好地明确自己的职业定位，可以尝试以下方法。

首先拿出一张纸，仔细思考以下问题，并将要点记录在纸上：

1. 你在中学、大学时投入最多精力的分别是哪些方面？
2. 你毕业后的第一份工作是什么，你希望从中获得什么？
3. 你开始工作时的长期目标是什么，有无改变，为什么？
4. 你后来换过工作没有，为什么？
5. 工作中哪些情况你最喜欢，哪些情况你最不喜欢？
6. 你是否回绝过调动或提升，为什么？

然后根据上面五类职业定位的解释，确定你的主导职业定位。正如许多分类一样，以上的分类也并无好坏之分，之所以将其提出是为了帮助大家更好地认识自己，并据此重新规划自己的职业生涯，设定切实可行的目标。

（资料来源：https://wenku.baidu.com/view/e609ad333968011ca300913f.html）

【思考】你属于哪种类型？

任务一　CEO 竞选演讲

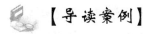【导读案例】

看看你具备 CEO 的几种潜质

CEO 必须具备超凡的沟通能力。CEO 与其他职业最大的不同在于：CEO 是管理者，像所有管理者一样，CEO 要完成的任务和达到的目的是需要借别人的手和脑来取得的。几乎所有职业都可以单兵作战，唯有管理者不行。一个 CEO 必须具备超凡的沟通能力，才能成功地说服董事会支持他的工作，才能让下属甘心为他赴汤蹈火，才能让政府和客户配合公司的工作。

诚信是 CEO 必备的品德。想借别人的手和脑，完成自己想法的 CEO，首先要取得别人的信任。要想取得别人的信任，你不仅要诚实对待别人，还要诚实对待自己。一个不诚实的

CEO，领导的一定是一个出工不出力的团队。一个敢于对下属说"我不懂，你教教我"的CEO，才能成为下属真心佩服的领导；一个敢于向董事会说"对不起，我这个决定错了"的CEO才是董事会真正信任的管理者。

CEO必须有自我学习和反省的能力。现代经济技术变化日新月异，CEO要不断学习新知识，才能保证企业不被淘汰，另外，CEO工作的本身（把别人的手和脑组织起来），还要求他们必须掌握其他专业的知识才能胜任。

CEO必须是一个做选择题的高手。企业的大多数决策是含有不确定因素的，因为没有人能预知未来。听取了所有专家的意见后，一旦CEO决定采取A方案，实际上就是同意了A方案中对未来不确定因素的判断。判断错了，不是专家的责任，而是CEO的责任。一次判断失误就可能断送一个企业的前程，所以CEO的职位对人的心理承受能力要求很强。

CEO必须是一个有操作能力的快刀手。大千商业世界，企业之间比的就是"效率"二字。人要高效率地完成一件事，就需要有个规划。CEO是一个需要在同一时间完成几件事情的人，比如，既要达到产量高，又要保证质量好，还要取得成本低，同时产品还要卖出去。

CEO还必须是一个领导者。CEO除了是一个精明的管理者之外，还必须是一个有洞察力、有胆量、有勇气、有影响力和心有定数的领导者。

（资料来源：http://www.wtoutiao.com/p/15esUcZ.html）

【思考】你具备CEO的潜质吗？

首席执行官（Chief Executive Officer，CEO）是在一个企业中负责日常事务的最高行政官员，又称作行政总裁、总经理或最高执行长。他对公司的董事会负责，而且往往就是董事会的成员之一，在公司或组织内部拥有最终的执行权。

一、任务描述

现在有5家制造企业，分别是北京爱贝尔童车制造有限公司、北京宝乐童车制造有限公司、北京小精灵童车制造有限公司、北京豆豆熊童车制造有限公司、北京童飞制造有限公司；2家制造企业客户，分别是中国旭日贸易有限公司、华晨商贸有限公司；2家制造企业的供应商，分别是邦尼工贸（北京）有限公司、恒通橡胶厂；6家金融服务机构，分别是工商局、税务局、银行、服务公司、社会保险局、注册会师事务所。它们一共可提供15名CEO岗位。需要通过能力测试或学生自荐确定CEO参选名单。教师告知参选人竞选演讲的规则，包括演讲的顺序、方式、时间，演讲注意的问题等；同时，教师告知其他非竞选学生在听完所有候选人的竞选演讲后，进行投票。

二、任务要求

参加竞选CEO的学生需要根据竞选主题准备演讲稿，并且尽可能地脱稿演讲。其他非参加CEO竞选演讲的学生就是选民，需要认真听完所有的演讲，并考虑自己跟随哪个CEO。

教师作为场外指导,告知竞选规划。

竞选主题一:你的员工缺少工作主动性与积极性,工作时间经常上网或聊天,如果出现上述情况,你该如何解决这个问题?

竞选主题二:在企业日常工作中,新员工不懂业务,无法快速进入角色,如果出现这种情况,你该如何应对?

竞选主题三:在企业业务处理中,如果各部门发生互相推诿、互相指责的情况,你该如何解决?

……

任务二　现场招聘组建团队

【导读案例】

怎么写简历才能把你的才能秀出来?

简历,顾名思义,就是对个人的学历、经历、特长、爱好及其他有关情况所做的简明扼要的书面介绍。简历是个人形象,包括资历与能力的书面表述,对于求职者而言,是必不可少的一种应用文。制作简历是大学生走向职场的第一步,也是职场必修的一门课程。那么,大学生怎么制作简历才能把自己"秀"出来呢?

疑惑一:精美的封面需要吗?

毕业于广州某大学的小徐,至今也没弄明白这个问题的确切答案。当初,他做的第一份简历也和其他同学一样,下载学校的标志,制作了一个简历封面,彩色打印后很精美。但在应聘过程中,小徐发现简历封面并没有多大的用处,有时反而是一个累赘。后来,他干脆放弃了封面。

点评:给简历设置封面,越来越不被认可。这种在求职者看来"用心良苦"的制作,在 HR 看来却是多余的,因为既浪费了时间,又浪费了纸张。但事情并不是绝对的,如果你是学设计的,一个设计精美的封面往往又成了你简历的"撒手锏"。

疑惑二:"一页简历",够了吗?

小亮毕业于新闻学院,他求职的目标是新闻媒体。与别人不同的是,他的简历永远不是一页,而是一本。除了个人的基本情况、实践经历、获得的荣誉等常规情况之外,他还会附上自己在报社实习期间发表的作品。由于作品有一百多篇,所以他的简历最厚时就像一本书。小亮认为,厚的简历才能反映出自己的成果和做事的态度。

点评:一位招聘官的意见可能颇有代表性——喜欢简练的"One page"(1页)简历,这也是大多数知名企业的招聘官的普遍看法。但对于某些注重实际经验和表达创意的行业,也可以多附点自己的作品。

疑惑三:薪水,该说多少?

一天,南方的某人才市场出现了这样一幕:一位武汉某建筑学院的本科生正在应聘肇庆的一家小型房地产公司。"你来我们公司期望的薪水是多少?""4000!""你知道吗,我们公司的中层人员才是这个数,刚进的大学生不超过 1700 元。"最后招聘员以"欢迎你下次再来应聘"送走了那位大学生。

点评:薪水对于大学生求职者来说,是一个两难的问题。如果回答过高,HR 可能会认为你要求过高;如果回答过低,HR 也可能会认为你"微不足道",无法胜任工作。聪明的做法是事先了解这个行业的薪酬水平。

疑惑四:一份简历包打天下?

小赖是一位药学研究生,她的职业目标首选是高职教师,其次是高校辅导员,最后是医药公司研发人员。为此,她设计了三份简历,应聘高职院校教师的简历突出自己的科研成果,应聘高校辅导员的简历突出自己的工作经历,应聘医药公司研发人员的简历突出自己的实验操作。三份简历分别投往不同的岗位,她认为,这样才有的放矢。

点评:千万不要用同一份简历去投递所有的职位,要讲究针对性,针对每一个公司和职位制作不同的简历。在简历中要重点列举与所申请公司及职位相关的信息,弱化对方并不重视的内容,这样才容易脱颖而出。

(资料来源:一叶. 怎样写简历才能把你的才能秀出来 [J]. 中国大学生就业,2016(3):26 – 27.)

【思考】制作一份自己的简历。

企业之间的竞争,归根到底是人才的竞争。招聘并选拔出合适的员工使得企业拥有富于竞争力的人力资本是一个企业兴盛的关键。人力资源招聘选拔在人力资源管理与开发工作中是一项重要的基础性工作,它对于企业人力资源的合理形成、管理及开发具有至关重要的作用。招聘的常用方式有两种,一种是项目招聘,就是企业在短时间内投入较多的人力、物力组织多个岗位的集中招聘;另一种是日常招聘,是指企业日常工作中不断进行的填补岗位空缺的招聘。

一、任务描述

每家制造企业各设有 7 个部门,18 个岗位。7 个部门是指企业管理部、营销部、生产计划部、仓储部、采购部、人力资源部、财务部。其中,企业管理部设有总经理、总经理助理;营销部设有营销部经理、市场专员、销售专员;生产计划部设有生产计划部门经理、生产计划员及生产管理员;仓储部设有仓储部经理和仓管员;采购部设有采购部经理、采购员;人力资源部设有人力资源部经理、人力资源助理;财务部设有财务部经理、财务会计、成本会计、出纳。

第一家供应商共设有 3 个岗位,分别是总经理,兼任财务部经理、税务会计;行政主管,兼任仓储部经理、仓管员、行政助理、人力资源部经理、人力资源助理、出纳;业务主管,兼任采购部经理、采购员、营销部经理、销售专员、市场专员。

此外,服务公司设有 1 个岗位,银行设有 1 个岗位,社保局设有 1 个岗位,工商局设有 1 个岗位,税务局设有 1 个岗位,会计师事务所设有 1 个岗位。

各企业单位 CEO 确定后,由 CEO 招聘本单位的人力资源部经理,再由本单位人力资源部经理组织本单位的招聘工作。

二、任务要求

每个单位组织现场招聘工作，都需要对本单位组织机构进行设计，对岗位进行设置；撰写招聘启事；发出招聘公告；收集简历；简历筛选；组织面试与评价。

任务三　组织内部会议

【导读案例】

难以执行的规定

某一国企董事长发现员工开会时迟到者居多，就制定了一条规定：迟到者罚款100元。规定制定出来的第一次会议，董事长自己迟到了。他马上解释说："各位实在是对不起，有一个重要的客户，所以耽误了15分钟，下不为例。"第二次会议时，很多人开始迟到。

（资料来源：http://3y.uu456.com/bp_65b1f4b7px23x6i11q2x_1.html）

【思考】你认为组织一个内部会议应该考虑哪些因素来提高会议效率，以便达到开会的目的？

每一家企业都是刚刚成立的新企业，由来自不同专业的同学组成管理团队，CEO是团队建设的领航人，必须引导公司成员以优异的表现完成所有的工作内容。因而，总经理必须时刻关注团队建设，以更好地完成组织目标。

一、如何组织会议

（一）会议前的3种思考

组织内部会议之前需要考虑三个核心问题：第一，要不要开会？能不能由自己决定？有没有更好的方式？第二，多少人参加？多长时间的会议？能不能减少会议频率、时间和资料？第三，能否与其他会议一起召开？能不能通过权限委托解决？加入其他会议中是不是更好？

（二）会议原则

1. 减少会议次数

提高会议的效率应当从取消某些会议开始。大多数组织的会议过多，主要是由以下几种原因引起的，而技术变革将会使这些原因在将来变得更重要：组织结构日益复杂；组织中出现了越来越多的工作小组和团队；许多管理者只是想当然地召开会议，而没有思考它们是否真正必要；专业人才的数量在增加，但限于他们狭窄的专业领域，根本无法凭借一个人的能力自始至终地完成某项任务，他们需要其他人来帮忙。

因此，如不采取有效措施，会议的数量将会继续增加。此外，每一次会议都会让一系列后续会议成为必要。每次管理层会议通常意味着给管理团队的每个成员分派工作。相应地，这些人又要在下面的事业部或部门中召开更多的会议。因此，最重要的一步是停止这种快速增加的会议。

2. 充分的前期准备与后续跟进

一次会议的效率取决于所做的准备工作，这就意味着要去准备会议的议程以及针对会议决议的执行方案。否则，会议上会出现即兴发挥。有经验的管理者会这样做，但是他们不依赖这种技巧。而会议的准备工作是需要时间的。因此，我们必须预留足够的时间来准备会议。会议准备遵行"5W1H"的方法。

5W，即 Why, What, Where, When, Who；1H，即 How。

Why：在准备会议时，首先要判断会议是否值得开。一般可采用实验法进行验证。如果停止会议会有不好的情况发生，就要开会议；如果没有产生不良后果或是有好的结果，那就不能开会。

What：对议题是否符合会议目的进行检查。

Where：对是否能够容纳所有人的场所进行确认。

When：对会议时间的安排进行确认。

Who：让适合议题的人出席会议。

How：对如何得出符合议题的结论进行讨论。比如，怎样对论题进行讨论，是个别发言，还是分组讨论等。

3. 会议主题明确

一般来说，会议的目的有四类，即解决问题、制订计划、信息传达、利益调整。好的会议要有明确的会议主题。会议主题只有少数几个议题，甚至一个议题。这些议题是真正重要的，即能真正证明这些与会人员的价值所在。要明确会议主持人，明确分工、目标等。在会议主持过程中主持人能够掌控会议的进程，并在每一个议题结束后确保形成一套明确而必要的措施，使其决议具有可执行性，如需要做什么，谁来负责，什么时候完成与汇报上交等要素。要避免将会议演变为社交活动，更不能在会议上随意发言，或议题发散，离散出无数个与主题无关的议题等。

4. 做好会议记录

会议是需要会议记录的，甚至需要逐字逐句记录。这样可以使管理者的大脑有空间去记其他的事情，同时，也能够让他们做到条理清晰，责任明确，工作富有效率。至少要记录会议的决议、商议的措施、个人承担的责任和最终截止期限等重要内容。

二、任务描述

新成立公司的总经理组织企业内部会议。

三、任务要求

（一）做好会前准备工作

一定要做好会前准备工作。

（二）明确会议主题

会议内容要求：欢迎各位成员的加入；阐述企业经营口号；团队成员的自我介绍；讨论公司章程。

（三）填写会议纪要

要认真填写会议纪要。

任务四　公司注册

【导读案例】

公司章程在工商登记中的作用

某中外合资公司（以下称某合资公司）设立时的中方股东是 A 公司，外方股东是某国际商务有限公司（以下称外方公司），登记机关为 M 市工商局。2010 年 1 月 9 日，A 公司将在某合资公司中的股权全部转让给 B 公司，在 B 公司未支付股权转让款的情况下，某合资公司 2010 年 4 月 19 日办理了股权转让变更登记，中方股东变更为 B 公司。A 公司与 B 公司因股权转让发生纠纷，A 公司于 2012 年 10 月 25 日诉讼至 M 市中级人民法院。A 公司在诉讼期间，未向法院申请股权保全措施，法院也未向 M 市工商局送达任何相关法律文书。M 市中级人民法院于 2013 年 12 月 21 日做出判决，解除 A 公司与 B 公司的股权转让合同。B 公司于 2014 年 3 月 26 日接到判决并随后提出上诉。在此期间，B 公司将其持有的某合资公司全部股权分别转让给张某某、王某某二人，并于 2014 年 4 月 4 日到 M 市工商局申请变更登记。M 市工商局未要求某合资公司提交审批部门的批准文件，而是依据省政府相关文件直接办理了变更登记。于是，A 公司提起行政复议，请求依法撤销某合资公司的变更登记。

（资料来源：http://www.360doc.com/content/14/1002/20/9851038_414010715.shtml）

【思考】A 公司提出的行政复议有充分的理由吗？M 市工商局的做法有欠妥之处吗？

根据《中华人民共和国公司法》（以下简称《公司法》）规定：创立新公司时需要进行公司注册，包括确定企业的法律形式，制定公司章程，进行企业名称预先登记，领取营业执照，刻章，银行开户，税务登记等环节。

一、公司注册流程

我国《公司法》于 1993 年 12 月 29 日第八届全国人民代表大会常务委员会第五次会议上通过；根据 1999 年 12 月 25 日第九届全国人民代表大会常务委员会第十三次会议《关于修改〈中华人民共和国公司法〉的决定》第一次修正；根据 2004 年 8 月 28 日第十届全国人民代表大会常务委员会第十一次会议《关于修改〈中华人民共和国公司法〉的决定》第二次修正；2005 年 10 月 27 日，第十届全国人民代表大会常务委员会第十八次会议通过了修订后的《公司法》；2013 年 12 月 28 日，第十二届全国人民代表大会常务委员会第六次会议通过了新修订的《公司法》，自 2014 年 3 月 1 日起施行。

根据新《公司法》的规定，我国公司注册资本实缴登记制度改为认缴登记制度；放宽了注册资本登记条件；同时，简化了公司注册的登记事项和登记文件。

2016 年 6 月 30 日，国务院办公厅发布了《关于加快推进"五证合一，一照一码"登记制度改革的通知》（国办发〔2016〕53 号），从 2016 年 10 月 1 日起正式实施"五证合一，一照一码",在全国范围内为企业开办和成长提供便利化服务,降低创业准入的制度性成本,优化营商环境,激发企业活力,推进大众创业、万众创新,促进就业和经济社会持续健康发展。

"五证合一,一证一照"的"五证"是指营业执照、组织机构代码证、税务登记证、社会保险登记证和统计登记证,"五证合一",即将营业执照的注册号、组织机构代码证号、税务登记证号、统计证号及社保登记证号统一为一个登记码,标注在营业执照上。

根据新《公司法》及"五证合一,一证一照"的登记制度,企业也无须委托会计师事务所出具验资报告,简化了注册流程与审批手续,缩短了公司注册时间。首先,企业确定组织形式,确定企业类型,进行名称审核。其次,采取"一表申请、一窗受理、并联审批、一份证照"的办理方式,持工商网报系统申请审核通过后打印的《新设企业五证合一登记申请表》,携带其他纸质资料,前往当地工商局大厅多证合一窗口受理;工商人员核对信息,确认资料无误后,将信息导入工商准入系统,生成工商注册号,并在"五证合一"打证平台生成各部门号码,补录相关信息,同时,工商人员将企业材料扫描,与《工商企业注册登记联办流转申请表》传递至质监、国税、地税、社保、统计五部门,由五部门分别完成后台信息录入,最终打印出载有一个证号的营业执照。最后,完成银行开户、税务报到、申请税控和发票、社保开户,企业就可以开始经营了。

(一) 确定企业类型

企业组织形式是指企业财产及其社会化大生产的组织状态,它表明一个企业的财产构成、内部分工协作与外部社会经济联系的方式。企业组织形式具体如下。

1. 个人独资企业

个人独资企业,是指根据《公司法》在中国境内设立,由一个自然人投资,财产为投资人个人所有,投资人以其个人财产对企业债务承担无限责任的经营实体。个人独资企业具有如下特征。

(1) 投资主体方面的特征。个人独资企业仅由一个自然人投资设立,这是独资企业在投资主体上与合伙企业和公司的区别所在。《中华人民共和国合伙企业法》规定合伙企业的投资人尽管是自然人,但人数为两人以上;公司的股东通常为两人以上,而且投资人不仅包括自然人,还包括法人和非法人组织。

(2) 企业财产方面的特征。个人独资企业的全部财产为全部投资人个人所有,投资人(也称业主)是企业财产(包括企业成立时投入的初始出资财产与企业存续期间积累的财产)的唯一所有者。基于此,投资人对企业的经营与管理事物享有绝对的控制与支配权,不受任何其他人的干预。个人投资企业就财产方面的性质而言,属于私人财产所有权的客体。

(3) 责任承担方面的特征。个人独资企业的投资人以其个人财产对企业债务承担无限责任。

(4) 主体资格方面的特征。个人独资企业不具有法人资格,尽管独资企业有自己的名称与商号,并以企业名义从事经营行为和参加诉讼活动,但它不具有独立的法人地位。

2. 合伙企业

合伙企业,是由两个以上的自然人订立合伙协议,共同出资、合伙经营、共享收益、共担风险，并对合伙企业债务承担无限连带责任的营利性组织。合伙企业分为普通合伙企业和有限合伙企业。

（1）普通合伙企业。普通合伙企业由普通合伙人组成，合伙人对合伙企业债务承担无限连带责任。法律对普通合伙人承担责任的形式有特别规定的，从其规定。具体条件如下：①有两个以上合伙人，并且都是依法承担无限责任者；②有书面合伙协议；③有各合伙人实际缴付的出资；④有合伙企业的名称；⑤有经营场所和从事合伙经营的必要条件；⑥合伙人应当为具有完全民事行为能力的人；⑦法律、行政法规禁止从事营利性活动的人，不得成为合伙企业的合伙人。

（2）有限合伙企业。有限合伙企业由普通合伙人和有限合伙人组成，普通合伙人对合伙企业债务承担无限连带责任，有限合伙人以其认缴的出资额为限对合伙企业债务承担责任。

3. 公司企业

公司企业是指以营利为目的，由许多投资者共同出资组建，股东以其认缴出资额为限对公司负责，公司企业以其全部财产对外承担民事责任的企业法人。公司企业的两种主要形式是有限责任公司和股份有限公司。

（1）有限责任公司。依照公司法规定，由法律规定50个以下的股东以其认缴出资额为限对公司债务承担责任，公司以其全部财产对公司债务承担责任。有限责任公司必须有公司名称，建立符合有限责任公司要求的组织机构及公司住所；股东共同制定公司章程。

有限责任公司的注册资本为在公司登记机关登记的全体股东认缴的出资额。除法律、行政法规规定不得作为出资的财产以外，股东可以用货币出资，也可以用实物、知识产权、土地使用权等可以用货币估价并可以依法转让的非货币财产作价出资。股东应当按期足额缴纳公司章程中规定的各自所认缴的出资额。股东以货币出资的，应当将货币出资足额存入有限责任公司在银行开设的账户；以非货币财产出资的，应当依法办理其财产权的转移手续。股东认定公司章程规定的出资后，由全体股东指定的代表或者共同委托的代理人向公司登记机关报送公司登记申请书、公司章程等文件，申请设立登记。有限责任公司成立后，股东不得抽逃出资。

有限责任公司股东会由全体股东组成，股东会是公司的权力机构，依法行使职权：决定公司的经营方针和投资计划；选举和更换非由职工代表担任的董事、监事，决定有关董事、监事的报酬事项；审议批准董事会的报告；审议批准监事会或者监事的报告；审议批准公司的年度财务预算方案、决算方案；批准公司的利润分配方案和弥补亏损方案；对公司增加或者减少注册资本作出决议；对发行公司债券作出决议；对公司合并、分立、解散、清算或者变更公司形式作出决议；修改公司章程；公司章程规定的其他职权。股东会会议分为定期会议和临时会议。定期会议应当依照公司章程的规定按时召开。代表十分之一以上表决权的股东，三分之一以上的董事，监事会或者不设监事会的公司的监事提议召开临时会议的，应当召开临时会议。

有限责任公司设立董事会的（除另有规定外，其成员为三人至十三人），股东会会议由董事会召集，由董事长主持；董事长不能履行职务或者不履行职务的，由副董事长主持；副董事长不能履行职务或者不履行职务的，由半数以上董事共同推举一名董事主持。有限责任公司不设董事会的,股东会会议由执行董事召集和主持。

董事会或者执行董事不能履行或者不履行召集股东会会议职责的,由监事会或者不设监事会的公司的监事召集和主持;监事会或者监事不召集和主持的,代表十分之一以上表决权的股东可以自行召集和主持。

有限责任公司设董事会,两个以上的国有企业或者两个以上的其他国有投资主体投资设立的有限责任公司,其董事会成员中应当有公司职工代表;其他有限责任公司董事会成员中可以有公司职工代表。董事会中的职工代表由公司职工通过职工代表大会、职工大会或者其他形式的民主选举产生。董事会设董事长一人,可以设副董事长;依据公司章程产生董事长、副董事长并决定董事任期,但每届任期不得超过三年。董事任期届满,连选可以连任。

董事任期届满未及时改选,或者董事在任期内辞职导致董事会成员低于法定人数的,在改选出的董事就任前,原董事仍应当依照法律、行政法规和公司章程的规定,履行董事职务。

董事会对股东会负责,行使下列职权:召集股东会会议,并向股东会报告工作;执行股东会的决议;决定公司的经营计划和投资方案;制订公司的年度财务预算方案、决算方案;制订公司的利润分配方案和弥补亏损方案;制订公司增加或者减少注册资本以及发行公司债券的方案;制订公司合并、分立、解散或者变更公司形式的方案;决定公司内部管理机构的设置;决定聘任或者解聘公司经理及其报酬事项,并根据经理的提名决定聘任或者解聘公司副经理、财务负责人及其报酬事项;制定公司的基本管理制度;公司章程规定的其他职权。

有限责任公司可以设经理,由董事会决定聘任或者解聘。经理对董事会负责,行使职权:主持公司的生产经营管理工作,组织实施董事会决议;组织实施公司年度经营计划和投资方案;拟订公司内部管理机构设置方案;拟订公司的基本管理制度;制定公司的具体规章;提请聘任或者解聘公司副经理、财务负责人;决定聘任或者解聘除应由董事会决定聘任或者解聘以外的负责管理人员;董事会授予的其他职权。经理列席董事会会议。

有限责任公司设监事会,其成员不得少于三人,股东人数较少或者规模较小的有限责任公司,可以设一至两名监事或不设监事会。监事会应当包括股东代表和适当比例的公司职工代表,其中职工代表的占比不得低于三分之一,具体比例由公司章程规定。监事会中的职工代表由公司职工通过职工代表大会、职工大会或者其他形式的民主选举产生。董事、高级管理人员不得兼任监事。监事的任期每届为三年。监事任期届满,连选可以连任。

监事会设主席一人,由全体监事过半数选举产生。监事会主席召集和主持监事会会议;监事会主席不能履行职务或者不履行职务的,由半数以上监事共同推举一名监事召集和主持监事会会议。监事任期届满未及时改选,或者监事在任期内辞职导致监事会成员低于法定人数的,在改选出的监事就任前,原监事仍应当依照法律、行政法规和公司章程的规定,履行监事职务。

监事会、不设监事会的公司的监事行使下列职权:检查公司财务;对董事、高级管理人员执行公司职务的行为进行监督,对违反法律、行政法规、公司章程或者股东会决议的董事、高级管理人员提出罢免的建议;当董事、高级管理人员的行为损害公司的利益时,要求董事、高级管理人员予以纠正;提议召开临时股东会会议,在董事会不履行《公司法》规定的召集和主持股东会会议职责时召集和主持股东会会议；向股东会会议提出提案；依照《公司法》第一百五十一条规定，对董事、高级管理人员提起诉讼；公司章程规定的其他职权。

监事可以列席董事会会议，并对董事会决议事项提出质询或者建议。监事会每年度至少召开一次会议，监事可以提议召开临时监事会会议。监事会、不设监事会的公司的监事行使职权所必需的费用，由公司承担。

只有一个自然人股东或者一个法人股东的有限责任公司，称为一人有限责任公司。一个自然人只能投资设立一个一人有限责任公司。该一人有限责任公司不能投资设立新的一人有限责任公司。一人有限责任公司章程由股东制定，不设股东会。一人有限责任公司应当在每一会计年度终了时编制财务会计报告，并经会计师事务所审计。一人有限责任公司的股东不能证明公司财产独立于股东自己的财产的，应当对公司债务承担连带责任。

国有独资企业是指国家单独出资、由国务院或者地方人民政府授权本级人民政府国有资产监督管理机构履行出资人职责的有限责任公司。有限责任公司是指国家单独出资、由国务院或者地方人民政府授权本级人民政府国有资产监督管理机构履行出资人职责的有限责任公司。国有独资公司不设股东会，由国有资产监督管理机构行使股东会职权。国有资产监督管理机构可以授权公司董事会行使股东会的部分职权，决定公司的重大事项，但公司的合并、分立、解散、增加或者减少注册资本和发行公司债券，必须由国有资产监督管理机构决定；其中，重要的国有独资公司合并、分立、解散、申请破产的，应当由国有资产监督管理机构审核后，报本级人民政府批准。

(2) 股份有限公司。依照《公司法》规定，股份有限公司的股东以其认购的股份为限对公司承担责任，公司以其全部财产对公司债务承担责任。股份有限公司的设立，可以采取发起设立或者募集设立的方式。发起人应当在两人以上两百人以下，其中须有半数以上的发起人在中国境内有住所，且发起人承担公司筹办事务。股份有限公司采取发起设立方式设立的，注册资本为在公司登记机关登记的全体发起人认购的股本总额。在发起人认购的股份缴足前，不得向他人募集股份。股份有限公司采取募集方式设立的，注册资本为在公司登记机关登记的实收股本总额。

发起人向社会公开募集股份，应当由依法设立的证券公司承销，签订承销协议，且应当同银行签订代收股款协议。发行股份的股款缴足后，必须经依法设立的验资机构验资并出具证明。发起人应当自股款缴足之日起三十日内主持召开公司创立大会。创立大会由发起人、认股人组成。

发起人应当在创立大会召开十五日前将会议日期通知各认股人或者予以公告。创立大会应有代表股份总数过半数的发起人、认股人出席，方可举行。创立大会行使职权：审议发起人关于公司筹办情况的报告；通过公司章程；选举董事会成员；选举监事会成员；对公司的设立费用进行审核；对发起人用于抵作股款的财产的作价进行审核；发生不可抗力或者经营条件发生重大变化直接影响公司设立的，可以作出不设立公司的决议。创立大会对前款所列事项作出决议，必须经出席会议的认股人所持表决权过半数通过。

董事会应于创立大会结束后三十日内，向公司登记机关报送文件，申请设立登记。

股份有限公司成立后,发现作为设立公司出资的非货币财产的实际价额显著低于公司章程所定价额的,应当由交付该出资的发起人补足其差额;其他发起人承担连带责任。股份有限公司的发起人应当承担下列责任:公司不能成立时,对设立行为所产生的债务和费用负连带责任;公司不能成立时,对认股人已缴纳的股款,负返还股款并加算银行同期存款利息的连带责任;在公司设立过程中,由于发起人的过失致使公司利益受到损害的,应当对公司承担赔偿责任。

股东大会是公司的权力机构,由全体股东组成,应当每年召开一次年会,有下列情形之一,应当在两个月内召开临时股东大会:董事人数不足《公司法》规定人数或者公司章程所定人数的三分之二时;公司未弥补的亏损达实收股本总额三分之一时;单独或者合计持有公司百分之十以上股份的股东请求时;董事会认为必要时;监事会提议召开时;公司章程规定的其他情形。

股东大会会议由董事会召集,由董事长主持;董事长不能履行职务或者不履行职务的,由副董事长主持;副董事长不能履行职务或者不履行职务的,由半数以上董事共同推举一名董事主持。股东出席股东大会会议,所持每一股份有一表决权,但公司持有的本公司股份没有表决权。

股份有限公司设董事会,其成员为五人至十九人,其中设董事长一人,可以设副董事长。董事长和副董事长由董事会以全体董事的过半数选举产生。董事会每年度至少召开两次会议,每次会议应当于会议召开十日前通知全体董事和监事。代表十分之一以上表决权的股东、三分之一以上的董事或者监事会,可以提议召开董事会临时会议。董事长应当自接到提议后十日内,召集和主持董事会会议。董事会决议的表决,实行一人一票。

股份有限公司设经理,由董事会决定聘任或者解聘。

股份有限公司设监事会,其成员不得少于三人。监事会应当包括股东代表和适当比例的公司职工代表,其中职工代表的比例不得低于三分之一,具体比例由公司章程规定。监事会中的职工代表由公司职工通过职工代表大会、职工大会或者其他形式的民主选举产生。监事会设主席一人,可以设副主席。监事会主席和副主席由全体监事过半数选举产生。监事会主席召集和主持监事会会议;监事会主席不能履行职务或者不履行职务的,由监事会副主席召集和主持监事会会议;监事会副主席不能履行职务或者不履行职务的,由半数以上监事共同推举一名监事召集和主持监事会会议。董事、高级管理人员不得兼任监事。监事会行使职权所必需的费用,由公司承担。

(二) 名称审核及其他相关信息

1. 名称审核

名称审核对企业的生存发展起着至关重要的作用,一个优秀的企业名称可以内炼企业文化,外塑企业形象,著名企业的名称还凝聚着巨大的无形资产,那么在企业设立之初,应如何为企业选一个优秀的名称呢?

名称由四部分组成:行政区划+字号+行业特点+组织形式。

例如,公司名称组成:

上海(上海市)+大西洋+科技+有限公司。

大西洋+上海(上海市)+科技+有限公司。

大西洋＋科技＋上海（上海市）＋有限公司。

上海（上海市）为行政区划；

大西洋为字号，为减少重名，建议使用三个以上的汉字作为字号；

科技是行业特点，应与企业所申请经营范围中的主营行业相对应；

有限公司是组织形式；

分支机构的名称应冠以主办单位的全称，例如：上海大西洋商贸有限公司刘庄分店。

一般规定，企业名称不得含有下列内容和文字：

（1）有损于国家、社会公共利益的；

（2）可能对公众造成欺骗或者误解的；

（3）外国国家（地区）或国际组织的名称。

企业进行申报时，可以准备五个以上公司名称到工商局核名。

2. 其他相关信息

核名通过后，确认注册地址、经营范围、高管信息，在线提交预申请。

（1）注册地址。注册地址是公司营业执照上登记的"地址"，不同的城市对注册地址的要求也不一样，具体应以当地工商局要求为准。

（2）经营范围。经营范围是企业可以从事的生产经营与服务项目。它反映的是企业业务活动的内容和生产经营方向，是企业业务活动范围的法律界限。初次注册公司，不知道如何确定经营范围时，可以直接参考行业内同类公司。例如，以互联网科技公司为例，其经营范围包括网络通信科技产品领域内的技术开发、技术咨询、技术转让、技术服务，计算机网络工程，计算机软件开发及维护，计算机辅助设备的安装及维修，电子产品的安装和销售，计算机及相关产品（除计算机信息系统安全专用产品）的销售，企业管理咨询（除经纪）。其中某些经营活动是需要相关行政许可部门审批取得许可文件后才可以进行的。通常下列情况需要进行前置审批：设立农药生产企业、种子经营企业、粮食收购企业、兽药生产企业、兽药经营企业、牛羊畜禽屠宰企业等。

（3）高管信息。这里的高管是指登记在工商局的公司管理人员，一般建议由核心创始人或大股东任职，以加强对公司的管理控制。

①董事/董事长。由董事、董事长组成的董事会，负责公司或企业和业务经营活动的指挥与管理，对公司股东会或企业股东大会负责并报告工作。

董事长是公司董事会的领导，是公司的最高领导者。他的职责具有组织、协调、代表的性质。董事长的职权在董事会职责范围之内，不管理公司的具体业务，一般也不进行个人决策，只是在董事会开会或董事会专门委员会开会的时候才享有投票权。

公司在前期比较简单时，可不设立董事会，只设立一名执行董事即可。执行董事代行董事会职责。

②法定代表人。法定代表人是公司意志的具体体现人，由董事长、执行董事或经理担任，在法律层面对公司的所有行为、结果负责，法定代表人行为等同于公司行为。自然人可以担任多家公司的法定代表人。

③监事。监事代表股东大会行使监督职能，必须是单独的人选，不能由董事、经理兼任。

（三）制定公司章程

公司章程，是指公司依法制定的规定公司名称、地址、经营范围、经营管理制度等重大事项的基本文件，也是公司必备的规定公司组织及活动的基本规则的书面文件。公司章程是股东共同一致意见的表示，是公司组织和活动的基本准则，是公司的宪章，公司章程具有法定性、真实性、自治性和公开性的基本特征。

（四）入资、开立验资账户

所有股东带上自己入股的那一部分钱到银行，带上公司章程、工商局发的核名通知、法人代表的人名章、身份证、用于验资的钱、空白询证函表格，到银行去开立公司账户，要告诉银行是开立验资账户。开立好公司账户后，各个股东按自己的出资额向公司账户中存入相应的钱。银行会发给每个股东缴款单并在询证函上盖银行的章。打印当日对账单且加盖银行业务专用章。

（五）"五证合一"办理营业执照

新的"五证合一"办证模式，采取"一表申请、一窗受理、并联审批、一份证照"的流程：首先，办证人持工商网报系统申请审核通过后打印的《新设企业五证合一登记申请表》，携带其他纸质资料，前往当地工商局大厅多证合一窗口受理；工商人员核对信息、确认资料无误后，将信息导入工商准入系统，生成工商注册号，并在"五证合一"打证平台生成各部门号码，补录相关信息，同时，工商人员将企业材料扫描，与《工商企业注册登记联办流转申请表》传递至质监、国税、地税、社保、统计五部门，由五部门分别完成后台信息录入；最后打印出载有一个证号的营业执照。

1. 有限责任公司

有限责任公司需要准备的材料包括：公司法定代表人签署的《公司登记（备案）申请书》；全体股东签署的《指定代表或者共同委托代理人的证明》及指定代表或委托代理人的身份证复印件（应标明指定代表或者共同委托代理人的办理事项、权限、授权期限）；全体股东签署的公司章程；股东的主体资格证明或者自然人身份证复印件；董事、监事、经理的任职文件（股东会决议由股东签署，董事会决议由公司董事签字）及身份证复印件；法定代表人的任职文件（股东会决议由股东签署，董事会决议由公司董事签字）及身份证复印件；法律、行政法规和国务院决定规定设立有限责任公司必须报经批准的，提交有关的批准文件或者许可证复印件；公司申请登记的经营范围中有法律、行政法规和国务院决定规定必须在登记前报经批准的项目，提交有关的批准文件或者许可证复印件或许可证明；《承诺书》；地址使用证明（若是自己的房产，需要房产证复印件，本人的身份证复印件；若是租房，需要房东签字的房产证复印件，房东的身份证复印件，双方签字盖章的租赁合同和租金发票；若是租的某个公司名下的写字楼，需要该公司加盖公章的房产证复印件，该公司营业执照复印件，双方签字盖章的租赁合同，还有租金发票）；《企业名称预先核准通知书》；《新设企业五证合一登记申请表》。

2. 股份有限公司

股份有限公司需要准备的材料包括《公司登记（备案）申请书》、《指定代表或者共同委托代理人授权委托书》及指定代表或委托代理人的身份证复印件。由会议主持人和出席会议的董事签署的股东大会会议记录（募集设立的提交创立大会的会议记录）。全体发起人签署或者出席股东大会或创立大会的董事签字的公司章程。发起人的主体资格证明或者自然人身份证复印件（发起人为企业的，提交营业执照复印件；发起人为事业法人的，提交事业法人登记证复印件；发起人股东为社团法人的，提交社团法人登记证复印件；发起人为民办非企业单位的，提交民办非企业单位证复印件；其他发起人提交有关法律法规规定的资格证明）。募集设立的股份有限公司提交依法设立的验资机构出具的验资证明，涉及发起人首次出资是非货币财产的，提交已办理财产权转移手续的证明文件。需要准备董事、监事和经理的任职文件及身份证复印件。依据《公司法》和公司章程的规定，提交由会议主持人和出席会议的董事签署的股东大会会议记录（募集设立的提交创立大会的会议记录）、董事会决议或其他相关材料。其中股东大会会议记录（创立大会会议记录）可以与相关项合并提交。董事会决议由公司董事签字。需要准备法定代表人任职文件（公司董事签字的董事会决议）及身份证件复印件。需要准备《企业名称预先核准通知书》。募集设立的股份有限公司公开发行股票的应提交国务院证券监督管理机构的核准文件。法律、行政法规和国务院决定规定设立股份有限公司必须报经批准的，提交有关的批准文件或者许可证复印件。公司申请登记的经营范围中有法律、行政法规和国务院决定规定必须在登记前报经批准的项目，提交有关批准文件或者许可证件的复印件。需要提交《承诺书》。需要提交地址使用证明（若是自己的房产，需要房产证复印件，自己的身份证复印件。若是租房，需要房东签字的房产证复印件，房东的身份证复印件，双方签字盖章的租赁合同和租金发票。若是租的某个公司名下的写字楼，需要该公司加盖公章的房产证复印件，该公司营业执照复印件，双方签字盖章的租赁合同，还有租金发票）。需要提交《企业名称预先核准通知书》；《新设企业五证合一登记申请表》。

（六）领取营业执照

登记申请材料被受理后，会取得受理人员发给的《受理通知书》或《准予登记通知书》，按上面提示的时间到工商局领取营业执照正、副本。

（七）刻章、税务登记

带齐指定文件的原件、复印件到公安局指定的刻章社，去刻公章、合同章、财务章。到质量技术监督局窗口办理组织机构代码证，提供营业执照副本原件及复印件，单位公章、法人代表身份证原件及复印件（非法人单位需提交负责人身份证原件及复印件），集体、全民所有制单位和非法人单位提交上级主管部门代码证复印件，单位邮编、电话、正式职工人数，经办人身份证原件及复印件。

到发票申领窗口进行发票申领，需要提供"办理人身份证原件和复印件"，相关印章，填写《纳税人领用发票票种核定表》，并签收《税务文书送达回证》，之后便可根据需求申领发票了。需要提醒的是，在申领发票前，需要到第三方公司购买税控盘。

（八）开立基本账户、划资

取得营业执照后，到工商局划转资金窗口取得相关的划转手续，之后凭此到入资银行将注册资本（金）划转入企业的基本账户。办理划资需要准备以下材料：营业执照正本或副本原件（增资企业拿着新的营业执照）、银行开户许可证原件（需企业自己到自选银行办理，具体需要的手续以开户银行要求为准）、交存入资资金报告单或交存入资资金凭证的企业留存联原件（即企业办理营业执照时的入资单）、经办人身份证原件（即企业前来办理转制通知单人员的身份证）。

二、任务描述

虚拟商业社会环境中新成立六家企业与四家商贸企业（两家供应商和两家客户），讨论制定公司章程并按公司注册流程办理企业注册。

（一）制定公司章程

由各企业单位组织企业内部会议讨论制定公司章程。公司章程是公司设立的最主要条件和最重要的文件。公司的设立程序以订立公司章程开始，以设立登记结束。我国《公司法》明确规定，订立公司章程是设立公司的条件之一。审批机关和登记机关要对公司章程进行审查，以决定是否给予批准或者给予登记。公司没有公司章程，不能获得批准，也不能获得登记。

有限责任公司的章程由股东共同制定，经全体股东一致同意，由股东在公司章程上签名并盖章。修改公司章程，必须经代表三分之二以上表决权的股东通过。有限责任公司的章程，必须载明下列事项：公司的名称和住所；公司的经营范围；公司的注册资本；股东的姓名和名称；股东的权利和义务；股东的出资方式和出资额；股东转让出资的条件；公司机构的产生办法、职权、议事规则；公司的法定代表人；公司的解散事由与清算办法；股东认为需要规定的其他事项。

股份有限公司的章程中应载明下列主要事项：公司的名称和住所；公司的经营范围；公司的设立方式；公司的股份总数，每股金额和注册资本；发起人的姓名或者名称、认购的股份数；股东的权利和义务；董事会的组成、职权、任期和议事规则；公司的法定代表人；监事会的组成、职权、任期和议事规则；公司利润分配的方法；公司的解散事由与清算办法；公司的通知和公告办法；股东大会认为需要规定的其他事项。

经过调查分析，对于导读案例中的这起行政复议案件，除了应当正确处理法与政策的关系外，还有必要探讨体现股东自治意思的公司章程在工商登记中的作用。

《公司法》第七十一条第四款规定，公司章程对股权转让另有规定的，从其规定。某合资公司提交到 M 市工商局存档的公司章程规定，各方股东任何一方如向第三方转让全部或部分出资额，须经董事会一致通过并报原审批机关批准。某合资公司章程约定股权变更需要履行批准程序，提交审批机关的批准文件，因此某股权变更应当适用公司章程的特别规定。该特别规定的适用还应当满足两个条件，即该约定是各方股东的真实意思表示，且不得与法律的强制性规定相抵触。

某合资公司的章程是否属于各方股东的真实意思表示？各方股东亲自签名的股东会议记录表明，全体股东均同意章程并提交到 M 市工商局备案。因而，这份公司章程应视为真实的，具有法律公示力。

某合资公司的章程是否与法律的强制性规定相抵触？根据《公司登记管理条例》第二十七条第三款的规定，变更登记事项依照法律、行政法规或者国务院规定在登记前须经批准的，还应当向公司登记机关提交有关批准文件。《公司登记管理条例》第八十二条规定，外商投资公司的登记适用本条例；有关外商投资企业的法律对其登记另有规定的，适用其规定。中外合资经营企业转让股权应遵守《中外合资经营企业法实施条例》的特别规定。

《中外合资经营企业法实施条例》第二十条在 2014 年 2 月 19 日国务院《关于废止和修改部分行政法规的决定》中被保留，该条第一款"合营一方向第三者转让其全部或者部分股权的，须经合营他方同意，并报审批机构批准，向登记管理机构办理变更登记手续"和第四款"违反上述规定的，其转让无效"的规定是行政法规层面的有效规定。该合资公司章程关于股东转让全部或部分出资额应报原审批机关批准的规定，与现行有效的行政法规规定相一致，换个角度说，该合资公司章程与法律规定不抵触。因此，按照《公司法》第十一条"设立公司必须依法制定公司章程。公司章程对公司、股东、董事、监事、高级管理人员具有约束力"的规定，作为各股东之间的民事合意行为，在不与法律抵触的情况下，公司章程约定的事项对全体股东具有约束力。

那么，对于股东在公司章程中明确约定到审批部门履行审批程序既符合法律强制性规定，又充分体现股东各方真实意思的自治约定，工商机关在办理相关登记时，应如何正确对待、科学把握和恰当处理？

公司章程作为一种行为规范，由公司依法自行制定，主要是指由股东合意制定，对公司、股东、公司经营管理人员具有约束力的，调整公司内部组织关系和经营行为的必备自治规则。《公司法》2005 年修订后，允许在公司章程中赋予股东更多的自治权利。

公司章程的自治特征表现为公司的不同章程。在不违反法律、行政法规的前提下，各家公司根据其实际情况通过公司章程制定具体的公司治理制度和政策，确定本公司具体的组织和活动规则，从而有效保障公司经营自由。

与此同时，我国对公司章程的制定、内容和修改程序作出了法律上的强制性规定，体现为公司章程条款必须遵循《公司法》的规定，公司章程的修改必须依法由具有修改权限的机构履行法定程序，并经登记机关备案才能发生对外效力。例如，《公司法》第十二条第一款规定，公司的经营范围由公司章程规定，并依法登记。公司可以修改公司章程，改变经营范围，但是应当办理变更登记。这体现的就是《公司法》从总体框架上对公司治理进行引导，公司章程从实施细则上具体落实到公司治理策略。

需要注意的是，《公司法》第二十二条第二款规定，股东会或者股东大会、董事会的会议召集程序、表决方式违反公司章程，或者决议内容违反公司章程的，股东可以自决议作出之日起 60 日内，请求人民法院撤销。这就使违反公司章程的行为上升为可撤销的法律行为，使得公司章程在公司登记中的作用越发突出和重要。

《公司登记管理条例》第二十三条规定，公司章程有违反法律、行政法规的内容的，公司登记机关有权要求公司作相应修改。第二十七条第二款规定，公司变更登记事项涉及修改公司章程的，应当提交由公司法定代表人签署的修改后的公司章程或者公司章程修正案。第三十六条规定，公司章程修改未涉及登记事项的，公司应当将修改后的公司章程或者公司章程修正案送原公司登记机关备案。上述规定说明，我国主要通过工商机关对公司章程进行审查达到监管目的。

因此，工商登记机关必须严格依法行使职权，特别是在相关政策与新修订法律规定不一致的情况下，更应依法行政。同时，对于充分体现股东意思自治又合法有效的公司章程必须给予充分尊重,严格审慎审查,积极履行法定监管义务。这也是法律规定公司章程要向工商机关提交或者备案的重要意义所在。

(二) 到工商局进行名称审核

企业名称对于一个企业的生存发展起着至关重要的作用。一个优秀的企业名称可以内练企业文化,外塑企业形象,著名的企业名称还会凝聚巨大的无形资产。

企业名称一般由四部分依次组成:行政区划+字号+行业特点+组织形式。

虚拟商业社会环境以北京为行政区划,例如,上海(上海市)+大西洋+科技+有限公司。

(三) 办理验资证明

要积极办理验资证明。

(四) 办理工商注册

要积极办理工商注册。

(五) 刻章及印章管理

携带指定文件的原件、复印件办理单位各类印章。指定材料包括:《营业执照》副本原件和复印件一份,法人代表和经办人身份证原件及复印件一份,法人代表授权刻章委托书。

(六) 税务登记备案

到税务登记机关窗口办理国税、地税登记备案。提供营业执照副本原件及复印件,法人代表身份证原件及复印件,财务人员身份证复印件,公司或企业章程原件及复印件,房产证明或租赁协议复印件,印章,"公司章程""股东决议书"和"核准设立通知书",到企业所在区的税务部门进行资料补充录入,然后申领发票。

(七) 开立基本存款账户

企业单位可以将办理验资证明时开立的临时存款账户变更为基本存款账户。要求单位总经理或行政助理人员携带企业营业执照正、副本、法人身份证以及经办人身份证办理。经银行柜员查实银行账号后,完成基本存款账户的开立任务。

(八) 开立社会保险账户

社会保险登记是社会保险费征缴的前提与基础,也是整个社会保险制度得以建立的基础。按照《社会保险登记管理暂行办法》规定的程序进行登记、领取社会保险登记证。各企业单位行政主管需要携带营业执照、法人代表身份证,办理社会保险开户;由社保局专员填写单位社保信息,提供社会保险登记证号;收到社会保险登记证号后进行资源归档管理。

(九) 开立住房公积金账户

住房公积金制度是国家法律规定的重要住房社会保障制度,具有强制性、互助性、保障性。单位和职工个人必须依法履行缴存住房公积金的义务。要求单位的行政主管或行政助理填写好单位经办人授权委托书并加盖公章;然后携带营业执照、法人代表身份证,办理住房公积金开户。办理时填写《住房公积金单位信息登记表》,并交由公积金专管员审核后为其生成单位登记号即开户完成。经办人员将相关信息资料进行归档管理。

（十）签订代发工资协议书

代发工资协议书就是委托单位与开户银行就代发工资相关事宜签订的委托代理协议。由单位的行政主管或行政助理人员将事先准备好的代发工资协议书交由银行柜员进行审核后双方签字盖章生效。

（十一）签订同城委托收款协议

同城委托收款协议就是委托单位与开户银行就代收住房公积金、社会保险相关事宜签订的委托代理协议。由单位总经理或行政主管到社保中心或住房管理中心领取委托银行代收合同书，并填写《特约委托收款协议书》，加盖公章交由银行柜员进行审核后双方签字盖章生效。

（十二）个人银行开户

个人银行开户需要出示身份证原件、复印件，以及相应的居住地址、联系方式等相关信息。单位的每一个职员携带身份证到银行办理个人开户业务，取得银行卡。

项目三

期 初 建 账

【知识目标】

- 熟悉企业日常会计核算工作
- 掌握财务预算的方法
- 掌握主生产计划的方法

【能力目标】

- 读懂企业各工作岗位的期初数据
- 掌握各工作岗位的期初建账方法

【导读案例】

企业期初数据只是财务数据吗？

当我们毕业进入一家公司接手某项工作时，我们需要做什么？肯定是先了解企业。那么，我们需要了解企业的哪些内容呢？

小王是今年毕业的大学生，被公司招聘到会计岗位。小王在开始工作之前，对企业进行了如下方面的了解：一是企业的性质方面，包括注册时间、注册资金、经营内容、所有制形式等。通常我们习惯根据名字直接判断这个企业的规模，但这种方法不是所有的时候都准确，还需要结合其他信息综合判断；企业的注册时间能说明企业的历史，通常历史长的企业可能会相对稳定，历史短的企业可能相对风险大、机会多；企业的注册资金在现实中并不一定准确，要想搞清楚企业的实力还要看企业的财务状况。二是企业的经营状况，包括业务范围、业务类型、业务流程、业务区域、业绩，这是对企业经营内容的更进一步的了解。三是企业的人事方面，包括员工人数、领导人背景、部门设置、人员素质结构、人员流动状况。四是企业的财务状况，包括企业资产规模、负债情况、收益等，可通过财务报告了解。五是企业发展愿景，包括企业战略规划、企业文化等内容。

（资料来源：http://3y.uu456.com/bp_1lapp72tp834ka294oxc_1.html）

【思考】小王的了解全面吗？你认为他在工作之前还需要读懂哪些信息？

任务一　读懂期初数据

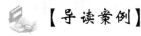【导读案例】

没有"期初数据"的建账

某公司成立于2003年，经营建材项目，有多位股东。公司的账簿一直不健全。该公司建有一套外账，但一直没有完善的内账，公司股东及管理层对公司的资产负债状况、各年度营利亏损状况无从了解，一直想建一套完善的内部账。

通过了解，得知该公司的情况如下：

1. 成立年限较长；
2. 股东人数较多（自然而然的，利益取向会有所不同）；
3. 公司经营业绩较好；
4. 资产、负债等情况较为复杂；
5. 公司领导对会计核算的要求较高，要求能及时、准确地提供较多的核算数据。

在此情况下建账，需要较高的专业水平，较多的工作经验和一定程度的耐心、细致，以及大量的工作时间和配合条件。

该公司原来有出纳登记的现金、银行收支账簿以及营业方面的台账、合同等账表。如果从公司成立时的2003年开始建账并补记10年的内部账，一是工作量极大，二是出差错的概率也很大。因此，公司领导决定从2013年1月1日起建账登记内部账。

对会计来说，从任何时候建账都是可以的。但是，从2013年开始建账，需要一个期初数据，而该公司没有，那么就需要整理出一个期初数据，在期初数的基础上来做账，而不是直接从2013年开始不管期初数，按期登账。现金、银行存款科目余额，可以根据原有的出纳账数据，取出期初数来记账。存货项目需进行一次盘点，根据盘点情况，结合2013年的购销情况，计算出期初数。固定资产也需进行一次盘点，根据盘点情况，结合2013年的购销情况，计算出期初数。股东投资部分，需要根据原始投资数额录入。

对往来账项目，需要根据购销合同、收支台账、业务人员的表述等，整理出期初数据。最后，编制试算平衡表。资产数和负债数的差额就是所有者权益，所有者权益减去股东初始投资的数额就是公司的未分配利润。

（资料来源：https://www.gaodun.com/shiwu/893198.html）

【思考】没有期初数据可以建账吗？如何建账？

《会计基础工作规范》第三十六条规定："各单位应当按照《中华人民共和国会计法》和国家统一会计制度的规定建立会计账册，进行会计核算，及时提供合法、真实、准确、完整的会计信息。"这是会计核算工作的最基本要求,也是当前会计工作中比较薄弱的一个环节,因此,《会计基础工作规范》进一步予以强调。按照《中华人民共和国会计法》和国家统一会计制度的规定,建立会计账册有两层含义:一是依法建账,即国家机关、社会团体、企业、事业单位和应当建账的个体工商户、其他组织,都应当按照要求建立会计账册,进行会计核算。二是不具备建账条件的,应当实行代理记账。

期初建账具有重要性。一是设定公司运营起点;二是清理企业现实资源;三是梳理运行中的公司业务;四是了解企业的运营环境与规则;五是熟悉岗位业务流程和对象。

以制造企业某佳童车厂为例。某佳童车厂是一家从事童车生产的企业,假定企业新进员工都是从十月份开始工作的,则十月份以前未完结业务都算是期初数据。童车厂由七个部门组成,即企管部、财务部、人力资源部、采购部、仓储部、生产部、营销部。企业的生产往往是从营销开始的,正所谓以销定产;生产部根据销售预测确定生产计划,进而制订生产计划,预算采购量,传递到采购部门;采购部完成采购由仓储部验收入库,再发放给生产部门进行生产;生产部门完成生产任务后,将检验合格产品运送到仓储部门等待营销部销售,从而完成整个销售任务。

一、读懂企管部期初数据

(一) 总经理读懂期初数据

总经理应向公司董事会负责,全面组织实施董事会的有关决议和规定,全面完成董事会下达的各项指标,并将实施情况向董事会汇报。因此,总经理需根据董事会的要求确定公司的经营方针,建立公司的经营管理体系并组织实施和改进,为经营管理体系运行提供足够的资源;主持公司的日常各项经营管理工作,组织实施公司年度经营计划和投资方案;负责召集和主持公司总经理办公会议,协调、检查和督促各部的工作;根据市场变化,不断调整公司的经营方向;负责公司人力资源的开发、管理和提高;负责确定公司的年度财务预算、决算方案,利润分配方案和弥补亏损方案;负责公司组织结构的调整,使公司持续健康地发展等。

以某佳童车厂为例,作为企业的总经理,需要了解并读懂企业如下相关信息。

1. 某佳童车厂经营方针及目标

在认真审视公司经营的优势与劣势、机会和威胁(SWOT)的基础上,根据当前行业的竞争形势和趋势经营目标,制定公司的经营方针。如童车厂将2011年的经营方针确定为:灵活策略赢市场,加强管理保利润。实现如下经营目标:销售收入达到3250万元,利润实现450万元,权益增长5.6%。

2. 童车市场分析

(1) 市场概况。童车涵盖婴儿手推车、学步车、脚踏车、电瓶车、自行车等多种品类。根据相关数据显示,2007—2009年童车全球市场消费份额分别为996亿元(人民币,下同)、1026亿元、1068亿元,中国市场的消费份额也达到了158亿元、174亿元、191亿元,可见童车市场潜力巨大。

从产业分布区域看,目前我国童车生产企业主要集中在江苏昆山、浙江平湖、河北平乡和广宗、广东中山和南海等,湖北汉川、福建、安徽也占据了一定份额,童车市场竞争仍然激烈。

(2) 市场定位。童车已经由婴幼儿"奢侈品"演变为儿童成长过程中的必需品,婴儿手推车在农村市场热销。根据统计数据,全球 6 岁以下的儿童数量超过 8 亿人。要集中各类资源生产经济型童车,争取在农村婴儿车消费市场占据更大份额。

(3) 经销渠道。目前,我国儿童用品除传统分销方式之外,也在逐步探索网络等新媒介销售渠道,如某婴网等。基于目前我国公司现状,要在紧抓现有分销渠道的同时,逐步向新型行销模式转变。

(4) 产品定价。结合该童车厂现状和市场调研,现有产品及待研发产品定价如下(表 3-1)。

表 3-1 产品及待研产品定价

产品类型	价格/元
经济型童车	660
舒适型童车	待定
豪华型童车	待定

(5) 市场份额预估。依据过去的经营状况分析,现有客户订单加上未来开拓市场,今年份额预计达到 80000 辆。

3. 生产策略

(1) 设备要求。童车生产设备主要包括普通机床、数控机床、组装生产线。目前企业拥有普通机床 10 台,组装生产线 2 条。预计现有机械设备基本能满足上半年需求,2011 年 10 月以后需要新增加数控机床 1 台,提升产能,以便满足市场需求。

(2) 设施要求。企业目前拥有厂房、仓库各一个。预计下半年市场需求会对公司现有设施的容纳、吞吐能力造成较大的冲击,需要依据实际经营状况新建或租赁新的厂房、仓库以满足需求。

(3) 原材料、生产工人的要求及供应渠道。原材料采购主要依靠原有供应商供应,并积极组织调研,完善供应商信息,建立材料、产品价格数据库,以便多方询价,更好地控制甚至降低生产成本。生产工人依靠人才服务公司,以满足产量变化的需要。

(4) 质量管理、包装、运输要求。

①质量管理。保证童车产品质量达到中国国家认证认可监督管理委员会发布的《玩具类产品强制性认证实施规则》的要求。获取儿童推车 GB 14748—2006《儿童推车安全要求》标准。保证童车在原材料选择、生产加工及稳固性、安全性等产品性能方面符合质量审核和抽查要求。公司内部也要加强质量管理体系建设,减少残次品率,提高产品质量。

②包装。内防护包装材料选用 PE 薄膜制品,但需选择绿色无污染包装材料,通过感官检测、抖动检测、火烧检测、用水检测等多样方式严格把握包装材料质量。

③运输要求。外包装采取五层纸箱,纸箱制品需通过相关标准测试,以减少童车运输过程中的耗损。

（5）生产运营安排如表 3-2 所示。

表 3-2　生产运营安排

生产部、采购部、仓储部工作安排			
考核指标 生产计划部：生产计划完成率　　设备利用率　　　　　产品完工率 采　购　部：采购计划完成率　　材料紧急采购数量　　材料库存成本降低率 仓　储　部：存货周转率　　　　仓库盘点账实相符　　仓储费用预算完成率			
主要工作	具体方案	进度安排	责任人
安全生产	加强机械操作规范培训和教育，严格实施定期检查，排查安全隐患，保证全年无重伤、无重大生产设备事故发生	常规工作	叶某、周某、孙某
保证设备维修质量，提高运转效率	及时检查设备，及时整修、维修，保证设备正常运转，减少不必要耗时，提高产量	每月定期检查、维修	叶某、周某、孙某
保证产品质量	加强产品研发、改善工作，提高产品合格率	常规工作	叶某、周某、孙某
完善制度，明确职责，按章办事	采购部人员合理分工，做好自己本职工作的同时，协同他人一起做好采购部工作；公开公正透明，实现公开询价	2011年1月	李某、付某
完善供应商信息	健全并完善供应商档案，改进供应商的选择机制，在结算方式上加强控制，争取与供应商达成月结协议，最大限度地保证公司资金运转	2011年2月至5月	李某、付某
加强对材料、设备价格信息的管理	对每次材料、设备采购计划、询价都要做好留底，保持资料的完整性，建立原材料、设备信息库，以备随时查询、对比	2011年6月至9月	李某、付某
采购及时，成本有效控制	保证采购工作有序进行，满足生产、经营的要求	全年	李某、付某
部门管理工作	合理分工，完成部门工作绩效，依公司经营要求及运作体系制订本部门季度、月度工作计划	常规工作	何某、王某
完善制度	编制仓储制度及"7S"卫生责任区域规划和稽核，完善仓储工作环境	2011年1月至3月	何某、王某
仓库物品管理	对仓库库存的物料依据先进先出原则，以保护原料；依据生产物料需要，及时组织实施、协调配合	常规工作	何某、王某

（6）意外计划。意外计划是为了保证公司在发生意外事故、安全生产事故、无计划通知而被迫停产时，能有计划、有秩序地组织生产活动，迅速恢复生产能力。图3-1所示为意外风险防范流程。

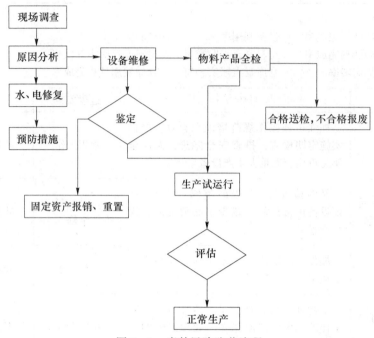

图3-1 意外风险防范流程

4. 销售策略

（1）行销媒介选择与广告投放。加大广告投放力度，增强某佳童车品牌塑造，启动童车厂广告投放的"海、陆、空"立体作战计划。图3-2所示为广告投放策略。

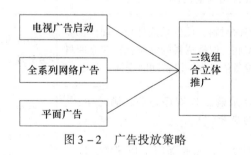

图3-2 广告投放策略

①电视广告。进行核心产品（经济童车）的广告投放，建立该童车的品牌形象。
②全系列网络广告。组织某佳童车网络活动推广，提高品牌的知晓率和美誉度。
③平面广告。通过发布广告软文，让更多家长了解童车是宝宝成长的必备品。

（2）产品特点及市场竞争分析。

①舒适型童车特点：拥有特色的某佳概念——舒适、透气、耐磨；适当的座椅高度避免了宝宝呼吸到聚集在地面的灰尘的可能性；完美的道路推行，操作灵敏；后轮防翻转，单向刹车，更加方便；坐垫带三点式安全背带，保护宝宝的安全；靠背可调节为多种角度，从108°~140°自由选择；超大防紫外线遮阳篷，可以有效减少阳光直射对宝宝造成的伤害；震

动的吸收效果超过90%；整车都可拆洗，可调节手柄。其舒适、操作简单、价格优惠，主要针对普通消费群体。

②豪华型童车特点：拥有特色的某佳概念——舒适、透气、耐磨；适当的座椅高度避免了宝宝呼吸到聚集在地面的灰尘；完美的道路推行，操作灵敏；后轮双制动，刹车更加方便；坐垫带五点式安全背带，保护宝宝的安全；手把可调节4种位置，符合人体工程学，手把可折叠和展开，更人性化；靠背可调节为多种角度，从108°～175°自由选择；超大防紫外线遮阳篷，可以有效减少阳光直射对宝宝造成的伤害；储物篮有反光带，保证宝宝夜间出行的安全性；拥有数控系统，震动的吸收效果超过90%，自动调控座椅宽敞且可调节不同的倾斜度；整车都可拆洗，可调节手柄。其从婴儿角度出发，考虑父母的感受和体验，强调高功能、高人性化，主要面对高消费群体。

③企业竞争分析：与品牌排名第一的婴儿手推车相比较，本公司产品价格更为低廉，且在产品质量和性能上相差无几，但整体上车重还要改进。另外，在市场份额方面，差距较为明显，需要广泛开拓市场，树立产品品牌形象，提升市场地位。

（3）销售安排（表3-3）。

表3-3　销售安排

市场营销部工作安排表			
考核指标			
主营业务收入　　广告产出比　　销售增长率　　产品市场占有率			
主要工作	具体方案	进度安排	责任人
销售团队组建、培训	进行合理化分配销售资源，提升销售人员销售技能	2011年1月	杨某
积极拓展市场，争取达到850万元的销售额	积极开拓市场，发掘新的客户渠道与销售模式，制定完善的市场体系； 稳固老客户，保持联系，稳定和提升市场占有率； 加强业务学习，开阔视野，采取多样化的学习方式； 及时总结，改正失误，正确把握方向	2011年2—5月	杨某、马某、刘某
加强团队管理，完善销售模式，促进业绩完成，争取完成业绩900万元	2011年6月，完成350万元；2011年7月，完成350万元；2011年8月，完成350万元；2011年9月，完成350万元；2011年10月，完成350万元；2011年11月，完成350万元；2011年12月，完成300万元	2011年6—12月	杨某、马某、刘某
年终销售工作总结	总结一年的销售情况，提炼经验，总结失误	2011年12月	杨某、马某、刘某

（4）预计成效。预计成效是指加强广告推广与产品销售的协调同步，提高广告实际效果，预计准时完成销售目标。

5. 组织与人事策略

主要工作进度安排如表3-4所示。

表3-4 主要工作进度安排

企管部、人力资源部工作安排表			
考核指标 企管部：净利润　总资产利润率　净利润增长率　经营计划完成率 人力资源部：人力资源费用预算达成率　单位人力成本产出率			
主要工作	具体方案	进度安排	责任人
完善公司企业管理制度	保证公司的运营在既有的组织架构中运行；实现绩效评价体系的完善与正常运行，并保证与薪资挂钩，从而提高绩效考核的有效性	第一季度完成初稿，试运行，逐步完善；年中确定实施	总经理、总经理助理
建立内部纵向、横向沟通机制；强化日常企业管理	建立民主评议机制，加强跨部门、跨业务流程的交流与合作，减少误解，提高组织运营效能	第一季度成型，试运行，逐步完善；年中确定实施	总经理、总经理助理
经营计划制订与控制	组织市场调研，合理布局资源，提高企业效益	每月调查，适时调整经营策略	总经理、总经理助理
资格认证	3C、ISO 9000、ISO 14000 认证	分季缴纳	总经理、总经理助理
档案管理	完善档案管理机制，提升管理技能	随时	总经理、总经理助理
企管部自身建设	完善部门组织职能，提高部门工作质量	随时	总经理、总经理助理
人力资源招聘与配置	以人才服务为中心，兼顾网络、现场、猎头、报刊等其他方式	生产工人一周内填补用人需求，职能部门两周内填补空缺岗位	人力经理、人力经理助理
薪酬管理	积极进行薪酬调查分析，完善薪资体系	每月25日发放上月工资，季度奖金于下一季度第一月核算并随当月工资一并发放	人力经理、人力经理助理
绩效考核实施与评估	完善绩效考核制度，达到以绩效激励员工的目的	季度初组织工作计划安排，季度末进行结果评估	人力经理、人力经理助理
员工培训与开发	根据公司整体需要和各部门需要组织培训，做好新员工入职培训	新员工组织入职培训，在职人员定期组织培训	人力经理、人力经理助理
员工关系管理	及时处理劳动纠纷	依具体情况，第一时间处理纠纷	人力经理、人力经理助理
人力部门自身建设	提升人力资源专业能力，组织内部培训与交流	随时	人力经理、人力经理助理

6. 资金流动与账务策略

（1）简易资产负债如表3-5所示。

表3-5 简易资产负债

编制单位：某童车厂　　　　　编制时间：2011年9月30日　　　　　单位：元

资产	金额	负债及所有者权益	金额
流动资产		流动负债	
货币资金	2500000	短期借款	1000000
应收账款	2808000	应付账款	1696500
存货	4321000	应付职工薪酬	215060.24
		应交税费	604929.76
		其他应交款	
流动资产合计	9629000	流动负债合计	3516490
		长期负债	
		长期借款	1000000
非流动资产		所有者权益	
固定资产	8723650	实收资本	9000000
		资本公积	
		盈余公积	264575.18
		未分配利润	4571584.82
非流动资产合计	8723650	所有者权益合计	13836160
资产总计	18352650	负债及所有者权益合计	18352650

（2）筹资和借债方案如表3-6所示。

表3-6 筹资和借债方案

筹资方式	融资手段	财务费用	最高限额	还款时间	还款约定
银行信用贷款	长期贷款	8%	上月所有者权益×2	按年，最长5年	每季付息，到期还本
	短期贷款	5%	上月所有者权益×2	按月，最短3月，最长12月	到期一次还本付息

(3) 财务部工作安排如表 3-7 所示。

表 3-7 财务部工作安排

财务部工作安排			
考核指标			
财务预算控制　融资计划准确率　财务费用降低率			
目标名称	具体方案	进度安排	责任人
日常工作	根据审核无误的报销原始凭证,编制记账凭证;开展目标成本和质量成本管理;正确计算结算以及其他经营利润;按照计税依据和适用税率正确计交应纳税额;编制符合现行制度规定的准确、真实的会计报表;依照公司要求编制、发布公司月度、季度经济指标完成情况表及相关财务分析表	常规工作	钱某、刘某、朱某、赵某
财务管理程序和作业文件评审	公司财务控制制度、财务管理授权制度、公司核算体系管理办法、公司预算管理评价与绩效考核办法、公司资金控制管理办法	2011年3—6月	钱某、刘某、朱某、赵某

(二) 行政助理读懂期初数据

1. 固定资产卡片

固定资产卡片上的栏目有类别、编号、名称、规格、型号、建造单位、年月、投产日期、原始价值、预计使用年限、折旧率、存放地点、使用单位、大修理日期和金额,以及停用、出售、转移、报废清理等内容。

截至 2011 年 9 月 30 日,企业拥有固定资产 33 项,每项固定资产均登记在固定资产卡片上,如图 3-3 所示。

```
                    固 定 资 产 卡 片

卡片编号      00002                              日期      2009-01-29
固定资产编号   02001        固定资产名称                R型车铣床
类别编号       02          类别名称                   生产用设备
规格型号       RCX-001     部门名称                    一车间
增加方式       直接购入     存放地点
使用状况       在用         使用年限    5年 月      折旧方法    平均年限法(一)
开始使用日期   2007-01-01   已计提月份         23    币种        人民币
原值          103 000.00   净残值率           3%    净残值      3 090.00
累计折旧       39 483.33   月折旧率        0.016 2  月折旧额    1 668.60
净值          63 516.67   对应折旧科目 410 503,折旧费  项目
可抵扣税额      0.00
录入人         1                                   录入日期    2009-01-05
```

图 3-3 固定资产卡片样式

2. 固定资产登记簿

固定资产登记簿是对所有固定资产卡片统一记录、管理的表格。固定资产登记簿记录企业所有办公固定资产的种类、购买时间、使用年限及折旧等有关内容；固定资产卡片上填列资产类别、名称、原值、使用年限、购置日期、年折旧率、折旧额等信息，方便企业进行固定资产查找、管理。固定资产登记簿如表3-8所示。

表3-8 固定资产登记簿

卡片编号	资产编号	资产名称	使用部门	使用状态	预计使用年限/年	开始使用日期	已计提月份	资产原值/元	累计折扣/元	资产净值/元	折扣费用类别
001	012001	办公大楼	企管部	在用	40	2009/12/31	21	6000000	262500	5737500	管理费用
002	012002	笔记本电脑	企管部	在用	4	2009/12/31	21	8000	3500	4500	管理费用
003	012003	笔记本电脑	人事部	在用	4	2009/12/31	21	8000	3500	4500	管理费用
004	012004	笔记本电脑	财务部	在用	4	2009/12/31	21	8000	3500	4500	管理费用
005	012005	笔记本电脑	采购部	在用	4	2009/12/31	21	8000	3500	4500	管理费用
006	012006	笔记本电脑	销售部	在用	4	2009/12/31	21	8000	3500	4500	管理费用
007	012007	笔记本电脑	仓储部	在用	4	2009/12/31	21	8000	3500	4500	管理费用
008	012008	台式电脑	财务部	在用	4	2009/12/31	21	5000	2100	2900	管理费用
009	012009	台式电脑	财务部	在用	4	2009/12/31	21	5000	2100	2900	管理费用
010	012010	台式电脑	企管部	在用	4	2009/12/31	21	5000	2100	2900	管理费用
011	012011	台式电脑	人事部	在用	4	2009/12/31	21	5000	2100	2900	管理费用
012	012012	台式电脑	财务部	在用	4	2009/12/31	21	5000	2100	2900	管理费用
013	012013	台式电脑	采购部	在用	4	2009/12/31	21	5000	2100	2900	管理费用

二、读懂人力资源部期初数据

（一）人力资源部经理读懂期初数据

1. 熟悉企业组织架构

某童车厂的组织结构如图3-4所示，分为2个管理层次、7个部门、2个车间。总经理对董事会负责，并可以对企业管理部、人力资源部、财务部、采购部、仓储部、生产计划部、营销部下达命令或指挥。各职能部门经理对本部门下属有指挥权，对其他部门可进行业务指导，但没有指挥权。

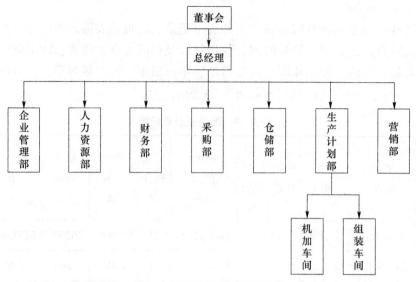

图 3-4 某童车厂的组织结构

2. 熟悉制造业岗位设置及岗位职责

各部门岗位设置及人员定编情况如图 3-5 所示,总经理兼任企业管理部经理,行政助理兼任商务管理、计划员兼质量员,车间员工人数依据销售订单情况、生产计划部设备数量及其他企业经营状况做调整。截至 2011 年 9 月 30 日,管理人员在岗 18 人;车间工人 40 人,平均分布在 2 个车间中。

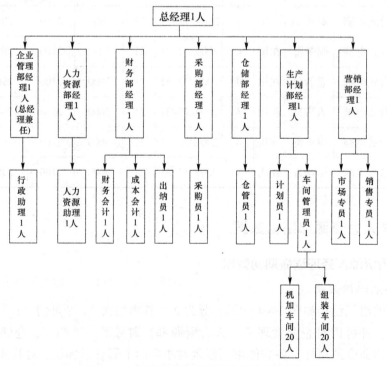

图 3-5 各部门岗位设置及人员定编情况

3. 熟悉人员的招聘与培训

（1）人员招聘。企业需求人才时，可以向人力资源服务公司提供人才需求信息，由人力资源服务公司推荐合适人员，企业择优录用后支付招聘费用。

不同类别的人员的招聘提前期不同。无论何种类别的人员，试用期内无奖金，试用期工资为基本工资的80%。表3-9所示为人员招聘。

表3-9 人员招聘

人员级别	招聘提前期/月	招聘费用/元	试用期/月	基本工资/元
部门经理	2	500	3	6000
职能管理人员	1	1000	3	4000
生产工人	0	500	3	1600
中级工人	0	700	3	2000
高级工人	0	900	3	2500

新员工试用3个月后，人力资源部组织转正答辩，答辩通过，转正式员工；答辩不通过，办理辞退手续。

注意：招聘实际费用可在标准的基础上有20%的浮动。

（2）人员培训。在仿真实训中，由服务公司提供面向企业和个人的人才培训服务。

服务公司提供的企业人才培训收费标准如表3-10所示，服务公司业务员和企业相关人进行协商，人均收费可在标准的基础上有20%的浮动。

表3-10 服务公司提供的企业人才培训收费标准

参训人员	培训收费标准
总经理	10000元/（人·次$^{-1}$）
部门经理（主管）	7000元/（人·次$^{-1}$）
普通员工	4000元/（人·次$^{-1}$）

服务公司也开办面向个人的培训课程，讲课前收取培训费，培训费以现金的形式结算。培训收费标准为500~1000元，服务公司业务员可与参训人员协商相关费用。

4. 熟悉考勤统计

（1）制作考勤表。考勤统计表中记录当月实际应出勤天数，实际出勤天数，员工迟到、早退、病假、事假、旷工等信息。人力资源助理负责日常考勤管理工作并于每个考勤周期截止后统计当月考勤情况，计算考勤扣款，制作《考勤统计表》交人力资源部经理。人力资源部经理依照该表格核算岗位工资。

为简化计算，A公司所列出的2011年10月考勤数据中，所有员工无迟到、早退及病事假及旷工的情况，如表3-11所示。

表 3-11 2011 年 10 月考勤统计

制表：人力资源部　　　　　　　　　　　　　　　　　　　　　　　　　　　　2011 年 10 月

工号	姓名	所在部门	担任职务	本月应到/天	事假	病假	矿工	迟到/早退	本月实到/天	考勤扣款	备注
1	梁某	企业管理部	总经理（兼企管部经理）	21					21	0	
2	张某	人力资源部	人力资源经理	21					21	0	
3	李某	采购部	采购经理	21					21	0	
4	叶某	生产计划部	生产经理	21					21	0	

（2）仿真实训考勤管理。每天的实训开始后，学生必须登录实训系统单击"考勤"按钮进行考勤签到。实训中对实际业务进行了抽象，一个实际工作日完成一个月的工作内容，每月工作任务集中在 3～5 个虚拟工作日。计算出勤天数时，实训学生因病、事休假一个实际工作日的按 3 个工作日计算，休假类型按照实际情况确定。例如，学生 A 因病没有参加当天的课程，则他的实际出勤天数 = 当月应出勤天数 - 3 天，休假类型为病假。其中，应出勤天数为当月实际工作日天数。

实训中实行月度考勤，但因每月只设计 3～5 个虚拟工作日，所以在进行考勤统计时依照下列规则计算：

员工出勤天数 = 当月虚拟工作日出勤天数 ÷ 当月虚拟工作日总天数 ×21.75

员工缺勤天数 = 21.75 - 员工出勤天数

考勤周期实行月度考勤，考勤周期为本月 28 日至次月 27 日。

各类假期薪资发放规则：①迟到、早退每次扣款 20 元；②旷工 1 日，扣 3 日工资；③事假为非带薪假期，扣发全部日工资；④病假发放工资的 50%；⑤婚假、丧假、产假、计划生育假、年薪假为有薪假期，发放全额日工资。迟到早退按照实际情况计算，每次罚款 30 元。考勤扣款从当月工资中扣除。

5. 熟悉职工薪酬

（1）职工薪酬的构成。职工薪酬是指企业为获得职工提供的服务而给予各种形式的报酬以及其他相关支出。在企业管理全景仿真中，职工薪酬主要由以下几部分构成：职工工资、奖金；医疗保险、养老保险、失业保险费、工伤保险费和生育保险费等社会保险费；住房公积金；因解除与职工的劳动关系给予的补偿，即辞退福利。

（2）职工薪酬的计算及发放。年度总薪酬 = 月基本工资 ×12 + 季度绩效奖金 ×4 + 企业应缴福利。其中，月基本工资由人力资源部在每月月底统计，财务部月底计提相关费用，人力资源部在次月初发放到个人。季度绩效奖金由人力资源部在每个季度绩效成绩考核完成后统计，财务部在下一季度第一个月随当月工资一起发放到个人。例如，第三季度（7—9 月）奖金与 10 月份工资一同核算，并于 11 月初随同 10 月份工资一起发放。企业应缴福利是根据北京市社保局相关规定，在个人自主交付福利之外，企业为员工缴付的五险一金福利，包括医疗保险、养老保险、失业保险、工伤保险、生育保险和住房公积金。职工实际领取的薪酬是在扣除个人自主缴付福利和个人所得税之后的实际金额。

职工每月实际领取的工资 = 月基本工资 + 季度绩效奖金 − 缺勤扣款 − 个人应缴五险一金 − 个人所得税

缺勤扣款 = 缺勤天数 × （月基本工资 ÷ 当月全勤工作日数）

① 商贸企业基本工资标准如表 3-12 所示。

表 3-12 商贸企业基本工资标准

人员类别	月基本工资/元
总经理	10000
行政/业务主管	6000

② 商贸企业季度奖金与绩效如表 3-13 所示。

表 3-13 商贸企业季度奖金与绩效

人员类别	季度奖金与绩效/元
总经理	10000
行政/业务主管	6000

③ 制造企业基本工资标准如表 3-14 所示。

表 3-14 制造企业基本工资标准

人员类别	月基本工资/元
总经理	10000
部门经理	6000
职能管理人员	4000
营销部员工	2500
初级/中级/高级生产工人	1600

④ 制造企业新新基本工资标准如表 3-15 所示。

表 3-15 制造企业新基本工资标准

人员类别	月基本工资/元
总经理	10000
部门经理	6000
职能管理人员	4000
营销部员工	2500
初级生产工人	1600
中级生产工人	2000
高级生产工人	2500

⑤制造企业新奖金与绩效如表3-16所示。

表3-16 制造企业新奖金与绩效

人员类别	季度绩效奖金
生产工人	按1元/辆计件
营销部人员	上季度销售总额×3%×绩效分配比例
除营销部之外的其他职能部门人员	上季度企业净利润÷15×5%绩效考评结果

所有人员（除工人外）在每个季度根据公司业务和经营目标制定个人绩效目标，季度末对个人绩效进行自评。部门经理、人力资源部和总经理共同评定确定个人最终绩效，得出绩效考评结果，最终绩效考评结果按绩效排名分为A、B、C三级。个人绩效考评结果与季度绩效奖金挂钩。制造企业绩效结果与资金系数如表3-17所示。

表3-17 制造企业绩效结果与奖金系数

绩效结果	强制分布比例	奖金系数	奖金/元
A（优秀）	20%（3）	1.1	上季度企业净利润×5%÷15×1.1
B（中等）	70%（10）	1	上季度企业净利润×5%÷15×1
C（合格）	10%（2）	0.9	上季度企业净利润×5%÷15×0.9
D（不合格）			建议辞退

营销部经理的绩效奖金为营销部绩效奖金的20%，市场专员和销售员绩效奖金为营销部季度绩效奖金的40%。

季度奖金实际发放金额与个人业绩考核评定结果挂钩，业绩考核采取百分制，业绩评定在85分及以上者发放全额季度绩效奖金，低于85分者发放季度绩效奖金的80%。

注意：总经理绩效得分为企业员工得分的平均数。

人力资源部经理每月月底需核算公司全员当月工资，每季度结束后次月核算上一季度绩效奖金。人力资源部经理需将核算完成的《职工薪酬表》交给财务部经理审核，经审核无误后交总经理审批。2011年9月职工薪酬已经核算完毕，并经过相关审批流程，如表3-18所示。实际工作中数据为零的项可以删除，本手册为方便学员了解表格的全貌并未做此处理。

（3）个人所得税。个人所得税计算采用2011年9月1日起开始执行的7级超额累进税率，如表3-19所示。

个人所得税计算方式：个人所得税 = 全月应缴纳税所得额 × 税率 - 速算扣除数

全月应缴纳所得额 = 应发工资 - 3500

制表:人力资源部
单位:元

表3-18 2011年9月职工薪酬统计表

序号	工号	姓名	所在部门	担任职务	基本工资	缺勤天数	缺勤扣款	代扣款项							上季度销售总额	奖金系数	季度奖金	辞退福利	应税工资	应扣个人所得税	实发工资
								养老保险	医疗保险	失业保险	工伤保险	生育保险	五险小计	住房公积金	五险一金小计							
1	1	梁某	企管部	总经理	10000	0	0	800	203	50	0	0	1053	1000	2053				0	7947	339.70	7607.30
2	2	张某	人力部	部门经理	6000	0	0	450	123	30	0	0	633	600	1233				0	4767	38.01	4728.99
3	3	李某	采购部	部门经理	6000	0	0	450	123	30	0	0	633	600	1233				0	4767	38.01	4728.99
4	4	何某	仓储部	部门经理	6000	0	0	450	123	30	0	0	633	600	1233				0	4767	38.01	4728.99
5	5	钱某	财务部	部门经理	6000	0	0	450	123	30	0	0	633	600	1233				0	4767	38.01	4728.99

表 3-19 工资、薪金所得使用个人所得税超额累进税率

级数	全月应缴纳所得额/元	税率/%	速算扣除数/元
一	不超过 1500	3	0
二	1500~4500	10	105
三	4500~9000	20	555
四	9000~35000	25	1005
五	35000~55000	30	2755
六	55000~80000	35	5505
七	<800000	45	13505

例如，在核算职工薪酬时，某职工工资在扣除免税项目（包括五险一金、缺勤扣款等）后金额为8500元，则此人应缴纳的个人所得税是：（8500-3500）=5000（元）（从表3-19可以看出其适用20%的税率），则5000×20%-555（速算扣除数）=445（元），则应缴纳445元的个人所得税。

（4）辞退福利。企业辞退员工需支付辞退福利，辞退福利为3个月的基本工资，辞退时无绩效奖金。辞退当月的薪酬为：

辞退当月薪酬=实际工作日数×（月基本工资÷当月全勤工作日数）+辞退福利

6. 熟悉企业代缴福利表

现行社会保险、住房公积金管理制度中规定，企业有义务为在职员工缴纳五险一金，企业缴费基数依照上一年度员工月平均工资数额，并规定最低、最高缴费基数。

五险一金缴费基数及比例各地区操作明细不一，仿真实训中企业社会保险、住房公积金规则参照北京市有关政府规定设计，略做调整。

社保中心行使社会保障中心和住房公积金管理中心职能。五险一金缴纳基数于每年3月核定，核定后的职工月工资额即为缴纳基数。五险一金缴费比例如表3-20所示。

表 3-20 五险一金缴费比例

分类	养老/%	失业/%	工伤/%	生育/%	医疗		住房公积金/%
					基本医疗/%	大额扶助	
单位	20	1.5	0.5	0.8	9	1	10
个人	8	0.5	0	0	2	3元	10

注意：单位养老保险的缴费比例为20%，其中，17%划入统筹基金，3%划入个人账户。实训中以员工转正后的基本工资金额数为社会保险和住房公积金的缴费基数。

人力资源部经理须依照人力资源助理核算的《五险一金核算表》来制作企业代缴福利表，如表3-21所示。

表 3-21　企业代缴福利　　　　　　　　　　　　　　　　　　　　　单位：元

序号	工号	姓名	所在部门	担任职务	缴费基数	代扣款项							实发工资
						养老保险	医疗保险	失业保险	工伤保险	生育保险	五险小计	住房公积金	
1	1	梁某	企管部	总经理	10000	2000	1000	150	50	80	3280	1000	4280
2	2	张某	人力部	部门经理	6000	1200	600	90	30	48	1968	600	2568
3	3	李某	采购部	部门经理	6000	1200	600	90	30	48	1968	600	2568
4	4	何某	仓储部	部门经理	6000	1200	600	90	30	48	1968	600	2568
5	5	钱某	财务部	部门经理	6000	1200	600	90	30	48	1968	600	2568

7. 熟悉职工薪酬统计—部门汇总表

实际企业中大多实行"秘薪"，只有进行工资核算或高层管理人员需要掌握全部职员薪酬信息时才制作职工薪酬统计—部门汇总表，人力资源部人员、财务部经理、总经理知晓所有员工薪酬，其余成员只了解自身薪酬情况。

人力资源部经理将《职工统计表》《企业代缴福利表》制作完成后，依据表中信息制作《职工薪酬统计—部门汇总表》，表格经过财务部经理审核、总经理审批后交给财务会计、成本会计用于计提费用、成本，如表 3-22 所示。

表 3-22　职工薪酬统计—部门汇总

制表：人力资源部　　　　　　　　　　　　　　　　　　　　　　　　　　　单位：元

部门名称	部门人数	实发工资	代缴个人所得税	个人自缴福利		企业代缴福利		合计
				社会保险	住房公积金	社会保险	住房公积金	
企管部	2	10784.30	339.70	1476	1400	4592	1400	19992
人力资源部	2	7905.99	38.01	1056	1000	3280	1000	14280
采购部	2	7905.99	38.01	1056	1000	3280	1000	14280
仓储部	2	7905.99	38.01	1056	1000	3280	1000	14280
财务部	4	14259.99	38.01	1902	1800	5904	1800	25704
市场营销部	3	8697.99	38.01	1164	1100	3608	1100	15708
生产计划部	3	11082.99	38.01	1479	1400	4592	1400	19992
机加车间	20	25380	0	3420	3200	10496	3200	475696
组装车间	20	25380	0	3420	3200	10496	3200	45696
合计	58	119303.24	567.76	16029	15100	49528	15100	215628

8. 熟悉银行企业代发业务

实际中大部分企业会与银行签订《工资代发协议》，委托银行代发工资。职工工资表经审核、审批后，人力资源部经理依据已签字的《职工薪酬统计表》制作《职工薪酬发放表》。表格经过审核、盖章后送给银行，由银行依据相关信息发放工资。实际业务中，企业并不向银行递交纸质表格作为发放工资的凭证，而是根据银行的要求将职工工资信息录盘，从而将有关信息传递给银行。

人力资源部经理完成《职工薪酬发放表》任务时，需要将职工薪酬发放表依据表 3-23 所示的表样数据，自行制作打印。

表 3-23 职工薪酬发放

单位：某佳童车厂　　　　　　　　　　　　　　　　　　日期：2011.9.28

序号	姓名	实发工资	银行账号
1	梁某	7607.30	622 * **** **** ****000
2	张某	4728.99	622 * **** **** ****004
3	李某	4728.99	622 * **** **** ****458
4	何某	4728.99	622 * **** **** ****236
5	钱某	4728.99	622 * **** **** ****165
6	叶某	4728.99	622 * **** **** ****637
7	杨某	4728.99	622 * **** **** ****746
8	叶某	3177.00	622 * **** **** ****342
9	肖某	3177.00	622 * **** **** ****976
10	付某	3177.00	622 * **** **** ****752

9. 熟悉绩效评定相关业务

2011 年 9 月进行了第三季度绩效考核结果评价工作，详见《2011 年第 3 季度绩效评定结果》（表 3-24）。表中详细列示了非生产工人的 10 人绩效成绩及绩效评级情况，《2011 年第 3 季度经营成果》中记录了该企业净利润、销售总额及总产量（表 3-25）。

表 3-24 2011 年第 3 季度绩效评定结果

序号	部门	职位	姓名	考核成绩/分	绩效评级	绩效系数
1	企管部	总经理	梁某	85	B	1
2	人力部	部门经理	张某	73	B	1
3	采购部	部门经理	李某	82	B	0.2
4	仓储部	部门经理	何某	70	C	0.4
5	财务部	部门经理	钱某	90	A	0.4
6	生产计划部	部门经理	叶某	92	A	1.1

续表

序号	部门	职位	姓名	考核成绩/分	绩效评级	绩效系数
7	市场营销部	职能主管	杨某	83	B	1
8	企管部	职能主管	叶某	82	B	1
9	人力资源部	职能主管	肖某	93	C	0.9
10	采购部	职能主管	付某生	84	A	1.1

表 3 - 25　2011 年第 3 季度经营成果

序号	项目	数额	数据来源
1	第 3 季度净利润	1280136.1 元	财务部
2	第 3 季度销售总额	7200000 元	财务部
3	第 3 季度童车总产量	12000 辆	生产计划部

(二) 人力资源助理读懂期初数据

1. 熟悉人事登记表

人事登记表包括在职人员、离职人员信息。可以将人事登记表信息简化为职工手册，只记录人员姓名、职位、身份证号码、入职时间、劳动合同年限等基本信息，如表 3 - 26 所示。

表 3 - 26　职工手册

姓名	员工编号	部门	职位	身份证号码	性别	出生日期	联系电话	入职时间	是否有试用期	劳动合同年限
梁某	1	企业管理部	总经理	1**************2	男	1982/12/9	131 **** 2544	2010.1.1	否	2010.1.1—2013.12.31
张某	2	人力资源部	人力资源部经理	2**************4	男	1991/7/31	151 **** 3622	2011.1.13	否	2011.1.13—2014.1.12
李某	3	采购部	采购部经理	5**************4	男	1985/6/18	131 **** 6317	2011.3.5	否	2011.3.5—2013.3.4
叶某	4	生产计划部	生产计划部经理	6**************6	男	1978/7/28	137 **** 1670	2011.1.30	否	2011.1.30—2013.1.29
何某	5	仓储部	仓储部经理	4**************5	男	1975/5/1	133 **** 6352	2011.3.28	否	2011.3.28—2014.3.27
张某	6	营销部	营销部经理	1**************3	女	1983/11/21	150 **** 3619	2011.6.3	否	2011.6.3—2014.6.2
钱某	7	财务部	财务部经理	3**************6	男	1979/5/1	158 **** 4839	2011.2.22	否	2011.2.22—2014.2.21

表3-27所示为员工银行账号信息样表。

表3-27 员工银行账号信息样表

序号	姓名	银行账号
1	梁某	622＊＊＊＊＊＊＊＊＊＊＊＊000
2	叶某	622＊＊＊＊＊＊＊＊＊＊＊＊342
3	张某	622＊＊＊＊＊＊＊＊＊＊＊＊004
4	肖某	622＊＊＊＊＊＊＊＊＊＊＊＊976
5	李某	622＊＊＊＊＊＊＊＊＊＊＊＊458
6	符某	622＊＊＊＊＊＊＊＊＊＊＊＊752
7	叶某	622＊＊＊＊＊＊＊＊＊＊＊＊637
8	周某	622＊＊＊＊＊＊＊＊＊＊＊＊533
9	孙某	622＊＊＊＊＊＊＊＊＊＊＊＊670

2. 熟悉北京市社会保险基数采集表

每年3—4月北京市进行社会保险基数采集工作，采集上年度企业员工的平均信息，并核定企业、个人缴费基数。北京市2011年机会保险缴费基数采集样表如表3-28所示。

表3-28 北京市2011年社会保险缴费基数采集样表

组织机构代码：74＊＊＊＊890
单位名称：某佳童车厂（盖章）

序号	电脑编号	公民身份证	姓名	缴费人员类别	上年月均工资	缴费基数					职工签字	备注
						养老	失业	工伤	生育	医疗		
1		1＊＊＊＊＊＊＊＊＊＊＊＊＊＊＊＊2	梁某	非农业	10000	10000	10000	10000	10000	10000		
2		2＊＊＊＊＊＊＊＊＊＊＊＊＊＊＊＊4	张某	非农业	4000	4000	4000	4000	4000	4000		
3		5＊＊＊＊＊＊＊＊＊＊＊＊＊＊＊＊4	李某	非农业	6000	6000	6000	6000	6000	6000		
4		6＊＊＊＊＊＊＊＊＊＊＊＊＊＊＊＊6	叶某	非农业	4000	4000	4000	4000	4000	4000		
5		4＊＊＊＊＊＊＊＊＊＊＊＊＊＊＊＊5	何某	非农业	6000	6000	6000	6000	6000	6000		
6		1＊＊＊＊＊＊＊＊＊＊＊＊＊＊＊＊3	张某	非农业	4000	4000	4000	4000	4000	4000		
7		3＊＊＊＊＊＊＊＊＊＊＊＊＊＊＊＊6	钱某	非农业	6000	6000	6000	6000	6000	6000		

说明：序号按自然顺序进行编号，一式两份；职工上年月均工资由单位按实际填写；职工上年月均工资需要经职工本人签字确认。

3. 熟悉社会保险缴费月报表

社会保险月报表中记录企业缴费五险一金人数、缴费基数、金额等信息，由社保中心每月提供。人力资源助理在每月进行申报、缴纳工作后向社保中心索要当月月报,用于核定企业五险一金缴费信息,如表 3 – 29 所示。

表 3 – 29　社会保险费缴费月报

组织机构代码:74＊＊＊＊890　　　　　　单位名称(章):某佳童车厂
结算日期:2011 年 9 月　　　　　　　　单位:人　元(保留两位小数)

项目		栏号	养老	失业	工伤	生育	医疗	住房公积金	合计
缴费单位个数		1	1	1	1	1	1	1	—
缴费人数	本月合计	2	58	58	58	58	58	58	—
	上月人数	3	58	58	58	58	58	58	
	本月增加	4	0	0	0	0	0	0	
	本月减少	5	0	0	0	0	0	0	
缴费基数合计		6	151000	151000	151000	151000	151000	151000	
应缴金额	应缴费	7	42280	3020	755	1208	18294	30200	
	单位缴费	8	30200	2265	755	1208	15100	15100	64628
	个人缴费	9	12080	755	0	0	3194	15100	31129
	其他缴费	10	—	—	—	—	—	—	

单位负责人:梁某　　　填报人:肖某　　　联系电话:　　　填报日期:2011 年 9 月 20 日

4. 熟悉委托银行代收社会保险业务

社会保险基金管理局委托银行代收社会保险费合同书,例如:

No:12213

　　甲方(参保人):某佳童车厂

　　乙方:北京市社会保险基金管理局

　　为方便甲乙双方社会保险基金的收付结算,经双方认可,制定如下合同:

　　一、甲乙双方共同遵守中国人民银行北京市分行关于北京市特种委托收款结算办法以及社会保险的有关制度和规定,甲方同意每月由中国工商银行北京市昌平区支行通过电脑将应缴的保险费自动划入乙方账户。

　　二、甲方应提供在建行、农行、工行、中行 4 家银行中的任意一家开立的缴交保险金专用存折账号。

　　三、乙方在每月 5—15 日划款,甲方每月 5 日前应在自己账户上留有足够的资金。如果甲方账户在乙方划款期间的资金不足以支付当月的保险费,乙方将在下月划款时一并划转,并自 15 日起每日按应划款项的 2‰加收滞纳金。如果三个月未能划款成功,乙方将停止甲方的所有保险业务,由此造成的损失由甲方负责。

　　四、甲方开立账户后,不得随意更改为其他账户;如存折不慎遗失,应及时通知乙方和开户银行,更换账户。而甲方未及时通知或延迟通知乙方和开户银行,使乙方不能按时划款而造成的加收滞纳金和其他后果,均由甲方负责。

　　五、甲方如对划款有疑问,可到乙方查询,乙方应及时给予查对,属于电脑错误等原因而造成的错收,双方协定在下月划款时多退少补,当月一般不做更换。

　　六、每月由乙方提供划款收据,并定期邮寄到甲方所填通信地址。

　　七、为保证甲乙双方能够正常联系,甲方在更改通信地址、联系电话等后,应立即通知乙方。

　　八、本协议一式三份,甲乙双方及甲方开户行各执一份。

　　依据《委托银行代扣社会保险协议》的有关规定,社保中心应将企业应缴、代缴社会保险缴费金额及明细发给银行,银行直接从企业账户中扣除相应款项后通知企业社会保险扣款情况。

　　社会保险费缴纳完成后,人力资源助理应跟进相关扣款信息,告知出纳去银行领取社保、公积金扣款凭证。人力资源助理留存社会保险、住房公积金同城委托的扣款凭证的复印件,财务部留存原件。人力资源助理用此凭证核对当月《五险一金核算表》统计金额是否正确,发现错误时,找到错误细节并于下月改正,多退少补。

三、读懂营销部期初数据

(一)营销部经理读懂期初数据

营销部经理需要熟悉的客户资料如表3-30~表3-32所示。

表3-30　某贸易公司基本信息

本地客户	
企业法定中文名称	某贸易公司
企业法定代表人	康某
企业注册地址	北京市海淀区北清路＊号
注册登记地点	北京市海淀区工商行政管理局
企业法人营业执照注册号	1＊＊＊＊＊＊＊＊＊＊＊＊7
税务登记证号	11＊＊＊＊＊＊＊＊＊＊32
组织机构代码证	72＊＊＊632
办公地址	北京市海淀区北清路＊号
邮政编码	100094
办公电话	010-68＊＊＊12
开户银行	工商银行北京分行海淀支行
账号	02＊＊　＊＊＊＊　＊＊＊＊　＊＊＊＊　222

表 3-31 生产车间产能报表

单据编号：0001

车间名称	10月			11月			12月			1月			2月			3月		
	初始产能	占用情况	剩余产能	初始产能	占用情况	剩余产能	初始产能	占用情况	剩余产能	初始产能	占用情况	剩余产能	初始产能	占用情况	剩余产能	初始产能	占用情况	剩余产能
普通机床/台	5000	0	5000	5000	0	5000	5000	0	5000	5000	0	5000	5000	0	5000	5000	0	5000
数控机床/台	0	0	0	0	0	0	3000	0	3000	3000	0	3000	3000	0	3000	3000	0	3000
组装生产线/条	7000	0	7000	7000	0	7000	7000	0	7000	7000	0	7000	7000	0	7000	7000	0	7000

表 3-32 某商贸城基本信息

本地企业	
企业法定中文名称	某商贸城
企业法定代表人	李某
企业注册地址	北京市海淀区中关村北大街＊号
注册登记地点	北京市海淀区工商行政管理局
企业法人营业执照注册号	1＊＊＊＊＊＊＊＊＊＊＊1
税务登记证号	11＊＊＊＊＊＊＊＊＊03
组织机构代码证	07＊＊＊＊603
办公地址	北京市海淀区中关村北大街＊号
邮政编码	100080
办公电话	010-62＊＊＊＊16
开户银行	工商银行北京分行海淀支行
账号	0＊＊＊ ＊＊＊＊ ＊＊＊＊ ＊＊＊＊ 555

（二）营销部销售专员读懂期初数据

1. 期初数据表

营销部期初数据如表 3-33 所示。

表 3-33 营销部期初数据

序号	期初数据	相关说明	对应岗位
1	销售发货明细表	已发货未收款订单	营销部经理、销售专员
2	销售预测表	2011年第4季度和2012年第1季度	营销部经理、市场专员、销售专员

续表

序号	期初数据	相关说明	对应岗位
3	市场预测（本地，手工）	2011年全年	营销部经理、市场专员、销售专员
4	市场预测（本地，信息化）	2011年第4季度	营销部经理、市场专员、销售专员
5	客户信息汇总表	企业客户信息	营销部经理、销售专员
6	库存期初报表	各种成品的期初库存情况	营销部经理、销售专员
7	车间产能报表	车间产能情况	营销部经理、销售专员

2. 销售预测表

销售预测如表3-34所示。

表3-34 销售预测 单位：辆

年月 产品	2011年						2012年		
	7月	8月	9月	10月	11月	12月	1月	2月	3月
经济型童车				4000	5000	5000	6000	5000	7000
舒适型童车									
豪华型童车									

2011年本地市场经济型童车销量预测（手工阶段）如表3-35、图3-6所示。

表3-35 2011年本地市场经济型童车销量预测（手工阶段） 单位：辆

市场	产品名称	第1季度	第2季度	第3季度	第4季度
本地	经济型童车	130000	138000	151000	160000

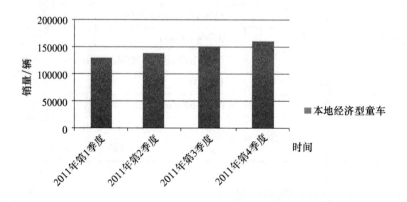

图3-6 2011年本地市场经济型童车销量预测（手工阶段）

注：以上预测数据为10家企业的预测数据。

2011年本地市场经济型童车价格预测（手工阶段）如表3-36所示。

表3-36 2011年本地市场经济型童车价格预测（手工阶段） 单位：元

市场	产品名称	第1季度	第2季度	第3季度	第4季度
本地	经济型童车	702	690	677	655

2011年第4季度本地市场经济型童车销量预测（信息化阶段）如表3-37、图3-7所示。

表3-37　2011年第4季度本地市场经济型童车销量预测（信息化阶段）　　单位：辆

市场	产品名称	10月	11月	12月
本地	经济型童车	60600	62000	61800

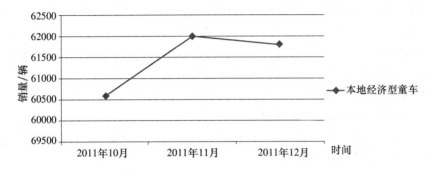

图3-7　2011年第4季度本地市场经济型童车销量预测（信息化阶段）

注：以上预测数据为10家企业的预测数据。

2011年第4季度本地市场经济型童车价格预测（信息化阶段）如表3-38、图3-8所示。

表3-38　2011年第4季度本地市场经济型童车价格预测（信息化阶段）　　单位：元

市场	产品名称	10月	11月	12月
本地	经济型童车	624.39	595.12	564.48

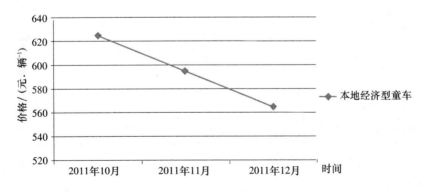

图3-8　2011年第4季度本地市场经济型童车价格预测（信息化阶段）

注：综合2011年第4季度3个月的情况来看，本地市场经济型童车的销量有一定的波动，整体呈上升趋势，价格呈下降趋势。

（三）仿真实训销售规则

企业通过实训系统，选择订单后将商品销售给虚拟客户，收回货款，部分订单中存在运费，包含在订单金额中，与货款一并支付给相关企业。

1. 营销方案制订

为了让客户了解企业、产品和服务,企业会投入大量的资金用于企业整体品牌和产品的宣传,以争取尽可能多的客户订单。为此,要策划营销方案、广告投放渠道、产品推介会等一系列营销活动。在企业管理全景仿真中,这些活动统一以广告费来体现。

2. 关于延期交货规定

如果因产能不够或其他原因而导致订单不能按交货期交货,发生延期交货时,企业应受到相应的处罚。为最大限度地减少延期交货造成的损失,企业可以采取分期交货策略。

3. 销售合同

生产制造公司销售产品时必须与客户签订销售合同,销售合同是确立购销关系的依据。销售合同中明确规定了销售数量、品种、价格、商业折扣、付款期限、付款方式。有效合同将受到保护,以维护购销双方的正当权益。

(1) 产品销售价格。销售合同中产品销售为含税价,增值税税率为17%,销售商品时需要给客户开具增值税专用发票。

(2) 分期交货。企业可以按规定的交货期限交付一部分货物,并开具相应数量的销售发票,确认应收账款。未及时按期交货的部分延期交货。

(3) 延期交货罚款。发生延期交货的当期,企业应根据合同约定支付相应比例的违约金。对于未能按期交货的部分,可以在3个月内补齐。如果在3个月之内仍未能全部交货,未能交货部分客户将不再收货。因此,营销部经理接单时要考虑企业的产能。

(4) 商业折扣约定。公司可根据实际情况向客户提供商业折扣,按一次性销售数量的不同,商业折扣也不同,商业折扣系数如表3-39所示,也可根据实际经营情况制定。

表3-39 商业折扣系数

商业折扣标准/辆	折扣	备注
销售量 < 5000	无	按每种产品计量
5000 ≤ 销售量 < 8000	0.01	
8000 ≤ 销售量 < 10000	0.02	
10000 ≤ 销售量 < 15000	0.03	
15000 ≤ 销售量	0.05	

(5) 在系统中进行订单录入。在系统中进行订单录入,并提交给客户进行线上确认。如果客户认为存在问题,可选择拒绝,制造企业在系统中有第二次提交机会,如果两次提交均未被客户确认,制造企业需要重新进行该项任务。

四、读懂生产部期初数据

(一) 生产计划部经理读懂期初数据

1. 2011年度销售预测表

销售预测是指对未来特定时间内全部产品或特定产品的销售数量与销售金额的估计。销售预测是在充分考虑未来各种影响因素的基础上,结合本企业的销售实绩,通过一定的分析方法,提出切实可行的销售目标,如表3-40所示。

表3-40 销售预测　　　　　　　　　　　　　　　　　　单位:辆

年月 产品	2011年						2012年		
	7月	8月	9月	10月	11月	12月	1月	2月	3月
经济型童车				4000	5000	5000	6000	5000	7000
舒适型童车									
豪华型童车									

2. 期初库存表

期初库存就是在一个库存会计时期开始时,可供使用或出售的存货(如货品、物资或原料)的账面价值(数量),如表3-41所示。

表3-41 期初库存　　　　　　　　　　　　　　　　　　单位:辆

项目	期初数量	在途数量	在产数量	备注
经济型童车	2000		4000	
经济车架			5000	
钢管	5000	15000		
坐垫	5000	5000		
车篷	5000	5000		
车轮	20000	20000		
包装套件	10000	0		

3. 物料清单

物料清单(Bill of Material,BOM)是详细记录一种产品所用到的所有材料及相关属性,产品结构反映了生产产品与物料需求的数量与从属关系。

物料清单是接收客户订单、选择装配、计算累计提前期、编制生产和采购计划、配套领料、跟踪物流、追溯任务、计算成本、改变成本设计不可或缺的重要文件,上述工作涉及企业的销售、计划、生产、供应、成本、设计、工艺等部门。因此,BOM不仅是一种技术文件,还是一种管理文件,是联系与沟通各部门的纽带,企业各部门都要用到BOM表。经济型童车的BOM如表3-42所示。

表 3-42 经济型童车的 BOM

结构层次	物料编码	物料名称	规格型号	单位	总数量	备注
0	P0001	经济型童车		辆	1	自产成品
1	M0001	经济车架		个	1	自产半成品
1	B0005	车篷	HJ72*32*40	个	1	外购原材料
1	B0006	车轮	HJΦ外125/Φ内60mm	个	4	外购原材料
1	B0007	包装套件	HJTB100	套	1	外购原材料
2	B0001	钢管	Φ外16/Φ内11/L5000（mm）	根	2	外购原材料
2	B0003	坐垫	HJM500	个	1	外购原材料

4. 生产设备

企业生产离不开厂房、生产设备、仓库等基本生产场地及生产设施。

(1) 厂房。某佳童车厂是一个持续经营的企业，2011年10月期初时，这个企业购置了一个大厂房，大厂房内安装有普通机床10台和组装流水线1条，设备运行状况良好。厂房基本信息如表3-43所示。

表 3-43 厂房基本信息

厂房类型	价值/万元	使用年限/年	租金/（元·月$^{-1}$）	折旧/（元·月$^{-1}$）	容量
大厂房	210	30	10000	5833.33	20台机床位
小厂房	120	30	6000	3333.33	12台机床位

注意：

①1条组装生产线占用4台机床的位置。

②购买当期不计提折旧，从下月开始计提。

③自有大床房在经营期间不得出售。

④如果经营期间厂房数量超出实际厂房容量，需要联系服务公司进行厂房租赁。

(2) 生产设备。根据企业的生产经营状况，企业的生产设备可以随时购买。企业的生产设备有两大类：机床和组装流水线。机床能生产各种类型的车架；组装流水线能组装各种类型的童车。但设备购买后，需要经过1个月的购买提前期和1个月的安装调试提前期后才可正式投入生产。企业生产设备的基本信息如表3-44所示。

表 3-44 企业生产设备的基本信息

生产设备	购置费/万元	使用年限/年	折旧费/（元·月$^{-1}$）	维修费/（元·月$^{-1}$）	生产能力/（台·月$^{-1}$）			出售
					经济	舒适	豪华	
普通机床	1	10	83.33	33	500	500		按账面价值出售
数控机床	5	10	416.67	180	3000	3000	3000	
组装流水线	3	10	250	100	7000	7000	6000	

注意:
①折旧:生产设备按月计提折旧。
②维修:按月支付维修费用,本月购入的生产设备不维修。
设备对技术人员的需求情况如表3-45所示。

表3-45 设备对技术人员的需求情况

设备	人员级别	要求人员配置数量/人
普通机床	初级	2
数控机床	高级	2
组装流水线	初级	5
	中级	15

(3)工作中心。工作中心指的是直接改变物料形态或性质的生产作业单元。工作中心是用于生产产品的生产资源,包括机器、人和设备,是各种生产或加工单元的总称。一个工作中心可以是一台设备、一个班组或生产单一产品的封闭车间;对于外协工序,对应的工作中心则是协作单位的代号。工件经过每一个工作中心都要发生费用,产生成本。工作中心的数据是工艺路线的核心组成部分,是运算物料需求计划、能力计划的基础数据之一。

生产制造公司工作的中心资料如表3-46所示。

表3-46 工作中心资料

工作中心编码	工作中心名称	产品	定额生产能力/[台·(5天)$^{-1}$]	所属部门
wc01	普通机床	经济型童车车架	5000	生产计划部
		舒适型童车车架	5000	
wc02	数控机床	经济型童车车架	3000	生产计划部
		舒适型童车车架	3000	
		豪华型童车车架	3000	
wc03	组装流水线	经济型童车	7000	生产计划部
		舒适型童车	7000	
		豪华型童车	6000	

(4)车间产能报表。产能(Capacity)也叫生产能力,是指在一定时期内(通常是一年),企业的全部生产性固定资产,在先进合理的技术组织条件下,经过综合平衡后,所能生产的一定种类与一定质量的最大数量,或者能够加工处理的一定原材料的最大数量。

理解生产能力指标的要点:企业先进的生产性固定资产;生产能力是在企业可能达到的技术组织条件下确定的,不考虑劳动力不足和物质供应中断等不正常现象;以实物指标为计量单位;综合平衡结果;一般以最大产品数量来表示,有时也以加工的原材料的最大数量表示。

①生产能力的种类。生产能力是反映企业生产可能性的一个重要指标,实际运用中的生

产能力有多种不同的表达方式，其分类包括设计生产能力、查定能力和计划生产能力等。

设计生产能力是指企业建厂时在基建任务书和技术文件中规定的生产能力，它是按照工厂设计文件规定的产品方案、技术工艺和设备，通过计算得到的最大年产量。企业投产后往往要经过一段熟悉和掌握生产技术的过程，甚至改进某些不合理的地方，才能达到设计生产能力。设计生产能力也不是不可突破的，当操作人员熟悉生产工艺，掌握了内在规律以后，通过适当的改造是可以使实际生产能力大大超过设计生产能力的。

查定能力是指企业没有设计生产能力资料或设计生产能力资料可靠性低的情况下，根据现有的生产组织条件和技术水平等因素审查核定的能力。它为研究企业当前生产运作问题和今后改进发展战略提供了依据。

计划生产能力也称为现实能力或实际可用能力，是企业计划期间根据现有的生产组织条件和技术水平等因素所实现的生产能力。它直接决定了近期所做的生产计划。

计划能力包括两大部分：首先是企业已有的生产能力，是近期的查定能力；其次是企业在本年度内新形成的能力。后者可以是以前的基建或技改项目在本年度形成的能力，也可以是企业通过管理手段提高的能力。

计划能力的大小决定了企业的当期生产规模，生产计划量应该与计划能力相匹配。企业在编制计划时要考虑市场需求量，能力与需求不可能完全一致，利用生产能力的不确定性，可以在一定范围内对生产能力做短期调整，以满足市场需求。

②生产能力的计量单位。由于企业种类的广泛性，不同企业的产品与生产过程差别很大，在编制生产能力计划以前，必须确定本企业的生产能力的计量单位，以便做短期调整。

以产出量为计量单位：调制型与合成型生产类别的制造企业的生产能力以产出量表示。如钢铁厂、水泥厂都以产品吨位作为生产能力，家电生产厂以产品台数作为生产能力。这类企业的产出数量越大，能力就越大。若生产多种产品，则选择企业专业方向、产量与工时定额乘积最大的产品作为代表产品，其他产品可换算到代表产品。换算系数 K_i 由下式求得：

$$K_i = T_i / T_o。$$

式中：K_i——i 产品的换算系数；

T_i——i 产品的时间定额；

T_o——产品的时间定额。

以原料处理量为计量单位：有的企业使用单一的原料生产多种产品，这时以工厂年处理原料的数量作为生产能力的计量单位比较合理。如炼油厂以一年加工处理原料的吨位作为其生产能力。这类企业的生产特征往往是分解型的，使用一种主要原料，分解制造出多种产品。

以投入量为计量单位：有些企业如果以产出量计算它的生产能力，会使人感到不确切，不易把握。如发电厂，年发电量几十亿度，其数字很大，不便于判断。这种情况在服务业中更加普遍，如航空公司以飞机座位数为计量单位，而不是以运输的客流量为计量单位；医院以病床数为计量单位，而不是以诊疗的病人数为计量单位；零售商店以营业面积或标准柜台数为计量单位，而不是以接受服务的顾客数为计量单位。这类企业的生产能力有一个显著的特点，就是能力不能储存，服务业往往属于这种类型。生产车间产能报表如表 3-47 所示。

表 3-47 生产车间产能报表

制表部门：生产计划部　　　　　　　　　　　　　　　　　　　制表日期：2011 年 9 月 30 日

车间名称	10月			11月			12月			1月			2月			3月		
	初始产能	占用情况	剩余产能	初始产能	占用情况	剩余产能	初始产能	占用情况	剩余产能	初始产能	占用情况	剩余产能	初始产能	占用情况	剩余产能	初始产能	占用情况	剩余产能
普通机床/台	5000	0	5000	5000	0	5000	5000	0	5000	5000	0	5000	5000	0	5000	5000	0	5000
数控机床/台	0	0	0	0	0	0	3000	0	3000	3000	0	3000	3000	0	3000	3000	0	3000
组装生产线/条	7000	0	7000	7000	0	7000	7000	0	7000	7000	0	7000	7000	0	7000	7000	0	7000
组装生产线实际可用产能/台	5000	0	5000	5000	0	5000	5000	0	5000	7000	0	7000	7000	0	7000	7000	0	7000

(5) 仓库信息。公司现有 3 个仓库：原材料库、半成品库和产品库。原材料库用于存放各种生产原材料，半成品库用于存放车架，成品库用于存放产成品。仓库信息如表 3-48 所示。

表 3-48 仓库信息

仓库名称	仓库编码	可存放物资
原材料库	A 库	钢管、坐垫、车篷、车轮、包装套件、镀锌管、记忆太空棉坐垫、数控芯片、舒适型童车包装套件、豪华型童车包装套件
半成品库	B 库	经济型童车车架、舒适型童车车架、豪华型童车车架
产品库	C 库	经济型童车、舒适型童车、豪华型童车

5. 购买生产许可

以童车为例，制造业初始默认的生产许可为经济型童车，如果生产舒适型或豪华型童车，必须在服务公司购买相应的生产许可证，这代表企业完成了新产品的研发。购买许可证后可以立即开工生产。

生产许可证的类型及价格如表 3-49 所示。

表 3-49 生产许可证的类型及价格

许可证类型	价格/元
舒适型	10000
豪华型	20000

（二）生产计划员读懂期初数据

1. 工艺路线

工艺路线用来表示企业各项自制件的加工顺序和在各个工序中的标准工时定额情况，也称为加工路线，是一种计划管理文件，主要用来工序排产和车间成本统计。

生产制造公司经济型童车的工艺路线如表 3-50 所示。

表 3-50 生产制造公司经济型童车的工艺路线

物料编码：P0001 - 经济型童车

工序	部门	工序描述	工作中心	加工工时/天
10	生产计划部—机加车间	车架加工	普通（或数控）机床	5
20	生产计划部—组装车间	组装	组装生产线	5

2. 经济型车架派工单

派工单（又称工票或传票）是指生产管理人员向生产人员派发生产指令的单据，是工业企业中对工人分配生产任务并记录其生产活动的原始记录。派工单是一种面向工作中心，说明加工工序优先级的文件，说明工作中心的工序在一周或一个时期内要完成的生产任务。它还说明开始加工的时间、完成时间、计划加工的数量、计划加工时数、在制的生产货位、计时的费率、计件的费率、加班的费率以及外协的费率等。因此，在派工时，一种资源只允许生产一个品种的产品。例如，给一条组装流水线上安排生产 5000 台经济型童车，剩下的 2000 台产能则不能用于生产舒适型童车和豪华型童车，必须等该资源产能全部释放后才能安排不同种类的产品生产。

（1）经济型车架派工单如表 3-51 所示。

表 3-51 经济型车架派工单

派工部门：生产计划部

派工单号：SC - PG - 201109001　　　　　　　　　　　　　　派工日期：2011 年 9 月 8 日

产品名称	工序	工序名称	工作中心	生产数量/台	计划进度	
					开始日期	完工日期
经济型车架	10	机加工	普通机床	5000	9 月 8 日	10 月 8 日

生产计划部经理：叶润中　　　　　　　　　　　　　　　　　　　　　　车间管理员：周群

（2）经济型童车派工单如表 3 – 52 所示。

表 3 – 52　经济型童车派工单

派工部门：生产计划部

派工单号：SC – PG – 201109002　　　　　　　　　　　　　　　　　　派工日期：2011 年 9 月 8 日

产品名称	工序	工序名称	工作中心	生产数量/个	计划进度	
					开始日期	完工日期
经济型车架	20	组装	组装生产线	4000	9 月 8 日	10 月 8 日

生产计划部经理：叶润中　　　　　　　　　　　　　　　　　　　　　　　　车间管理员：周群

（三）车间管理员读懂期初数据

企业在下达生产任务后，每一张生产任务单所需要生产的产品有没有按时生产完工、已完工的产品是分多少批完工入库的，以及是何时生产完工（是按计划生产完工还是延期完工），都需要适时掌握相关情况，以免造成出货延期。

1. 生产执行情况

生产执行情况如表 3 – 53 所示。

表 3 – 53　生产执行情况

制表部门：生产计划部　　　　　　　　　　　　　　　　　　　　　　　　日期：2011 年 9 月 30 日

派工单号	产品名称	领料情况	开工数量/个	完工数量	开工日期	计划完工日期	完工日期	在产品数量/个	完工入库数量	产品入库日期	备注
SC – PG – 201109001	经济型车架	已领	4000		2011/9/08	2011/10/08		5000			
SC – PG – 201109002	经济型童车	已领	4000		2011/10/08	2011/10/08		4000			

车间管理员：周群

2. 水电费

生产一个车架的平均用电量为 3 千瓦/时，组装一辆童车的平均用电量为 2 千瓦/时，工业用电为 1.5 元/度。每生产 5000 个车架的平均用水量为 30 立方米，水价为 3 元/立方米。按每月实际完工入库数量计算，需在每月结束前，前往服务公司缴纳上月水电费。

注意：2012 年 1 月缴纳 2011 年 10 月水电费。

五、读懂采购部期初数据

（一）采购部经理和采购员读懂期初数据

采购部根据企业的需求做如下的决定：按季度与供应商签订采购合同，每月向各供应商下达 1 次订单；从发出采购订单到收到物料的时间为 1 个月，即采购提前期为 1 个月；收到物料及货物后的次月支付货款；发出订单和物料后，填写《采购合同执行情况表》和《供应商考核记录表》。为保证完成工作任务，采购部在期初除掌握虚拟商业社会环境实习基础外，还需要掌握表 3-54 所示的期初资料，请核对期初资料是否齐全。

表 3-54 采购部期初资料汇总

采购部期初明细			
序号	单据类型	单据名称	页数/页
1	采购部	8 月采购订单	4
2	采购部	9 月采购订单	3
3	采购部	期初库存的 9 月份入库单	4
4	采购部	BOM	1
5	采购部	车间产能报表	1
6	采购部	供应商信息汇总表	1
7	采购部	期初采购合同执行情况表	1
8	采购部	期初库存	1
9	采购部	材料供应商资料信息	1
10	采购部	供应商考评记录	1

1. 8 月份采购订单

采购部根据生产部物料需求计划，8 月份执行 4 月份下达的采购订单，如图 3-9~图 3-12 所示。订单一式四联，第一联采购部留存，第二联仓储部留存，第三联财务部留存，第四联寄送供应商。

供应商名称：某尼工贸有限公司　　　　　　　　　采购类型：正常采购
合同编号：CG－HT－201107001　　　　　　　　　付款方式：月结
制单日期：2011.08.08　　　　　　　　　　　　　订单编号：CG－HT－201108001

序号	品名	规格	单位	到货时间	数量	单价/元	折扣率	金额小计/元
1	钢管	Φ外16/Φ内11/L5000mm	根	2011.09.08	5000	70.2	0	351000.00
2	—	—						
3								
金额合计		（大写）：叁拾伍万壹仟元整				（小写）：351000.00		
备注								

采购部经理：李某　　　　　　　　　　　　　　　　　　　采购员：付某

第一联　采购部留存

图3－9　8月份钢管采购订单

供应商名称：某通橡胶厂　　　　　　　　　　　　采购类型：正常采购
合同编号：CG－HT－201107002　　　　　　　　　付款方式：月结
制单日期：2011.08.08　　　　　　　　　　　　　订单编号：CG－DD－201108002

序号	品名	规格	单位	到货时间	数量	单价/元	折扣率	金额小计/元
1	坐垫	HJM500	个	2011.09.08	5000	58.5	0	292500.00
2	车篷	HJ72*32*40	个	2011.09.08	5000	70.2	0	351000.00
3	—	—						
金额合计		（大写）：陆拾肆万叁仟伍佰元整				（小写）：643500.00		
备注								

采购部经理：李某　　　　　　　　　　　　　　　　　　　采购员：付某

第一联　采购部留存

图3－10　8月份坐垫和车篷采购订单

供应商名称：某通橡胶厂　　　　　　　　　　　　采购类型：正常采购
合同编号：CG－HT－201107003　　　　　　　　　付款方式：月结
制单日期：2011.08.08　　　　　　　　　　　　　订单编号：CG－DD－201108003

序号	品名	规格	单位	到货时间	数量	单价/元	折扣率	金额小计/元
1	车轮	HJΦ外125/Φ内60mm	个	2011.09.08	20000	23.4	0	468000.00
2	—	—						
金额合计		（大写）：肆拾陆万捌仟元整				（小写）：468000.00		
备　注								

采购部经理：李某　　　　　　　　　　　　　　　　　　　　　　　　采购员：付某

第一联 采购部留存

图3－11　8月份车轮采购订单

供应商名称：某尼工贸有限公司　　　　　　　　采购类型：正常采购
合同编号：CG－HT－201107004　　　　　　　　　付款方式：月结
制单日期：2011.08.08　　　　　　　　　　　　　订单编号：CG－DD－201108004

序号	品名	规格	单位	到货时间	数量	单价/元	折扣率	金额小计/元
1	包装套件	HJTB100	个	2011.09.08	10000	23.4	0	234000.00
2	—	—						
金额合计		（大写）：贰拾叁万肆仟元整				（小写）：234000.00		
备　注								

采购部经理：李某　　　　　　　　　　　　　　　　　　　　　　　　采购员：付某

第一联 采购部留存

图3－12　8月份包装套件采购订单

2. 9月份采购订单

采购部根据生产部物料需求计划和库存状况，9月份执行3月份下达的采购订单，如图3－13～图3－15所示。订单一式四联，第一联采购部留存，第二联仓储部留存，第三联财务部留存，第四联寄送供应商。

供应商名称：某尼工贸有限公司　　　　　　　　采购类型：正常采购
合同编号：CG-HT-201107001　　　　　　　　　付款方式：月结
制单日期：2011.09.08　　　　　　　　　　　　订单编号：CG-DD-201109001

序号	品名	规格	单位	到货时间	数量	单价/元	折扣率	金额小计/元
1	钢管	Φ外16/Φ内11/L5000mm	根	2011.10.08	15000	70.2	0	1053000.00
2	—	—						
金额合计		（大写）：壹佰零伍万叁仟元整				（小写）：1053000.00		
备注								

采购部经理：李某　　　　　　　　　　　　　　　　　　　　采购员：付某

第一联　采购部留存

图3-13　9月份钢管采购订单

供应商名称：某通橡胶厂　　　　　　　　　　　采购类型：正常采购
合同编号：CG-HT-201107002　　　　　　　　　付款方式：月结
制单日期：2011.09.08　　　　　　　　　　　　订单编号：CG-DD-201109002

序号	品名	规格	单位/元	到货时间	数量	单价/元	折扣率	金额小计/元
1	坐垫	HJM500	个	2011.10.08	5000	58.5	0	292500.00
2	车篷	HJ72*32*40	个	2011.10.08	5000	70.2	0	351000.00
3	—	—						
金额合计		（大写）：陆拾肆万叁仟伍佰元整				（小写）：643500.00		
备注								

采购部经理：李某　　　　　　　　　　　　　　　　　　　　采购员：付某

第一联　采购部留存

图3-14　9月份坐垫和车篷采购订单

供应商名称：某尼工贸有限公司　　采购类型：正常采购
合同编号：CG－HT－201107003　　付款方式：月结
制单日期：2011.09.08　　订单编号：CG－DD－201109003

序号	品名	规格	单位	到货时间	数量	单价/元	折扣率	金额小计/元
1	车轮	HJΦ外125＊Φ内60mm	个	2011.10.08	20000	23.4	0	468000.00
2								
金额合计	（大写）：肆拾陆万捌仟元整				（小写）：468000.00			
备　注								

第一联　采购部留存

采购部经理：李某　　采购员：付某

图3－15　9月份车轮采购订单

3. 9月份材料入库单

材料入库单如图3－16～图3－19所示。

制单日期：2011.09.08　　仓库：材料仓
供应商名称：某尼工贸有限公司　　类型：原材料采购
单据编号：CK－CLRK－201109001　　订单编号：CG－DD－201108001

序号	品名	规格型号	单位	入库时间	数量	备注
1	钢管	Φ外16/ Φ内11/L5000mm	根	2011.09.01	5000	
2	—	—				
3						
合计						

第二联　采购部留存

仓储部经理：何某　　仓管员：王某

图3－16　9月份钢管入库单

制单日期：2011.09.08 　　　　　　　　　　　　　　　仓库：材料仓
供应商名称：某通橡胶厂　　　　　　　　　　　　　　类型：原材料采购
单据编号：CK - CLRK - 201109002　　　　　　　　　订单编号：CG - DD - 201108002

序号	品名	规格型号	单位	入库时间	数量	备注
1	坐垫	HJM500	个	2011.09.01	5000	
2	车篷	HJ72 * 32 * 40	个	2011.09.01	5000	
3						
合计						

仓储部经理：何某　　　　　　　　　　　　　　　　　　仓管员：王某

第二联　采购部留存

图 3 - 17　9月份坐垫和车篷入库单

制单日期：2011.09.08 　　　　　　　　　　　　　　　仓库：材料仓
供应商名称：某通橡胶厂　　　　　　　　　　　　　　类型：原材料采购
单据编号：CK - CLRK - 201109003　　　　　　　　　订单编号：CG - DD - 201108003

序号	品名	规格型号	单位	入库时间	数量	备注
1	车轮	HJΦ外125 * Φ内60mm	个	2011.09.01	2000	
2	—	—				
3						
4						
合计						

仓储部经理：何某　　　　　　　　　　　　　　　　　　仓管员：王某

第二联　采购部留存

图 3 - 18　9月份车轮入库单

制单日期：2011.09.08 　　　　　　　　　　　　　　　仓库：材料仓
供应商名称：某尼工贸有限公司　　　　　　　　　　　类型：原材料采购
单据编号：CK - CLRK - 201109004　　　　　　　　　订单编号：CG - DD - 201108004

序号	品名	规格型号	单位	入库时间	数量	备注
1	包装套料	HJTB100	套	2011.09.01	10000	
2	—	—				
3						
4						
合计						

仓储部经理：何某　　　　　　　　　　　　　　　　　　仓管员：王某

第二联　采购部留存

图 3 - 19　9月份包装套件入库单

4. 采购合同执行情况记录表

采购员下达采购订单后应及时填写采购合同执行情况表，并根据采购物料入库情况、货款支付情况等及时完善表 3 - 55 所示的 8 月份、9 月份采购合同执行情况。

表 3-55 8 月份、9 月份采购合同执行情况

合同编号	合同总数	订单编号	供应商名称	物料编码	物料名称	计量单位	订货日期	订货数量	单价/元	总金额/元	计划交期	计划付款日期	已到数量	入库数量	不合格数	到货日期	应付金额/元	已付金额	实际付款	开票情况	开票时间	备注
CG—HT—201107001	30000	CG—DD—20110800	邦尼	B0001	钢管	根	2011/08/08	5000	70.2	351000	2011/09/01	2011/10/08	5000	5000	0	2011/09/01	351000			已开	2011/09/01	
CG—HT—201107002	15000	CG—DD—20110800	恒通	B0003	坐垫	个	2011/08/08	5000	58.5	292500	2011/09/01	2011/10/08	5000	5000	0	2011/09/01	292500			已开	2011/09/01	
CG—HT—201107002	15000	CG—DD—20110800	恒通	B0005	车牌	个	2011/08/08	5000	70.2	351000	2011/09/01	2011/10/08	5000	5000	0	2011/09/01	351000			已开	2011/09/01	
CG—HT—201107003	60000	CG—DD—20110800	恒通	B0006	车轮	个	2011/08/08	20000	23.4	468000	2011/09/01	2011/10/08	20000	20000	0	2011/09/01	468000			已开	2011/09/01	
CG—HT—201107004	15000	CG—DD—20110800	邦尼	B0007	包装套件	套	2011/08/08	10000	23.4	234000	2011/09/01	2011/10/08										
CG—HT—201107001	30000	CG—DD—20110800	邦尼	B0001	钢管	根	2011/09/08	15000	70.2	1E+06	2011/10/08	2011/11/08										
CG—HT—201107002	15000	CG—DD—20110800	恒通	B0003	坐垫	个	2011/09/08	5000	58.5	292500	2011/10/08	2011/11/08										
CG—HT—201107002	15000	CG—DD—20110800	恒通	B0005	车牌	个	2011/09/08	5000	70.2	351000	2011/10/08	2011/11/08										
CG—HT—201107003	15000	CG—DD—20110800	邦尼	B0005	车轮	个	2011/09/08	20000	23.4	468000	2011/10/08	2011/11/08										

制表部门：采购部

5. 供应商考评记录表

采购员根据 7 月份、8 月份、9 月份采购物料入库情况及时填写供应商考评记录表（表 3-56），在季度末对每家供应商按照考评指标进行正确评价。

表 3-56　第 3 季度供应商考评记录

考评指标与权重 供应商名称		价格水平 与行业平均价格相比 30%	质量合格率 合格数量/抽检数量 30%	准时交货率 晚 1 天，扣 2 分；晚 10 天，得分为 0 20%	合作态度 送货前是否主动沟通 10%	供应柔性 紧急采购时能否按时交货 10%	评价结果
某尼工贸有限公司	第 1 次	相同	100%	准时	没有沟通	紧急采购时能按时交货	优秀供应商
	第 2 次	相同	100%	准时	没有沟通		
	第 3 次	相同	100%	送货车坏了，晚到 1 天，扣 2 分	没有沟通		
	平均值	相同	100%	98%	良好	好	
某通橡胶厂	第 1 次	低	100%	准时	送货前主动沟通	紧急采购时能按时交货	优秀供应商
	第 2 次	低	97%	准时	送货前主动沟通		
	第 3 次	低	97%	晚 5 天，扣 10 分	送货前主动沟通		
	平均值	低	98%	98%	良好	好	
评价指标的说明		价格水平：低于行业平均价格计 30 分；与行业平均价格一致计 20 分；高于行业平均价格计 0 分； 质量合格率：100% 计 30 分；95% ~ 100% 计 20 分；90% ~ 95% 计 10 分；90% 以下计 0 分； 准时交货率：100% 计 20 分；95% ~ 100% 计 15 分；90% ~ 95% 计 10 分；90% 以下计 0 分； 合作态度：优秀计 10 分；良好计 7 分；一般计 3 分；差计 0 分； 供应柔性：好计 10 分；一般计 5 分；差计 0 分						
供应商评价标准		供应商评价采用百分制：80 分以上为优秀供应商；70 ~ 80 分为良好供应商；60 ~ 70 分为合格供应商；60 分以下为不合格供应商						
对各类供应商的管理策略		优秀供应商：续签合同；根据需要增加采购量；战略合作等； 良好供应商：在提出改进方案的基础上可以续签合同，在合作过程中严格监控，维持原有采购数量； 合格供应商：原则上更换供应商；如供应商同意重新进行采购认证，可以签订采购认证合同； 不合格供应商：终止合同，更换供应商						

6. 第 4 季度期初库存

第 3 季度末（第 4 季度期初）各类物品的库存如表 3-57 所示。

表 3-57 第 3 季度末（第 4 季度期初）各类物品的库存

项目	实际库存数量	在途数量	期初库存数量	安全库存	可用库存
经济型童车/辆	2000	0	2000	2000	0
在产车架/个	5000	0	5000		
在产童车/辆	4000	0	4000		
钢管/根	5000	15000	20000	10000	10000
车垫/个	5000	5000	10000	5000	5000
车篷/个	5000	5000	10000	5000	5000
车轮/个	20000	20000	40000	20000	20000
包装套件/套	10000	0	10000	5000	5000

7. 经济型童车结构图和物料清单（BOM）

经济型童车结构和经济型童车物料清单分别如图 3-20 和表 3-58 所示。

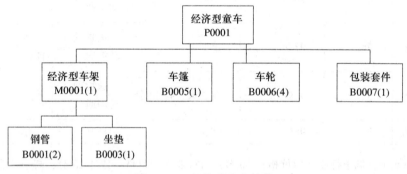

图 3-20 经济型童车结构

表 3-58 经济型童车物料清单

结构层次	物料编码	物料名称	规格型号	单位	总数量	备注
0	P0001	经济型童车		辆	1	自产产品
1	M0001	经济型车架		个	1	自产半产品
1	B0005	车篷	HJ72*32*40	个	1	外购原材料
1	B0006	车轮	HJWAI 125/内 60mm	个	4	外购原材料
1	B0007	包装套件	HJTB100	套	1	外购原材料
2	B0001	钢管	外 16/内 11/L5000mm	根	2	外购原材料
2	B0003	坐垫	HJM500	个	1	外购原材料

8. 企业产能报表

企业产能报表记载了企业在一个周期（本案例为1个月）的最大产出能力，是采购部制订采购计划（是否增加采购批量获得采购价格折扣）需要考虑的因素之一，本案例的产能如表3-59所示。

表3-59 生产车间产能报表

制表部门：生产计划部　　　　制表日期：2011年9月30日　　　　　　　　单位：台/天

车间名称	10月			11月			12月			1月			2月			3月		
	初始产能	占用情况	剩余产能	初始产能	占用情况	剩余产能	初始产能	占用情况	剩余产能	初始产能	占用情况	剩余产能	初始产能	占用情况	剩余产能	初始产能	占用情况	剩余产能
普通机床	5000	0	5000	5000	0	5000	5000	0	5000	5000	0	5000	5000	0	5000	5000	0	5000
数控机床	0	0	0	0	0	0	0	0	0	3000	0	3000	3000	0	3000	3000	0	3000
组装生产线	7000	0	7000	7000	0	7000	7000	0	7000	7000	0	7000	7000	0	7000	7000	0	7000
组装生产线实际可用产能	5000	0	5000	5000	0	5000	5000	0	5000	7000	0	7000	7000	0	7000	7000	0	7000

9. 经济型童车供应商信息表

经济型童车供应商信息如表3-60所示，供应商信息汇总如表3-61所示。

表3-60 经济型童车供应商信息

采购物料名称	供应商名称	
车轮	企业法定中文名称：某通橡胶厂 企业法定代表人：张某 企业注册地址：北京市大兴区旧宫镇小红门路*号 注册登记地点：北京市大兴区工商行政管理局 组织机构代码证：00****972 办公地址：北京市大兴区旧宫镇小红门路*号 邮政编码：100076 办公电话：(010) 51****88 企业法人营业执照注册号：11**********587 税务登记号：11**********972 开户银行：建设银行北京分行小红门支行 账号：1*** ******** **** 4123	企业法定中文名称：某尼工贸有限公司 企业法定代表人：张某 企业注册地址：北京市丰台区新富镇兴旺路*号 注册登记地点：北京市工商行政管理局 企业法人营业执照注册号：11**********740 税务登记号：11********988 组织机构代码证：03****188 办公地址：北京市丰台区新富镇兴旺路*号 邮政编码：100070 办公电话：010-60****18 开户银行：建设银行北京分行兴旺支行 账号：1*** ******** ******** 161

续表

采购物料名称	供应商名称	
车篷/坐垫	企业法定中文名称：某通橡胶厂 企业法定代表人：张某 企业注册地址：北京市大兴区旧宫镇小红门路＊号 注册登记地点：北京市大兴区工商行政管理局 组织机构代码证：00＊＊＊＊972 办公地址：北京市大兴区旧宫镇小红门路＊号 邮政编码：100076 办公电话：(010) 51＊＊＊＊88 企业法人营业执照注册号：11＊＊＊＊＊＊＊＊＊587 税务登记号：11＊＊＊＊＊＊＊＊972 开户银行：建设银行北京分行小红门支行 账号：1＊＊＊ ＊＊＊＊ ＊＊＊＊ ＊＊＊＊ 4123	
钢管	企业法定中文名称：某尼工贸有限公司 企业法定代表人：张某 企业注册地址：北京市丰台区新富镇兴旺路＊号 注册登记地点：北京市工商行政管理局 企业法人营业执照注册号：11＊＊＊＊＊＊＊＊＊740 税务登记号：11＊＊＊＊＊＊＊＊988 组织机构代码证：03＊＊＊＊188 办公地址：北京市丰台区新富镇兴旺路＊号 邮政编码：100070 办公电话：010－60＊＊＊＊18 开户银行：建设银行北京分行兴旺支行 账号：1＊＊＊ ＊＊＊＊ ＊＊＊＊＊＊＊＊ 161	
包装套件	企业法定中文名称：某尼工贸有限公司 企业法定代表人：张某 企业注册地址：北京市丰台区新富镇兴旺路＊号 注册登记地点：北京市工商行政管理局 企业法人营业执照注册号：11＊＊＊＊＊＊＊＊＊740 税务登记号：11＊＊＊＊＊＊＊＊988 组织机构代码证：03＊＊＊＊188 办公地址：北京市丰台区新富镇兴旺路＊号 邮政编码：100070 办公电话：010－60＊＊＊＊18 开户银行：建设银行北京分行兴旺支行 账号：1＊＊＊ ＊＊＊＊ ＊＊＊＊＊＊＊＊ 161	企业法定中文名称：某通橡胶厂 企业法定代表人：张某 企业注册地址：北京市大兴区旧宫镇小红门路＊号 注册登记地点：北京市大兴区工商行政管理局 组织机构代码证：00＊＊＊＊972 办公地址：北京市大兴区旧宫镇小红门路＊号 邮政编码：100076 办公电话：(010) 51＊＊＊＊88 企业法人营业执照注册号：11＊＊＊＊＊＊＊＊＊587 税务登记号：11＊＊＊＊＊＊＊＊972 开户银行：建设银行北京分行小红门支行 账号：1＊＊＊ ＊＊＊＊ ＊＊＊＊ ＊＊＊＊ 4123

表 3-61 经济型童车供应商信息汇总

制表日期：2011 年 10 月 1 日　　　　　　　　　　　　　　　　　　　　　　制表部门：采购部

序号	供应商名称	联系人	座机	产品型号	生产周期	最小订购量	证件齐全	单位/元	付款方式	账期	备注
1	某尼工贸有限公司	张某	010-60****18	钢管	一个月	5000	齐	根	月结	一个月	
2	某通橡胶厂	张某	010-51****88	车篷/坐垫	一个月	2000/300	齐	个	月结	一个月	
3	某通橡胶厂	张某	010-51****88	车轮	一个月	100000	齐	个	月结	一个月	
4	某尼工贸有限公司	张某	010-60****18	包装套件	一个月	5000	齐	套	月结	一个月	
5	某通橡胶厂	张某	010-51****88	包装套件	一个月	5000	齐	套	月结	一个月	

（二）仿真实训中采购规则

1. 办公用品采购规则

服务公司出售实训系统所需的各种办公用品，如表单、胶棒、曲别针等。买卖双方可对结算方式进行协商，既可选择当场结清价款，也可自行约定结算时间，如月结（每月统一结账）。办公用品价款可采用现金或支票进行结算。服务公司提供的办公用品项目及价格如表 3-62 所示。

表 3-62 服务公司提供的办公用品项目及价格

序号	商品名称	单价
1	表单	10 元/份
2	胶棒	20 元/支
3	印泥	30 元/盒
4	长尾夹	10 元/个
5	曲别针	5 元/个
6	复写纸	10 元/页
7	A4 白纸	5 元/张

企业办公用品的管理由行政主管承担，行政主管每月月初收集、统计办公用品采购需要，统一购买、按需发放。行政主管依照员工使用需求发放办公用品并记录领用情况。

2. 制造业采购规则

客户从制造企业采购童车成品，双方洽谈并签订纸质合同，制造企业在仿真实训系统中提交电子订单，客户进行确认，作为后续交易依据。

（1）采购原材料品种。生产制造公司可自主选择原材料供应商，决定采购的品种和数量、采购时间。根据公司可生产的产品类型及物料清单，公司有可能采购的原材料有 10 种，具体如表 3-63 所示。

表 3-63 原材料采购信息

存货编码	存货名称	规格	计量单位	存货属性	平均单价/元	编织物料净需求计划使用的提前期/月
B0001	钢管	Φ外 16/Φ内 11/L5000（mm）	根	外购	60	1
B0002	镀锌管	Φ外 16/Φ内 11/L5000（mm）	根	外购	120	2
B0003	坐垫	HJM500	个	外购	50	1
B0004	记忆太空棉坐垫	HJM0031	个	外购	110	1
B0005	车篷	HJ72×32×40	个	外购	60	1
B0006	车轮	HJΦ外 125/Φ内 60mm	个	外购	20	1
B0007	经济型童车包装套件	HJTB100	套	外购	20	1
B0008	数控芯片	MCX3154A	片	外购	200	2
B0009	舒适型童车包装套件	HJTB200	套	外购	100	1
B0010	豪华型童车包装套件	HJTB300	套	外购	150	1

注：此处单价不含增值税，增值税税率为 17%。

（2）采购原材料的流程。采购原材料的基本流程如下：

①月初，采购部门根据生产部门的材料净需求，考虑现有原材料品种、预计数量和采购提前期、安全库存、采购批量等因素，编制采购计划表。

②采购部门与供应商签订合同，确定未来一段时间里即将购买的原材料品种、预计数量和约定价格。

③每月采购部门根据企业的备料需要向供应商签订纸质采购合同，完成纸质合同后，在系统中录入订单并提交供应商确认。

④供应商根据订单中的约定时间向企业发货，企业验收入库；如出现供应商库存不足等其他原因，造成供应商无法按期发货的情况，按双方在合同中的约定进行处理。

⑤贷款结算的时间及金额，依据双方签订的合同并根据实际情况执行。

注意：

采购意向合同中的预计数量仅供乙方做计划参考时使用，甲方对此不做采购承诺。如出现违约纠纷情况，可提交至工商局进行协调。

（3）采购运费。原材料从供应商处送到企业时会发生相应的运输费用，具体细节在采购合同中由双方进行约定。

六、仓管员读懂仓储部期初数据

（一）物料和成品清单

仓管员参看物料和成品清单表中的所有物料名称和物料编码，熟悉其规格及来源。物料和成品清单如表 3-64 所示。

表 3-64 物料和成品清单

物料名称	物料编码	单位	规格	来源
钢管	B0001	根	Φ外16/Φ内11/L5000（mm）	外购
镀锌管	B0002	根	Φ外16/Φ内11/L5000（mm）	外购
坐垫	B0003	个	HJM500	外购
记忆太空棉坐垫	B0004	个	HJM600	外购
车篷	B0005	个	HJ72×32×40	外购
车轮	B0006	个	HJΦ外125/Φ内60mm	外购
数控芯片	B0007	片	MCX3154A	外购
经济型童车包装套件	B0008	套	HJTB100	外购
舒适型童车包装套件	B0009	套	HJTB200	外购
豪华型童车包装套装	B0010	套	HJTB300	外购
经济型童车车架	M0001	个		自制
舒适型童车车架	M0002	个		自制
豪华型童车车架	M0003	个		自制
经济型童车	P0001	辆		自制
舒适型童车	P0002	辆		自制
豪华型童车	P0003	辆		自制

1. 经济型童车物料清单

经济型童车物料清单如表 3-65 所示。

表 3-65 经济型童车物料清单

结构层次	父项物料	物料编码	物料名称	规格型号	单位	用量	备注
0		P0001	经济型童车		辆	1	自产成品
1	P0001	M0001	经济型童车车架		个	1	自产半成品
1	P0001	B0005	车篷	HJ72×32×40	个	1	外购原材料
1	P0001	B0006	车轮	HJΦ外125/Φ内60mm	个	4	外购原材料
1	P0001	B0001	经济型童车包装套件	HJTB100	套	1	外购原材料
2	M0001	B0001	钢管	Φ外16/Φ内11/L5000（mm）	根	2	外购原材料
2	M0001	B0003	坐垫	HJM500	个	1	外购原材料

2. 舒适型童车物料清单

舒适型童车物料清单如表 3-66 所示。

表 3-66 舒适型童车物料清单

结构层次	父项物料	物料编码	物料名称	规格型号	单位	用量	备注
0		P0002	舒适型童车		辆	1	自产成品
1	P0002	M0002	舒适型童车车架		个	1	自产半成品
1	P0002	B0005	车篷	HJ72×32×40	个	1	外购原材料
1	P0002	B0006	车轮	HJΦ外125/Φ内60mm	个	4	外购原材料
1	P0002	B0009	舒适型童车包装套装	HJTB200	套	1	外购原材料
2	M0002	B0002	镀锌管	Φ外16/Φ内11/L5000（mm）	根	2	外购原材料
2	M0002	B0003	坐垫	HJM500	个	1	外购原材料

3. 豪华型童车物料清单

豪华型童车物料清单如表 3-67 所示。

表 3-67 豪华型童车物料清单

结构层次	父项物料	物料编码	物料名称	规格型号	单位	用量	备注
0		P0003	豪华型童车		辆	1	自产成品
1	P0003	M0003	豪华型童车车架		个	1	自产半成品
1	P0003	B0005	车篷	HJ72×32×40	个	1	外购原材料
1	P0003	B0006	车轮	HJΦ外125/Φ内60mm	个	4	外购原材料
1	P0003	B0008	数控芯片	MCX3154A	片	1	外购原材料
1	P0003	B0010	豪华型童车包装套件	HJTB300	套	1	外购原材料
2	M0003	B0002	镀锌管	Φ外16/Φ内11/L5000（mm）	根	2	外购原材料
2	M0003	B0004	记忆太空棉坐垫	HJM600	个	1	外购原材料

（二）储位分配表

仓库储位采用分区分类策略，给每一类物料分配固定的储存区域，物料储存时必须放在指定区域。储存区域仓位编码规则：仓库编码+储位流水号。仓管员查看储位分配表中各物料的储存仓位编码。储位分配如表 3-68 所示。

表 3-68 储位分配

物料名称	单位	仓位
钢管	根	A01
镀锌管	根	A02
坐垫	个	A03
记忆太空棉坐垫	个	A04
车篷	个	A05
车轮	个	A06
包装套件	套	A07
舒适型童车包装套件	套	A08
豪华型童车包装套装	套	A09
经济型童车车架	个	B01
舒适型童车车架	个	B02
豪华型童车车架	个	B03
经济型童车	辆	C01
舒适型童车	辆	C02
豪华型童车	辆	C03

注：填写物料卡时，需要注意填写完整。

（三）库存期初数据表

仓管员查看库存期初数据表中各物料的库存期初数量。库存期初数据如表 3-69 所示。

表 3-69 库存期初数据

原材料和成品	库存期初数量	在途（产）数量
经济型童车/辆	2000	4000
经济型车架/个	0	5000
钢管/根	5000	15000
坐垫/个	5000	5000
车篷/个	5000	5000
车轮/个	20000	20000
包装套件/套	10000	0

七、读懂财务部期初数据

财务部主要包括财务部经理、财务会计、出纳和成本会计，相应读懂期初数据。

(一) 财务报表

简易资产负债如表 3-70 所示。

表 3-70 简易资产负债

编制单位：某佳童车厂　　　　　编制时间：2011 年 9 月 30 日　　　　　单位：元

资产	金额	负债及所有者权益	金额
流动资产：		流动负债：	
货币资金	2500000	短期借款	1000000
应收账款	2808000	应付账款	1696500
存货	4321000	应付职工薪酬	215060.24
		应交税费	604929.76
		其他应交款	
流动资产合计	9629000	流动负债合计	3516490
		长期负债：	
		长期借款	1000000
非流动资产：		所有者权益：	
固定资产	8723650	实收资本	9000000
		资本公积	
		盈余公积	264575.18
		未分配利润	4571584.82
非流动资产合计	8723650	所有者权益合计	13836160

(二) 仿真实训规则

1. 税务规则

商贸企业从事生产经营活动，涉及国家或地方多个税种，包括企业所得税、增值税、城建税、教育税及附加、个人所得税。

(1) 税种类型。按照国家税法的税率和起征金额进行税额的计算，企业所得税按照利润总额的 25% 缴纳，增值税税率为 17%，城建税为增值税的 7%，教育费附加为增值税税额的 3%，个人所得税按照七级累进税率，起征点为 3500 元。

(2) 日常纳税申报及缴纳税款。在税征收期内，按照生产制造公司的经营情况，填制各税申报表，携带相关会计报表，到税务部门办理纳税申报业务，得到税务部门开出的税收缴款书。依据税务部门规定，每月初进行上月的纳税申报及缴纳税款。如遇特殊情况，可以向税务部门申请延期纳税申报。

2. 会计核算规则

(1) 结算方式。某佳童车厂可以采用现金结算、转账结算和电汇三种方式。原则上，日常经济活动低于 3000 元的可以使用现金，超过 2000 元的一般使用转账支票结算（差旅费或支付给个人的业务除外)。

银行支票分为现金支票和转账支票；现金支票用于提取现金，转账支票用于同一票据交换区内的结算；异地支付一般采用电汇方式。

(2) 存货计价。存货按照实际成本核算，原材料采用实际成本计价。材料采购按照实际采购价入账，材料发出按照全月一次加权平均计算材料成本。

全月一次加权平均法的相关计算：

材料平均单价 = (期初库存数量 × 库存单价 + 本月实际采购入库金额) ÷ (期初库存数量 + 本月实际入库数量)

材料发出成本 = 本月发出材料数量 × 材料平均单价

(3) 固定资本取得方式及折旧。固定资产可以按照购买的方式取得，固定资产购买当月不计提折旧，从次月开始计提折旧，出售当期照提折旧，折旧相关信息如表 3-71 所示。固定资产折旧按照直线法计提折旧。

表 3-71 折旧相关信息

固定资产名称	原值/元	残值/元	预计使用时间/年	折旧（季度）	折旧/元
办公大楼	6000000		40	37500	12500
笔记本电脑	8000		4	500	166.67
台式电脑	5000	200	4	300	100
打印复印机	20000		5	1000	333.33
仓库	1000000		10	25000	8333.33
大厂房	2100000		30	175000	5833.33
普通机房	1000		10	250	83.33
组装生产线	3000		10	750	250

(4) 制造费用的归集及分配。将生产管理部门发生的费用以及生产过程中车间共同的间接费用计入制造费用。制造费用按照费用发生车间设置明细科目——机加车间、组装车间。机加车间发生的费用，如工人工资、机加车间设备折旧及维修等能够确认为机加车间发生的费用计入制造费用——机加车间。同样，组装车间的费用计入制造费用——组装车间。生产计划部管理人员的工资、使用的设备折旧、报销的办公费计入"管理费用"。厂房折旧计入制造费用，并按照各类设备占用厂房空间的比例进行分配。

①成本计算规则。产品成本分为原材料成本、人工成本和制造费用结转。制造费用中车间的费用直接计入该车间生产的产品成本，如果该车间有两个及以上产品生产，则按照该产品的生产工时进行分配车间制造费用。在产品只计算材料费用，不计算制造费用和人工费用，即结转当期生产成本金额为：期初生产成本（直接材料）+ 本期归集的直接人工 + 本期归集的制造费用。

第一，成本归集。原材料成本归集按照材料出库单的发出数量 × 平均单价，人工成本为当月计算的生产部门的人员工资，包括生产管理人员和生产人员。

第二，半成品核算。车架为半成品，车架核算的范围为车架原材料、生产车架发生的人工费、制造费，以及分摊的相关生产制造费用。

第三，产品之间费用分配。如果同一车间生产不同商品，则以各产品数量为权重，分配该车间的直接制造费用和结转间接制造费用。

②坏账损失。生产制造公司采用备抵法核算坏账损失。坏账准备按年提取，按照年末应收账款的3%提取。超过一年未收回的坏账，确认为坏账损失。已经确认为坏账损失的应收账款，并不表示公司放弃收款的权利。如果未来某一时期收回已作坏账的应收实款，应该及时恢复债权，并按照正常收回债款进行会计核算。

③利润分配。公司实现利润应当按照法定程序进行利润分配。根据公司章程，按照本年净利润的10%提取法定盈余公积金，根据董事会决议，提取任意盈余公积金，按照公司制定的股利政策（按照净利润总额的20%分配股利），向股东分配股利。每年年末做一次利润分配。

3. 费用报销规则

公司发生的费用主要有办公费、差旅费、广告费、市场开拓费、招聘费、培训费、仓储费、招待费等。其中办公费按照标准，每月报销；其他费用，按照实际发生，在预算范围内报销。超过预算的，需要总经理批准。

（1）办公费报销标准如表3-72所示。

表3-72 办公费报销标准

人员类别	报销标准/(元·月$^{-1}$)
CEO	1000
部门经理	500
职能部门管理人员	300
生产工人	60

（2）审批流程。日常费用（办公费、差旅费、招聘费）在预算范围内的，部门经理和财务部经理审批后，财务部做支出处理，超过预算的，需要总经理审批。其他费用（广告费、市场开拓费、招聘费、培训费、仓储费、招待费）在预算范围内并在1万元以下的，部门经理和财务部经理审批，否则（1万元以上或者超过预算范围的）需要总经理审批。

4. 票据使用规则

（1）出售支票规则。财务仿真实习中各个企业使用的支票，由银行制作并收取工本费，使用者必须到银行购买使用。任何企业和个人不得自制支票。

银行出售的支票，按张出售，每张20元。

注意：课程环境为虚拟商业环境，出现的价格与实际商业环境存在偏差。

（2）领购发票的规则。发票业务主要包括发票的购领、监督。税务局根据企业的经营规模和销售收入核定企业每月购领增值税专用发票的限额及次数，如不满足企业生产经营需要，企业可以向税务局提出增版和增量申请。

发票的种类主要有增值税专用发票、增值税普通发票和服务业发票。

纳税人购买发票时,需缴纳发票的工本费。普通发票 10 元/张,增值税专用发票 30 元/张,服务业发票 10 元/张。

5. 筹资规则

资金是公司的"血液",公司经营与发展离不开资金支持。公司根据财务部门的筹资预案进行充分论证,并考虑合理的资金结构,做出科学的筹资决策。

(1) 筹资渠道。在企业管理全景仿真中,企业资金来源于实收资本、银行抵押贷款、商业信用(应收、应付、应计费用等)等渠道。

(2) 筹资用途。金融机构可以提供的贷款主要有短期贷款和长期贷款。短期贷款用于流动资产周转,长期贷款用于长期投资,如购买设备、厂房等固定资产,即长借长用、短借短用、短用短借、长用长借。银行信用贷款的相关信息如表 3-73 所示。

表 3-73 银行信用贷款的相关信息

筹资方式	融资手段	财务费用比率/%	最高限额	还款时间	还款约定
银行信用贷款	长期贷款	8	上月所有者权益×2	按年,最长 5 年	每季付息,到期还本
	短期贷款	6	上月所有者权益×2	按月,最短 3 个月,最长 12 个月	到期一次还本付息

(3) 存款规则。银行存款种类、期限和年利率如表 3-74 所示。

表 3-74 银行存款种类、期限和年利率

种类	期限	年利率/%
活期存款		0.5
定期存款	三个月	3.1
	半年	3.3
	一年	3.5
	三年	5

任务二 期初建账

【导读案例】

没有年初数据如何建账?

小刘刚刚找到一份从事会计核算的工作,该公司成立于 2003 年,经营建材项目,有多位股东。但是该公司的账簿一直都不健全,只有一套"外账",没有完善的"内账"。该公司成立年数较久,股东较多,而且经营业绩较好。该公司虽然没有完善的"内账",但是也

有一个出纳，一直在很认真负责地登记现金、银行收支账簿，此外，还有营业方面的台账、合同等账表内容。

（资料来源：https://tieba.baidu.com/）

【思考】你若是小刘，你是会从2003年起给公司补记内部账，还是会梳理初始数据，从2018年开始建账呢？

期初建账既包括财务部门的会计核算工作，也包括其他各个部门的工作。因此，企业建账是全体员工首先要完成的本职工作之一。

一、供应商建账

（一）总经理建账

供应商的总经理兼任财务部经理负责财务期初建。供应商的总经理查询业务数据，并根据业务数据填制科目余额表。

（二）行政主管建账

供应商的行政主管兼任仓储部经理与出纳。他需要根据仓储部期初数据，分别为物料品建立期初库存台账。另外，还需要根据现金、银行存款期初数额建立现金及银行存款日记账。

二、客户企业建账

（一）财务期初建账

商贸公司总经理兼任财务部经理，负责财务期初建账。商贸公司总经理查询业务数据，并根据业务数据填制科目余额表。

（二）仓储期初建账

商贸公司行政总管兼任仓储部经理与出纳。他需要根据仓储的期初数据，分别为物料品建立期初库存台账。另外，还需要根据现金、银行存款期初数额建立现金及银行存款日记账。

三、制造企业建账

制造企业财务部经理负责总账，财务会计负责明细账，出纳负责现金日记账、银行存款日记账，成本会计负责数量金额式明细账、多栏式明细账、三栏式明细账等。期初建账完毕后，明细账与总账进行账账核对，以确保期初余额的试算平衡。

（一）财务部经理期初建账

财务部经理负责企业的总账记账工作。根据期初数据资料录入期初余额开设总账，要求写上年、月、日；摘要写上"上月结转"，填写余额并写清楚借方或贷方。注意：无余额的账户不登记。总账是订本式，不能添加账页，所以在建账前应该根据总账账页页数和一级科目数量及每个科目估计的业务量，为每个科目的业务留出足够的记录空间。例如：3页登记现金总账，4~7页登记银行日记账等；然后在每页写上账户名称，并在每个账户起始页左边缘粘贴表明账户名称的口取纸,完成账户开设工作。

(二) 财务会计期初建账

财务会计负责企业的明细账记账工作。根据期初科目余额表录入期初余额,开设各个明细账,按照会计科目表的顺序、名称,在明细账账页上建立二、三级明细账账户,每个明细科目至少建立一个账页。要求写上年、月、日;摘要写上"上月结转",根据科目余额表将二级或三级科目余额登记在明细账对应账户的余额栏内,并写清楚借方或贷方。注意:无余额的账户只登记年,不登记月、日和摘要,余额处不用录入0。明细账是活页式,能添加账页,所以在建账后可以随时添加账页,然后在每页写上二、三级明细账名称,并在每个账户起始页左边缘粘贴表明账户名称的口取纸,完成账户开设工作。

(三) 出纳期初建账

出纳负责企业的现金日记账、银行存款日记账的记账工作。根据期初科目余额表录入期初余额开设现金日记账和银行存款日记账。要求写上年、月、日;摘要写上"上月结转",根据科目余额表将二级或三级科目余额登记在明细账对应账户的余额栏内,并写清楚借方或贷方。日记账亦称序时账,是按经济业务发生时间的先后顺序逐日逐笔登记账簿。

(四) 成本会计期初建账

成本会计负责企业的三栏式明细账、数量金额式明细账和多栏式明细账记账工作。所以根据期初科目余额表录入期初余额,开设各个明细账户,按照会计科目表的顺序、名称,在明细账账页上建立二、三级明细账账户,每个明细科目至少建立一个账页。明细账是活页式,能添加账页,所以在建账后可以随时添加账页,然后在每页写上二、三级明细账名称,并在每个账户起始页左边缘粘贴表明账户名称的口取纸,完成账户开设工作。

1. 登记数量金额式明细账期初余额

要求写上年、月、日;摘要写上"上月结转",根据科目余额表依次将数量、单价、金额登记在数量金额明细账"结存栏"对应位置,并写清楚借方或贷方。注意:无余额的账户不需要登记。

2. 登记多栏式明细账期初余额

要求写上年、月、日;摘要写上"上月结转",根据科目余额表依次将余额登记在借方或贷方对应的栏内。

3. 登记三栏式明细账期初余额

要求写上年、月、日;摘要写上"上月结转",根据科目余额表依次将余额登记在相应的栏内。

(五) 仓管员期初建账

仓储部经理根据期初资料,建库存台账,一物一账,将物料的库存期初数量填入库存台账。库存台账是用来核算、监督库存物料和成品的。所以需将各种物品分别设账,以便能把该物品的进、销、存清晰地反映出来。注意:初次建账,先将所有物品的实物库存数量盘点出来,再按各种物品分别建账,将盘点出来的实物的库存数作为台账的期初库存,以后每次入库和出库的物品数量都及时准确地在台账上进行登记,算出结存数量。

【知识链接】

建账规则

目前,我国执行的《会计基础工作规范》仍然是国家财政部1996年6月17日颁布的《会计基础工作规范》(财会字〔1996〕19号)。该文件分为六章101条,建立了规范的会计工作秩序。其中第三章规定了会计核算一般要求、填制会计凭证、登记会计账簿、编制财务报告。具体内容如下。

一、会计核算一般要求

……

第三十六条 各单位应当按照《中华人民共和国会计法》和国家统一会计制度的规定建立会计账册,进行会计核算,及时提供合法、真实、准确、完整的会计信息。

第三十七条 各单位发生的下列事项,应当及时办理会计手续,进行会计核算:

(一)款项和有价证券的收付;

(二)财物的收发、增减和使用;

(三)债权债务的发生和结算;

(四)资本、基金的增减;

(五)收入、支出、费用、成本的计算;

(六)财务成果的计算和处理;

(七)其他需要办理会计手续、进行会计核算的事项。

第三十八条 各单位的会计核算应当以实际发生的经济业务为依据,按照规定的会计处理方法进行,保证会计指标的口径一致、相互可比和会计处理方法的前后各期相一致。

第三十九条 会计年度自公历1月1日起至12月31日止。

第四十条 会计核算以人民币为记账本位币。

收支业务以外国货币为主的单位,也可以选定某种外国货币作为记账本位币,但是编制的会计报表应当折算为人民币反映。

境外单位向国内有关部门编报的会计报表,应当折算为人民币反映。

第四十一条 各单位根据国家统一会计制度的要求,在不影响会计核算要求、会计报表指标汇总和对外统一会计报表的前提下,可以根据实际情况自行设置和使用会计科目。

事业行政单位会计科目的设置和使用,应当符合国家统一事业行政单位会计制度的规定。

第四十二条 会计凭证、会计账簿、会计报表和其他会计资料的内容和要求必须符合国家统一会计制度的规定,不得伪造、变造会计凭证和会计账簿,不得设置账外账,不得报送虚假会计报表。

第四十三条 各单位对外报送的会计报表格式由财政部统一规定。

第四十四条 实行会计电算化的单位,对使用的会计软件及其生成的会计凭证、会计账簿、会计报表和其他会计资料的要求,应当符合财政部关于会计电算化的有关规定。

第四十五条 各单位的会计凭证、会计账簿、会计报表和其他会计资料,应当建立档案,妥善保管。会计档案建档要求、保管期限、销毁办法等依据《会计档案管理办法》的规定进行。

实行会计电算化的单位,有关电子数据、会计软件资料等应当作为会计档案进行管理。

第四十六条 会计记录的文字应当使用中文,少数民族自治地区可以同时使用少数民族文字。中国境内的外商投资企业、外国企业和其他外国经济组织也可以同时使用某种外国文字。

二、填制会计凭证

第四十七条 各单位办理本规范第三十七条规定的事项,必须取得或者填制原始凭证,并及时送交会计机构。

第四十八条 原始凭证的基本要求是:

(一)原始凭证的内容必须具备:凭证的名称;填制凭证的日期;填制凭证单位名称或者填制人姓名;经办人员的签名或者盖章;接受凭证单位名称;经济业务内容;数量、单价和金额。

(二)从外单位取得的原始凭证,必须盖有填制单位的公章;从个人取得的原始凭证,必须有填制人员的签名或者盖章。自制原始凭证必须有经办单位领导人或者其指定的人员签名或者盖章。对外开出的原始凭证,必须加盖本单位公章。

(三)凡填有大写和小写金额的原始凭证,大写与小写金额必须相符。购买实物的原始凭证,必须有验收证明。支付款项的原始凭证,必须有收款单位和收款人的收款证明。

(四)一式几联的原始凭证,应当注明各联的用途,只能以一联作为报销凭证。

一式几联的发票和收据,必须用双面复写纸(发票和收据本身具备复写纸功能的除外)套写,并连续编号。作废时应当加盖"作废"戳记,连同存根一起保存,不得撕毁。

(五)发生销货退回的,除填制退货发票外,还必须有退货验收证明;退款时,必须取得对方的收款收据或者汇款银行的凭证,不得以退货发票代替收据。

(六)职工公出借款凭据,必须附在记账凭证之后。收回借款时,应当另开收据或者退还借据副本,不得退还原借款收据。

(七)经上级有关部门批准的经济业务,应当将批准文件作为原始凭证附件。如果批准文件需要单独归档的,应当在凭证上注明批准机关名称、日期和文件字号。

第四十九条 原始凭证不得涂改、挖补。发现原始凭证有错误的,应当由开出单位重开或者更正,更正处应当加盖开出单位的公章。

第五十条 会计机构、会计人员要根据审核无误的原始凭证填制记账凭证。

记账凭证可以分为收款凭证、付款凭证和转账凭证,也可以使用通用记账凭证。

第五十一条 记账凭证的基本要求是:

(一)记账凭证的内容必须具备:填制凭证的日期;凭证编号;经济业务摘要;会计科目;金额;所附原始凭证张数;填制凭证人员、稽核人员、记账人员、会计机构负责人、会计主管人员签名或者盖章。收款和付款记账凭证还应当由出纳人员签名或者盖章。

以自制的原始凭证或者原始凭证汇总表代替记账凭证的,也必须具备记账凭证应有的项目。

(二)填制记账凭证时,应当对记账凭证进行连续编号。一笔经济业务需要填制两张以上记账凭证的,可以采用分数编号法编号。

（三）记账凭证可以根据每一张原始凭证填制，或者根据若干张同类原始凭证汇总填制，也可以根据原始凭证汇总表填制。但不得将不同内容和类别的原始凭证汇总填制在一张记账凭证上。

（四）除结账和更正错误的记账凭证可以不附原始凭证外，其他记账凭证必须附有原始凭证。如果一张原始凭证涉及几张记账凭证，可以把原始凭证附在一张主要的记账凭证后面，并在其他记账凭证上注明附有该原始凭证的记账凭证的编号或者附原始凭证复印件。

一张原始凭证所列支出需要几个单位共同负担的，应当将其他单位负担的部分，开给对方原始凭证分割单，进行结算。原始凭证分割单必须具备原始凭证的基本内容：凭证名称、填制凭证日期、填制凭证单位名称或者填制人姓名、经办人的签名或者盖章、接受凭证单位名称、经济业务内容、数量、单价、金额和费用分摊情况等。

（五）如果在填制记账凭证时发生错误，应当重新填制。

已经登记入账的记账凭证，在当年内发现填写错误时，可以用红字填写一张与原内容相同的记账凭证，在摘要栏注明"注销某月某日某号凭证"字样，同时再用蓝字重新填制一张正确的记账凭证，注明"订正某月某日某号凭证"字样。如果会计科目没有错误，只是金额错误，也可以将正确数字与错误数字之间的差额，另编一张调整的记账凭证，调增金额用蓝字，调减金额用红字。发现以前年度记账凭证有错误的，应当用蓝字填制一张更正的记账凭证。

（六）记账凭证填制完经济业务事项后，如有空行，应当自金额栏最后一笔金额数字下的空行处至合计数上的空行处画线注销。

第五十二条　填制会计凭证，字迹必须清晰、工整，并符合下列要求：

（一）阿拉伯数字应当一个一个地写，不得连笔写。阿拉伯金额数字前面应当书写货币币种符号或者货币名称简写和币种符号。币种符号与阿拉伯金额数字之间不得留有空白。凡阿拉伯数字前写有币种符号的，数字后面不再写货币单位。

（二）所有以元为单位（其他货币种类为货币基本单位，下同）的阿拉伯数字，除表示单价等情况外，一律填写到角分；无角分的，角位和分位可写"00"，或者符号"——"；有角无分的，分位应当写"0"，不得用符号"——"代替。

（三）汉字大写数字金额如零、壹、贰、叁、肆、伍、陆、柒、捌、玖、拾、佰、仟、万、亿等，一律用正楷或者行书体书写，不得用〇、一、二、三、四、五、六、七、八、九、十等简化字代替，不得任意自造简化字。大写金额数字到元或者角为止的，在"元"或者"角"字之后应当写"整"字或者"正"字；大写金额数字有分的，分字后面不写"整"或者"正"字。

（四）大写金额数字前未印有货币名称的，应当加填货币名称，货币名称与金额数字之间不得留有空白。

（五）阿拉伯金额数字中间有"0"时，汉字大写金额要写"零"字；阿拉伯数字金额中间连续有几个"0"时，汉字大写金额中可以只写一个"零"字；阿拉伯金额数字元位是"0"，或者数字中间连续有几个"0"、元位也是"0"但角位不是"0"时，汉字大写金额可以只写一个"零"字，也可以不写"零"字。

第五十三条　实行会计电算化的单位，对于机制记账凭证，要认真审核，做到会计科目使用正确，数字准确无误。打印出的机制记账凭证要加盖制单人员、审核人员、记账人员及会计机构负责人、会计主管人员印章或者签字。

第五十四条　各单位会计凭证的传递程序应当科学、合理，具体办法由各单位根据会计业务需要自行规定。

第五十五条　会计机构、会计人员要妥善保管会计凭证。

（一）会计凭证应当及时传递，不得积压。

（二）会计凭证登记完毕后，应当按照分类和编号顺序保管，不得散乱丢失。

（三）记账凭证应当连同所附的原始凭证或者原始凭证汇总表，按照编号顺序，折叠整齐，按期装订成册，并加具封面，注明单位名称、年度、月份和起讫日期、凭证种类、起讫号码，由装订人在装订线封外签名或者盖章。

对于数量过多的原始凭证，可以单独装订保管，在封面上注明记账凭证日期、编号、种类，同时在记账凭证上注明"附件另订"和原始凭证名称及编号。

各种经济合同、存出保证金收据以及涉外文件等重要原始凭证，应当另编目录，单独登记保管，并在有关的记账凭证和原始凭证上相互注明日期和编号。

（四）原始凭证不得外借，其他单位如因特殊原因需要使用原始凭证时，经本单位会计机构负责人、会计主管人员批准，可以复制。向外单位提供的原始凭证复制件，应当在专设的登记簿上登记，并由提供人员和收取人员共同签名或者盖章。

（五）从外单位取得的原始凭证如有遗失，应当取得原开出单位盖有公章的证明，并注明原来凭证的号码、金额和内容等，由经办单位会计机构负责人、会计主管人员和单位领导人批准后，才能代作原始凭证。如果确实无法取得证明的，如火车、轮船、飞机票等凭证，由当事人写出详细情况，由经办单位会计机构负责人、会计主管人员和单位领导人批准后，代作原始凭证。

三、登记会计账簿

第五十六条　各单位应当按照国家统一会计制度的规定和会计业务的需要设置会计账簿。会计账簿包括总账、明细账、日记账和其他辅助性账簿。

第五十七条　现金日记账和银行存款日记账必须采用订本式账簿。不得用银行对账单或者其他方法代替日记账。

第五十八条　实行会计电算化的单位，用计算机打印的会计账簿必须连续编号，经审核无误后装订成册，并由记账人员和会计机构负责人、会计主管人员签字或者盖章。

第五十九条　启用会计账簿时，应当在账簿封面上写明单位名称和账簿名称。在账簿扉页上应当附启用表，内容包括：启用日期、账簿页数、记账人员和会计机构负责人、会计主管人员姓名，并加盖名章和单位公章。记账人员或者会计机构负责人、会计主管人员调动工作时，应当注明交接日期、接办人员或者监交人员姓名，并由交接双方人员签名或者盖章。

启用订本式账簿，应当从第一页到最后一页顺序编定页数，不得跳页、缺号。使用活页式账页，应当按账户顺序编号，必须定期装订成册。装订后再按实际使用的账页顺序编定页码。另加目录，记明每个账户的名称和页次。

第六十条　会计人员应当根据审核无误的会计凭证登记会计账簿。登记账簿的基本要求是：

(一)登记会计账簿时,应当将会计凭证日期、编号、业务内容摘要、金额和其他有关资料逐项记入账内,做到数字准确、摘要清楚、登记及时、字迹工整。

(二)登记完毕后,要在记账凭证上签名或者盖章,并注明已经登账的符号,表示已经记账。

(三)账簿中书写的文字和数字上面要留有适当空格,不要写满格;一般应占格距的二分之一。

(四)登记账簿要用蓝黑墨水或者碳素墨水书写,不得使用圆珠笔(银行的复写账簿除外)或者铅笔书写。

(五)下列情况,可以用红色墨水记账:

1. 按照红字冲账的记账凭证,冲销错误记录;
2. 在不设借贷等栏的多栏式账页中,登记减少数;
3. 在三栏式账户的余额栏前,如未印明余额方向的,在余额栏内登记负数余额;
4. 根据国家统一会计制度的规定可以用红字登记的其他会计记录。

(六)各种账簿按页次顺序连续登记,不得跳行、隔页。如果发生跳行、隔页,应当将空行、空页画线注销,或者注明"此行空白""此页空白"字样,并由记账人员签名或者盖章。

(七)凡需要结出余额的账户,结出余额后,应当在"借或贷"等栏内写明"借"或者"贷"等字样。没有余额的账户,应当在"借或贷"等栏内写"平"字,并在余额栏内用"0"表示。

现金日记账和银行存款日记账必须逐日结出余额。

(八)每一账页登记完毕结转下页时,应当结出本页合计数及余额,写在本页最后一行和下页第一行有关栏内,并在摘要栏内注明"过次页"和"承前页"字样;也可以将本页合计数及金额只写在下页第一行有关栏内,并在摘要栏内注明"承前页"字样。

对需要结计本月发生额的账户,结计"过次页"的本页合计数应当为自本月初起至本页末止的发生额合计数;对需要结计本年累计发生额的账户,结计"过次页"的本页合计数应当为自年初起至本页末止的累计数;对既不需要结计本月发生额也不需要结计本年累计发生额的账户,可以只将每页末的余额结转次页。

第六十一条 实行会计电算化的单位,总账和明细账应当定期打印。

发生收款和付款业务的,在输入收款凭证和付款凭证的当天必须打印出现金日记账和银行存款日记账,并与库存现金核对无误。

第六十二条 账簿记录发生错误,不准涂改、挖补、刮擦或者用药水消除字迹,不准重新抄写,必须按照下列方法进行更正:

(一)登记账簿时发生错误,应当将错误的文字或者数字画红线注销,但必须使原有字迹仍可辨认;然后在画线上方填写正确的文字或者数字,并由记账人员在更正处盖章。对于错误的数字,应当全部画红线更正,不得只更正其中的错误数字。对于文字错误,可只画去错误的部分。

(二)由于记账凭证错误而使账簿记录发生错误,应当按更正的记账凭证登记账簿。

第六十三条 各单位应当定期对会计账簿记录的有关数字与库存实物、货币资金、有价证券、往来单位或者个人等进行相互核对，保证账证相符、账账相符、账实相符。对账工作每年至少进行一次。

（一）账证核对。核对会计账簿记录与原始凭证、记账凭证的时间、凭证字号、内容、金额是否一致，记账方向是否相符。

（二）账账核对。核对不同会计账簿之间的账簿记录是否相符，包括：总账有关账户的余额核对，总账与明细账核对，总账与日记账核对，会计部门的财产物资明细账与财产物资保管和使用部门的有关明细账核对等。

（三）账实核对。核对会计账簿记录与财产等实有数额是否相符。包括：现金日记账账面余额与现金实际库存数相核对；银行存款日记账账面余额定期与银行对账单相核对；各种财物明细账账面余额与财物实存数额相核对；各种应收、应付款明细账账面余额与有关债务、债权单位或者个人核对等。

第六十四条　各单位应当按照规定定期结账。

（一）结账前，必须将本期内所发生的各项经济业务全部登记入账。

（二）结账时，应当结出每个账户的期末余额。需要结出当月发生额的，应当在摘要栏内注明"本月合计"字样，并在下面通栏画单红线。需要结出本年累计发生额的，应当在摘要栏内注明"本年累计"字样，并在下面通栏画单红线；12月末的"本年累计"就是全年累计发生额。全年累计发生额下面应当通栏画双红线。年度终了结账时，所有总账账户都应当结出全年发生额和年末余额。

（三）年度终了，要把各账户的余额结转到下一个会计年度，并在摘要栏注明"结转下年"字样；在下一个会计年度新建有关会计账簿的第一行余额栏内填写上年结转的余额，并在摘要栏注明"上年结转"字样。

四、编制财务报告

第六十五条　各单位必须按照国家统一会计制度的规定，定期编制财务报告。

财务报告包括会计报表及其说明。会计报表包括会计报表主表、会计报表附表、会计报表附注。

第六十六条　各单位对外报送的财务报告应当根据国家统一会计制度规定的格式和要求编制。

单位内部使用的财务报告，其格式和要求由各单位自行规定。

第六十七条　会计报表应当根据登记完整、核对无误的会计账簿记录和其他有关资料编制，做到数字真实、计算准确、内容完整、说明清楚。

任何人不得篡改或者授意、指使、强令他人篡改会计报表的有关数字。

第六十八条　会计报表之间、会计报表各项目之间，凡有对应关系的数字，应当相互一致。本期会计报表与上期会计报表之间有关的数字应当相互衔接。如果不同会计年度会计报表中各项目的内容和核算方法有变更的，应当在年度会计报表中加以说明。

第六十九条　各单位应当按照国家统一会计制度的规定认真编写会计报表附注及其说明，做到项目齐全，内容完整。

第七十条　各单位应当按照国家规定的期限对外报送财务报告。

对外报送的财务报告，应当依次编写页码，加具封面，装订成册，加盖公章。封面上应当注明：单位名称、单位地址、财务报告所属年度、季度、月度、送出日期，并由单位领导人、总会计师、会计机构负责人、会计主管人员签名或者盖章。

单位领导人对财务报告的合法性、真实性负法律责任。

第七十一条 根据法律和国家有关规定应当对财务报告进行审计的，财务报告编制单位应当先行委托注册会计师进行审计，并将注册会计师出具的审计报告随同财务报告按照规定的期限报送有关部门。

第七十二条 如果发现对外报送的财务报告有错误，应当及时办理更正手续。除更正本单位留存的财务报告外，并应同时通知接受财务报告的单位更正。错误较多的，应当重新编报。

(资料来源：《会计基础工作规范》财会字〔1996〕19号)

【思考】你是否掌握了建账基本方法与原则？

任务三 编制预算计划

【导读案例】

某贸易公司全面预算编制

某贸易公司预算初期的资产负债（表3-75）及与之相关的资料如下：

表3-75 资产负债（2008年12月31日） 单位：元

资产		负债及所有者权益	
现金	15000	应付账款	20000
应收账款	30000	短期借款	12000
存货	25000		
固定资产	80000	所有者权益	108000
累计折旧	10000		
资产合计	140000	负债及所有者权益合计	140000

(1) 假定预算期（2009年1月份）预计销售某件商品5000件，单位售价为10元，其中40%现销，60%赊销（一个月之后收款）。

(2) 假定该商品的购货单价与存货单价均为8元，购货款中，30%当月付款，余款下月付清。

(3) 假定该公司预算期期末预计存货数量为2000件。

(4) 假定该公司预算期将发生如下的费用开支（表3-76）：

表3-76 预算期将发生的费用开支

开支项	费用/元
雇员薪金	15000
办公费	35000

续表

开支项	费用/元
水电费	3000
保险费	500
折旧费	500
房租费	4000
广告费	3000

（5）假定该公司预算期将购置几件新家具，预计支出10000元。
（6）假定该公司预算期间现金的最低库存限额为15000元。
要求：根据上述资料，编制该公司2009年1月份的总预算。

（资料来源：http://www.easyfinance.com.cn/Finance/html/Article/12254.htm）

【思考】你是否可以完成这个预算？

全面预算是关于企业在一定时期内（一般为一年或一个既定期间内）的各项业务活动、财务表现等方面的总体预测。它包括经营预算（如开发预算、销售预算、销售费用预算、管理费用预算等）和财务预算（如投资预算、资金预算、预计利润表、预计资产负债表等）。

预算不等于财务计划。从内容上看，预算是企业全方位的计划，财务计划只是企业预算的一部分，而不是全部。从预算形式上看，预算可以是货币式的，也可以是实物式的，而财务计划则是以价值形态所表现的计划。从范围上看，预算是一个综合性的管理系统，涉及企业各部门和不同科层，而财务计划的编制、执行主要由财务部门控制。

全面预算是以销售预算为起点，关于企业在一定时期内经营、资本、财务等各方面的总体计划，它将企业全部经济活动用货币形式表现出来。全面预算的最终反映是一整套预计的财务报表和其他附表，主要是用来规划计划期内企业的全部经济活动及其相关财务结果。全面预算可以按其涉及的业务活动领域分为财务预算和非财务预算。全面预算的特点体现在"三全"：全方位、全过程、全员参与。全方位：全部经济活动均纳入预算体系。全过程：各项经济活动的事前、事中、事后均要纳入预算管理过程。全员参与：各部门、各单位、各岗位、各级人员共同参与预算的编制和实施。

全面预算管理作为对现代企业成熟与发展起重大推动作用的管理系统，是企业内部管理控制的一种主要方法。这一方法从20世纪20年代在美国的通用电气、杜邦、通用汽车公司产生之后，很快就成为大型工商企业的标准作业程序。从最初的计划、协调，发展到2013年的兼具控制、激励、评价等功能的一种综合贯彻企业经营战略的管理工具，全面预算管理在企业内部控制中日益发挥出核心作用。正如著名管理学家戴维·奥利所说的，全面预算管理是为数不多的几个能把企业的所有关键问题融合于一个体系之中的管理控制方法之一。

一、供应商预算

（一）供应商市场调研

供应商市场调研是指为了提高产品的销售决策质量、解决存在于产品销售中的问题或寻找机会等而系统、客观地识别、收集、分别和传播营销信息的工作。首先，由供应商业务主管收集市场信息，了解制造商的原材料需求、包括价格和数量；其次，在VBSE系统中查看原材料的市场预测信息；最后，根据收集的市场信息及市场预测信息编制本企业的市场分析报告。该报告可以作为企业制定采购需求的依据。

（二）编制年度经营计划

经营计划是企业围绕市场，为实现自身经营目标而进行的具体规划、安排和组织实施的一系列管理活动。企业年度经营计划是企业经营活动的先导，并始终贯穿于企业经营活动的过程。本任务要求供应商总经理编制一年的经营计划，明确企业经营目标、市场策略、组织人员策略、生产策略、财务资源策略及具体工作安排。

二、客户预算

（一）客户市场调研

客户市场调研是指为了提高产品的销售决策质量、解决存在于产品销售中的问题或寻找机会等而系统、客观地识别、收集和传播营销信息的工作。以某佳童车厂为例，首先，由客户业务主管通过查询历史订单等方式了解童车的市场需求；其次，在VBSE系统中查看市场预测信息；最后，结合市场需求和市场预测编制本企业的市场分析报告。该报告可以作为客户与制造业签订购销合同时的参考依据。

（二）编制年度经营计划

本任务要求客户总经理编制一年的经营计划，明确企业经营目标、市场策略、组织人员策略、生产策略、财务资源策略及具体工作安排。

三、制造企业预算

（一）市场调研

以某佳童车厂为例，首先，由制造企业营销部经理通过走访等方式了解各家客户的童车市场需求；其次，在VBSE系统中查看市场预测信息；最后，根据市场需求和市场预测信息编制本企业的市场分析报告。该报告可以作为订制销售计划的参考依据。

（二）编制年度经营计划

本任务要求制造企业总经理编制一年的经营计划，明确企业经营目标、市场策略、组织人员策略、生产策略、财务资源策略及具体工作安排。

（三）制定全年预算

全年预算是企业对未来年度内企业经营、资本、财务等各方面的收入、支出、现金流的总体计划，它将各种经济活动用货币的形式表现出来。每一个责任中心都有一个预算，它是为执行本中心的任务和完成财务目标所需要的各种资财的财务计划。营销部编制市场开发计划与收入预算表，生产计划部编制产品开发计划，采购部编制采购计划表，人力资源部编制培训计划表、人员需求汇总表、人员需求表、招聘计划表，财务部汇总预算，编制预算执行表、资金计划表、支出预算表。

（四）编制各部门财务预算

财务预算是一系列专门反映企业在未来一定期限内预计财务状况和经营成果，以及现金收支等价值指标的各种预算的总称。财务预算是反映某一方面财务活动的预算，如反映现金收支活动的现金预算；反映销售收入的销售预算；反映成本、费用支出的生产费用预算（又包括直接材料预算、直接人工预算、制造费用预算）、期间费用预算；反映资本支出活动的资本预算等。编制各部门财务预算，首先，由财务部经理绘制收入/支出预算表；其次，由总经理、财务部经理、营销部经理、采购部经理、生产计划部经理、仓储部经理、人力资源部经理填写支出预算表；再次，由营销部经理填写收入预算表，财务部经理收集各部门交回的收入/支出预算表并进行汇总编制资金计划表；最后，营销部经理编制市场开发计划表、生产计划部经理编制产品开发计划表和资产需求计划表。

1. 财务预算的作用

（1）财务预算使决策目标具体化、系统化和定量化。在现代企业财务管理中，财务预算全面、综合地协调、规划企业内部各部门、各层次的经济关系与职能，使之统一服从于未来经营总体目标的要求；同时，财务预算又能使决策目标具体化、系统化和定量化，能够明确规定企业有关生产经营人员各自职责及相应的奋斗目标，做到人人心中有数。

（2）财务预算有助于财务目标的顺利实现。通过财务预算，可以建立评价企业财务状况的标准。将实际数与预算数进行对比，可及时发现问题和调整偏差，使企业的经济活动按预定的目标进行，从而实现企业的财务目标。

（3）财务预算是总预算。财务预算是总预算，又是作为全面预算体系中的最后环节的预算，它可以从价值方面总括地反映经营期决策预算与业务预算的结果，使预算执行一目了然。其余预算均是账务预算的辅助预算。全面预算是根据企业目标所编制的经营、资本、财务等年度收支总体计划，包括销售预算、资本支出预算与财务预算三大类内容。销售预算是整个预算管理体系的前提，财务预算的综合性最强，是预算的核心内容。

2. 财务预算编制方法

（1）固定预算和弹性预算。固定预算又称静态预算，是把企业预算期的业务量固定在某一预计水平上，以此为基础来确定其他项目预计数的预算方法。弹性预算是固定预算的对称，它关键在于把所有的成本按其特征分为变动成本与固定成本两大部分。固定预算和弹性预算的主要区别是：固定预算是针对某一特定业务量编制的，弹性预算是针对一系列可能达到的预计业务量水平编制的。

（2）增量预算和零基预算。增量预算是指在基期成本费用水平的基础上，结合预算期业务量水平及有关降低成本的措施，通过调整原有关成本费用项目而编制预算的方法。零基预算，又称零底预算，是指在编制预算时，对于所有的预算支出以零为基础，不考虑其以往情况如何，从实际需要与可能出发，研究分析各项预算费用开支是否合理，进行综合平衡，从而确定预算费用。增量预算和零基预算的区别是：增量预算以基期成本费用水平为基础，零基预算是一切从零开始。相比之下，增量预算较易编制，但容易造成预算冗余，从而不能很好地控制一些不必要发生的费用。零基预算能对环境变化做出较快反应，能够紧密地复核成本状况，但耗时巨大，参加预算工作的人员先要进行培训，并且需要全员参与。

（3）定期预算和滚动预算。定期预算就是以会计年度为单位编制的各类预算。滚动预算又称永续预算，其主要特点在于：不将预算期与会计年度挂钩，而是始终保持十二个月，每过去一个月，就根据新的情况进行调整和编制后几个月的预算，并在原预算基础上增补下一个月预算，从而逐期向后滚动，连续不断地以预算形式规划未来经营活动。定期预算和滚动预算的区别是：定期预算一般以会计年度为单位定期编制，滚动预算不将预算期与会计年度挂钩，而是连续不断向后滚动，始终保持十二个月。

财务预算的日常管理是整个预算制度成功的关键。预算的日常管理，通常是指日常管理表的设计及应用。日常管理表是预算制度中的控制机制，随时发现预算执行时的问题并及时提供协助，以提高预算达成的可能性。

（五）预算审核与签发

财务部经理对各部门上交的预算表进行初步审核，确认无误后签字并提交总经理审核。

（六）编制主生产计划

主生产计划（Master Production Schedule，MPS），是闭环计划系统的一个部分。MPS的实质是保证销售规划和生产规划对规定的需求（需求什么、需求多少和什么时候需求）与所使用的资源取得一致。MPS考虑了经营规划和销售规划，使生产规划同它相协调。它着眼于销售什么和能够制造什么，这就能为车间制定一个合适的"主生产进度计划"，并且以粗能力数据调整这个计划，直到负荷平衡。由生产计划部经理去营销部索要销售预测表和销售订单汇总表，结合各车间的生产能力状况编制主生产计划计算表；再据此填写主生产计划表和车间产能表。最后，将此表一式两联送交计划员和生产计划部经理。

简单地说，MPS是确定每一具体的最终产品在每一具体时间段内生产数量的计划；有时也可能先考虑组件，最后下达最终装配计划。这里的最终产品是指对于企业来说最终完成、要出厂的完成品，它要具体到产品的品种、型号。这里的具体时间段，通常是以周为单位，在有些情况下，也可以是日、旬、月。主生产计划详细规定生产什么、什么时段应该产出，它是独立需求计划。主生产计划根据客户合同和市场预测，把经营计划或生产大纲中的产品系列具体化，使之成为展开物料需求计划的主要依据，起到了从综合计划向具体计划过渡的承上启下作用。

主生产计划是根据企业的能力确定要做的事情，通过均衡地安排生产实现生产规划的目标，使企业在客户服务水平、库存周转率和生产率方面都能得到提高，并及时更新、保持计划的切实可行和有效性。主生产计划中不能有超越可用物料和可能能力的项目。在编制主生产计划时，应遵循这样一些基本原则。

1. 最少项目原则

用最少的项目数进行主生产计划的安排。如果MPS中的项目数过多，就会使预测和管理都变得困难。因此，要根据不同的制造环境，选取产品结构不同的级别，进行主生产计划的编制，使在产品结构这一级别的制造和装配过程中，产品（或）部件选型的数目最少，以改进管理评审与控制项目。

2. 独立具体原则

要列出实际的、具体的可构造项目，而不是一些项目组或计划清单项目。这些产品可分解成可识别的零件或组件。MPS 应该列出实际的要采购或制造的项目，而不是计划清单项目。

3. 关键项目原则

列出对生产能力、财务指标或关键材料有重大影响的项目。对生产能力有重大影响的项目，是指那些对生产和装配过程有重大影响的项目。如一些大批量项目，造成生产能力的瓶颈环节的项目或通过关键工作中心的项目。对财务指标有重大影响的项目，指的是对于公司的利润效益最为关键的项目。如制造费用高，含有贵重部件、昂贵原材料，高费用的生产工艺或有特殊要求的部件项目。也包括那些作为公司主要利润来源的，相对不贵的项目。对关键材料有重大影响的项目，是指那些提前期很长或供应厂商有限的项目。

4. 全面代表原则

计划的项目应尽可能全面代表企业的生产产品。MPS 应覆盖被该 MPS 驱动的 MRP 程序中尽可能多的组件，反映关于制造设施，特别是瓶颈资源或关键工作中心尽可能多的信息。

5. 适当裕量原则

留有适当余地，并考虑预防性维修设备的时间。可把预防性维修作为一个项目安排在 MPS 中，也可以按预防性维修的时间，减少工作中心的能力。

6. 适当稳定原则

在有效的期限内应保持适当稳定。主生产计划制订后在有效的期限内应保持适当稳定，那种只按照主观愿望随意改动的做法，将会引起系统原有合理的正常的优先级计划的破坏，削弱系统的计划能力。

（七）编制物料净需求计划

总需求计划就是一段时间内整个生产计划所需要的量，而净需求计划则是通过计算得来的，就是在总需求量上扣除现有的库存量、已订购量、在途量，最后得出的净需求，其实就是还需要的订购量。由生产计划员通过填制物料需求计算表进行物料需求计算，并将结果填写到物料净需求计划表中；再提交给生产计划部经理审核其物料需求时间与数量是否同主生产计划一致，经审核确认无误的，一联送交生产计划员留存，一联送交采购部经理。

企业日常经营业务处理

【知识目标】

➢ 熟悉企业日常经济业务的相关内容与处理流程

【能力目标】

➢ 掌握企业各工作岗位的日常经营活动的决策与会计处理的方法

【导读案例】

比亚迪：汽车自主品牌老大的梦魇

在中国企业界，比亚迪曾是巴菲特最青睐的一家企业，而巴菲特效应也使比亚迪一度名声大噪。

巴菲特与比亚迪结缘是在2008年9月，当时，"股神"旗下的中美能源控股公司以每股8港元的价格购买了2.25亿股比亚迪股份，约占比亚迪总股份的10%。2009年10月，巴菲特掌握的比亚迪股份达到25亿美元，短短两年时间内，比亚迪使巴菲特的收益暴增了约10倍。

在巴菲特的影响下，比亚迪的发展势如破竹。2009年，比亚迪的销量（44.84万辆）达到历史新高，成为中国自主品牌的老大。但仅仅一年之后，比亚迪就迎来了危机。公司先后曝出"销售低迷""经销商退网门"等诸多负面消息，2010年比亚迪净利润也下滑了33.5%。与此同时，关于巴菲特要减持比亚迪股份的传闻也不胫而走，一时间惹得市场议论纷纷。2011年和2012年，比亚迪的利润滑坡迹象越来越严重，净利润分别下滑了45%和94%；2013年，随着中国车市的强势回暖，比亚迪止住了利润下滑趋势，较2012年多赚近6倍，净利润增了579%。到了2014年，比亚迪不得不再次面对利润下滑的事实，全年净利润下跌21%。

比亚迪的命运就像在坐过山车，兴奋和恐惧无时无刻不伴随着它，从汽车自主品牌的老大，到利润下滑几近一半，再随着市场好转，突飞猛进至最高点，随后又迅速跌入谷底。

（资料来源：http://auto.hexun.com/2015-05-06/175561399.html）

【思考】比亚迪的商业逻辑究竟出了什么问题，让它如此忽上忽下？

企业日常经营业务主要是指保证企业日常运行所发生的经常性的、必要的经营业务。如人力资源部组织招聘管理人员、生产工人，企业行政管理部门发生的日常管理事务，生产计划部门满足企业日常生产经营所发生的业务以及企业财务部门对资金运动进行的账务处理业务。

任务一　处理人力资源部门日常经营业务

【导读案例】

员工损坏公司财物，该赔偿吗？

A公司是一家家具企业，原材料进价较高，且无法再利用，所以公司规定，如果是操作失误导致材料报废，操作工要承担原料15%的赔偿。现在有一份50000元的原材料被一位员工损坏了，公司要求他赔偿7500元，他拒不接受，公司又不让步，所以这事一直僵持着。该员工无心工作，其他员工对这事又高度关注，HR很担心这事处理不好会影响以后的管理工作。

（资料来源：http://www.hrloo.com/dk/71124）

【思考】如果你是HR，你会怎样解决这件事情呢？

一、编制各部门人力资源预算

人力资源预算是人力资源部的主要工作之一，是根据企业发展战略以及企业前一年度的人员及成本费用的统计情况，对下一年度人员需求及成本费用进行预测，并使其成为下一年度企业人力资源管理活动的指南。人力资源预算完成后并不是静态不变的，而是会根据企业的实际情况进行变更、修改和完善，具有可行性。

首先，人力资源部的经理绘制岗位空缺申请表模板并下发到各个部门，由总经理、财务部经理、营销部经理、采购部经理、生产计划部经理、仓储部经理、人力资源部经理填写岗位空缺表后上交到人力资源部经理处；其次，人力资源部经理对各部门填写的岗位空缺表进行汇总，编制人员需求汇总表，并拟定人员招聘计划、培训计划等；最后，人力资源部经理根据招聘计划、培训计划等预估人力资源费用情况。

二、招聘生产工人

员工招聘是由企业采取一定的方法，寻找、吸引应聘者，并从中选出符合企业所需要的人员并予以录用的过程。

首先，人力资源部经理与各部门经理沟通，了解各部门对人才素质、职称等的要求，再进行简历筛选，结合招聘需求确定录用名单。同时，将录用名单提交人才服务公司进行查询确认后，根据人才服务公司开具的人才推介服务业发票，填写支出凭单并附上发票，交给财务部经理进行审核。财务部经理对支出凭单的完整性、真实性、合法性（是否有相关人员签字）进行审核，无误后交给出纳办理签发支票业务。出纳根据财务部经理审核后的支出凭单填写转账支票并交给财务部经理审核、盖章后转给人力资源部经理，并要求其在支票使用登记簿上签字。财务会计依据支出凭单编制记账凭证，并交财务部经理审核签字后交给出纳登记银行存款日记账。出纳依据审核签字后的记账凭证登记完银行存款日记账后，再交给财务会计登记相关明细账。

三、查询工人信息

人力资源部负责职工的五险一金、薪资等核算工作，所以需要对人员情况随时进行查询。可以通过工人信息查询，查看企业所有的在职人员情况。

四、社会保险增员申请

根据相关规定，当企业招聘员工且有新员工入职时，或是企业内部员工调整、外地职工调岗到本市工作时，用人单位应当在用工之日起 30 日内为职工向社会保险经办机构办理社会保险。根据《中华人民共和国社会保险法》的规定，社会保险征收范围包括养老保险、失业保险、工伤保险、生育保险、医疗保险。其中，养老保险、失业保险、医疗保险由用人单位与职工共同缴纳，工伤保险与生育保险由用人单位依照法定比例为职工缴纳。

职工本人以上年度工资收入总额的月平均数作为本年度缴纳基数，对于新进本单位的人员以当月的足月工资收入作为缴纳基数；参保单位以本单位全部参保职工月缴费基数之和作为单位的月缴费基数。

由人力资源助理根据新增人员的实际情况填写《××市社会保险参保人员增加表》，一式两份，并填写好从行政助理处领取的《公章、印鉴使用申请表》，交给人力资源部经理进行审核签字。再由人力资源助理将相关资料交由行政助理，审核其完整性、合法性（是否签字）、真实性，无误后盖章；人力资源助理携带盖章后的相关资料交社保局工作人员进行查询，办理新增人员保险手续，加盖业务章后，自己留存一份，交给人力资源助理一份，由人力资源部归档。

五、解聘工人

解聘工人是企业与职工签订的劳动合同到期之前，企业由于各种原因需要提前终止合同而辞退职工。

人力资源部经理根据各部门提出的裁减不需要的职工要求进行查询，并依照相关规定结算工资。人力资源部将此解聘信息传递到人才市场服务公司，该员工可重新进入人才市场进行二次就业。

六、签订劳动合同

根据《中华人民共和国劳动法》（以下简称《劳动法》）第十六条第一款的规定，劳动合同是劳动者与用工单位之间确立劳动关系、明确双方权利和义务的协议。根据这个协议，劳动者加入企业、个体经济组织、事业组织、国家机关、社会团体等用人单位，成为该单位的一员，承担一定的工种、岗位或职务工作，并遵守所在单位的内部劳动规则和其他规章制度。用人单位应及时安排录用的劳动者工作，按照劳动者提供劳动的数量和质量支付劳动报酬，并且根据劳动法律、法规规定和劳动合同的约定提供必要的劳动条件，保证劳动者享有劳动保护及社会保险、福利等权利和待遇。根据《劳动合同法》第十条的规定，建立劳动关系后，应及时订立书面劳动合同。已经建立劳动关系，但未订立书面劳动合同的，应当自用工之日起一个月内订立书面劳动合同。用人单位与劳动者在用工前订立劳动合同的，劳动关系自用工之日起建立。

由企业的行政主管拟定劳动合同范本，交由人力资源部代表企业与新员工签订劳动合同，双方在劳动合同的对应项目亲笔签名；再由企业总经理进行审核，查看公章、印鉴、资质证照使用申请表填写是否完整，审批人是否签字，申请盖章文件与申请表中所列示的文件是否一致，确认无误后盖章。盖章后的劳动合同的副本交新员工保管，正本由企业保管。

七、考勤汇总查询

企业每天对职工出勤进行记录与统计，要求每个职工上班需要打卡报到。因此，人力资源部助理或行政主管可通过出勤记录查询获取本单位职工的出勤明细信息，根据出勤明细信息制作职工考勤统计表。

八、薪酬核算

薪酬是指员工向其所在的单位提供劳动而获得的各种形式的劳动补偿，包括薪和酬两部分。薪是指企业按照一定的标准以货币的形式或非货币形式向员工支付的报酬，如发给员工的工资、保险、实物福利、奖金、提成等；酬是指企业给员工带来的精神愉悦、心理幸福的效用，无法用货币等手段来衡量。一般是把二者融合起来运用。

实训中薪酬主要就是指对员工的货币性薪酬计算，包括基本薪酬、奖励薪酬（资金）、附加薪酬（津贴）、补贴薪酬、红利、酬金和福利等。

由人力资源助理（供应商单位的行政主管兼任人力资源助理或客户行政主管）依据期初数据查找当月入职人员记录，收集整理新增数据；查找当月离职人员，收集整理减少数据；查找当月晋升、调动及薪酬调整记录，收集整理变更数据；再查找当月考勤记录，整理当月考勤数据；再查找当月绩效评价考核评分材料，整理汇总绩效考核结果；查找当月奖励、处罚记录，进行汇总；查找当月五险一金增减、缴费数据，计算五险一金；根据上述数据，整理制作职工薪酬计算的表格，包括《职工薪酬统计表》《五险一金缴费统计表》等。填好后交给人力资源部经理进行审核，审核重点主要是工资构成是否正确，工资表中员工花名册、考勤数据是否准确，工资计算是否准确，代扣代缴项目是否准确，应付工资与实发工资是否正确等，审核无误签字退回给人力资源助理。人力资源助理根据经理审核签字后的统计表填写薪酬发放表，交给财务部经理进行审核，审核要点主要是奖金、津贴和补贴的发放标准与范围，代扣代缴项目的正确性，应付工资与应发工资的准确性，资金的充足性等，审核无误签字退交给人力资源助理,再交到总经理处审批签字。经过总经理审批签字的薪酬发放表由人力资源转交给财务会计(供应商、客户单位的总经理),据此填制记账凭证,并附工资发放表交财务部经理进行审核,无误后在记账证对应栏内签字,并交由财务会计登记明细账。

九、薪酬发放

薪酬发放是单位向员工支付薪酬的过程。在企业中一般是由人力资源部与财务部协同配合完成的一项基础性工作。

人力资源助理将职工银行卡号等信息录入并制作薪酬发放表,据此填写支出凭单,连同薪酬发放表一起交给人力资源部经理审核,审核要点是支出人是不是该部门的职工、支出日期是否正确、支出用途及金额是否符合规定、金额大小写是否正确、支出方式是否正确等,审核无误后签字;将审核无误的支出凭单签发转账支票并交由人力资源部经理审核并盖章;根据签发的支票登记《支票使用登记簿》。带齐《职工薪酬发放表》等资料到银行办理工资发放;银行柜员收到薪资发放资料后进行审核,无误后划款;出纳收到支票存根及支出凭单后填制记账凭证,粘贴原始单据并交会计审核,无误后登记银行存款日记账。

十、五险一金计算

五险一金是指养老保险、失业保险、工伤保险、生育保险、医疗保险、住房公积金。北京市现行制度中社会保险计提比例如表4-1所示。

表4-1 社会保险计提比例

职工类别	缴费人	养老保险/%	失业保险/%	工伤保险/%	生育保险/%	基本医疗保险/%	
						基本医疗	大额互助
本市城镇职工	单位	20	1	核定比例(0.2~2)	0.8	9	1
	个人	8	0.2	0	0	2	3元
外埠城镇职工	单位	20	1	核定比例(0.2~2)	0.8	9	1
	个人	8	0.2	0	0	2	3元
本市农村劳动力	单位	20	1	核定比例(0.2~2)	0.8	9	1
	个人	8	0.2	0	0	2	3元
外埠农村劳动力	单位	20	1	核定比例(0.2~2)	0.8	9	1
	个人	8	0.2	0	0	2	3元

住房公积金缴费比例是根据企业的实际情况，选择缴费比例。北京市现行制度中住房公积金单位、个人缴费比例均为12%。

人力资源经理助理统计当月五险一金增减信息，并与上月五险一金缴费统计表进行核对，修订缴费人员信息无误后，依照各项目核定的缴费基数、缴费比例计算单位、个人应承担的缴费金额填写制五险一金缴费统计表，并交由人力资源部经理审核五险一金缴费计算是否正确；确定无误之后签字交还给人力资源助理保管资料，以备查用。

十一、五险一金财务记账

每月，出纳去银行领取社会保险、住房公积金委托扣款凭证（付款通知单），并交财务会计记账处理，同时告知人力资源助理本月社会保险、住房公积金扣款金额。

由出纳去银行领取社会保险、住房公积金委托扣款凭证（付款通知单）；告知人力资源助理本月社会保险、住房公积金扣款金额；将在银行领取的社会保险、住房公积金委托扣款凭证（付款通知单）交给财务会计；财务会计接收社会保险、住房公积金委托扣款凭证（付款通知单）后填制记账凭证，并粘贴原始单据。

十二、住房公积金汇缴

当企业新进人员、有员工离职或有人员调往外地，且调入为以后常驻地的情形时，需要进行住房公积金汇缴变更，填写变更汇缴清册。

根据1999年颁布、2002年修订的《住房公积金管理条例》，住房公积金是指国家机关、国有企业、城镇集体企业、外商投资企业、城镇私营企业及其他城镇企业、事业单位及其在职职工缴存的长期住房储金。

单位汇缴住房公积金的方式有直接交存转账支票、现金（须填制《现金送款簿》）方式、通过银行汇款方式、委托银行收款方式、支取住房基金方式。

实训中住房公积金汇缴采用委托银行收款方式。职工个人以本人上年度工资收入总额的月平均数作为本年度月缴费基数，其中，新进本单位的人员以职工本人起薪当月的足月工资收入作为缴费基数，参保单位以本单位全部参保职工月缴费基数之和作为单位的月缴费基数。

由人力资源经理助理汇总当月新参加住房公积金、转入本单位人员的信息，收集需要办理住房公积金员工的身份证复印件，并在北京市住房公积金系统企业管理子系统录入新增人员信息。单位人员有变动，即有新增、转入、离职、退休、封存时，须填写《住房公积金变更汇缴清册》，报表一式两份，并在表单指定位置加盖公章。将相关资料交由住房公积金专管员，依照《住房公积金变更汇缴清册》所列的人员变动信息核对经办业务所需的资料是否齐备，填写是否规范；退还准备不齐、不规范的资料，并告知企业经办人员原因，方便其做后续准备。将材料归档，方便核算相关费用。

任务二　处理行政管理部门日常经营业务

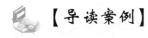【导读案例】

小陈为什么被辞退？

新加坡利达公司销售部文员刘小姐要结婚了，为了不影响公司的工作，在征得上司的同意后，她请自己最好的朋友陈小姐暂时代理她的工作。一天，经理外出了，陈小姐正在公司打字，电话铃响了，陈小姐与来电者的对话如下：

　　来电者："是利达公司吗？"
　　陈小姐："是。"
　　来电者："你们经理在吗？"
　　陈小姐："不在。"
　　来电者："你们是生产塑胶手套的吗？"
　　陈小姐："是。"
　　来电者："你们的塑胶手套多少钱一打？"
　　陈小姐："1.8美元。"
　　来电者："1.6美元一打行不行？"
　　陈小姐："对不起，不行的。"说完，挂上了电话。

　　经理回来后，陈小姐也没有把来电的事告知上司。过了一星期，经理提起他刚谈成一笔大生意，以1.4美元一打卖出了100万打。陈小姐脱口而出："哎呀，上星期有人问我1.6美元一打行不行，我知道咱们的定价是1.8美元一打，就说不行。"经理当即脸色一变说："你被解雇了。"陈小姐哭丧着脸说："为什么？"经理说："你犯了五个错。"

　　（资料来源：https://wenku.baidu.com/view/1e39bf275901020206409c05.html？from＝search）

　　【思考】陈小姐犯了哪些错误？

一、签订厂房、仓库租赁合同

　　因业务规模扩大，企业需要增加厂房、仓库数量，扩大厂房、仓库容量的，它们可通过自建、租赁、购买等方式满足需求。实训中服务公司作为房产供应商，为企业客户提供仓库、厂房的出租、出售信息，企业通过与服务公司洽谈、合作，获得相应资产的使用权或所有权。

　　由业务主管了解企业厂房、仓库使用及缺口情况，服务公司的厂房、仓库租赁价格，向经理进行汇报并给出租赁费用支出预算；经理根据业务主管提供的情况进行审批决策，告知业务主管是否需要进行厂房、仓库的租赁，业务主管与服务公司业务人员就厂房、仓库的位置、价格、用途、服务期限等进行谈判，双方商谈无异议后，签订书面合同；经理审核合同内容，明确权利与义务，衡量合同风险，对合同内容无异议后在合同会签单上签字，在合同文件对应位置盖章，并将盖章完成的合同文本送交给服务公司业务员。

二、支付厂房、仓库租金

　　企业与房屋供应商签订厂房、仓库租赁合同后，根据合同约定金额及付款时间开具支票，支付款项。

　　由业务主管查看厂房、仓库购销合同，填写支出凭单并将填写的支出凭单交给客户总经理审核；经理审核支出凭单，确定无误后签字；出纳根据审核的支出凭单填写转账支票，登记支票登记簿，将支票交给客户业务主管，将支出凭单及支票票根交给财务会计；财务会计接收出纳交给的支票票根和支出凭单,将转账支票给卖方以支付租金并填制记账凭证。

三、支付行政罚款

商贸企业总经理收到行政罚款决定书后,指派行政主管通过电汇转账方式,将行政罚款及可能包括的滞纳金转入行政罚款决定书上指定的银行账户,完成本企业的记账凭证编制和账簿登记工作。

商贸企业总经理将工商局送达的处罚决定书交给行政主管,并指派其办理付款业务;商贸企业行政主管去银行办理电汇业务(收款方账户信息参见处罚决定书);银行柜员在VBSE中进行电汇划转,并查询打印回单交付给商贸企业行政主管;商贸企业行政主管将银行回单和处罚决定书交给商贸企业总经理,商贸企业总经理根据处罚决定书和银行回单,编制记账凭证;行政主管根据记账凭证和银行回单,登记银行存款日记账。

四、投诉其他组织

在实训中,各组织之间因业务往来而发生的纠纷、冲突、不公的待遇、不当竞争等情况,不能经过协商解决的,利益受害方可以向工商局提出申诉,由工商局专管员调查实际情况,并给出最后处理批复。

行政主管可以在 VBSE 系统中选择需要投诉的组织名称,并填写投诉的原因进行提交;工商局专管员可以在 VBSE 系统中查询并处理投诉。

任务三 处理生产计划部门日常经营业务

【导读案例】

滨海玩具公司生产计划安排

一、公司简介

滨海玩具公司以生产各种儿童玩具为主营业务,兼营季节性、节日性玩具。公司产品品位高、质量好、选料精、设计新颖、形象可爱,一直深受广大消费者的喜爱,畅销全国各地。多年来,公司不但精心设计制造出各种各样有特色的儿童玩具,而且与我国香港的合金、塑胶、毛绒三大制品厂合作,生产出系列化的玩具,产品不断更新,部分产品造型还获得了国家专利权。公司的全部产品均通过广东进出口玩具检验中心及滨海市产品质量监督检验所检验,符合 GB 6675—86 标准的所有要求,产品安全性能高。该公司在不断发展新产品的同时,还取得了华特迪士尼"pooh"维尼熊系列产品的制造及中国市场的销售权。2000年更是取得日本梦乐株式会社"奇童梦乐"卡通人物系列合金交通工具、塑胶人物玩具、毛绒公仔系列产品在中国市场生产、制造及销售权,并代理多种国外的名牌玩具。

二、生产计划编制现状

公司管理者在处理综合计划时,通常采取改变价格、促销及积压订单待发货等方式平抑需求波动,采取加班、雇佣兼职员工、外包及积压存货等方式改变生产能力,从而使需求与生产能力相匹配。

1. 平抑需求波动

（1）歧义性定价。产品需求波动较大的企业通常拥有采取歧义性定价的空间。在产品需求从高峰期划向非高峰期时，歧义性定价极为常见。该公司的一些节日性玩具也具有此类特征，如圣诞节所需的圣诞树装饰品、圣诞老人服饰等。虽然特定期间内的生产能力不足以满足需求会带来利润损失，但对这些季节性产品施以歧义性定价，在定价有效的范围内，需求会很快发生变化，并且和生产能力水平取得一致。

（2）促销。广告和其他形式的促销，有时会对需求产生非常大的影响，因此会使需求和生产能力更为一致。该公司属小型玩具企业，无力耗巨资作大范围的广告促销，因此在促销策略上一般采取展览、直销或与其他产品捆绑销售、附赠等方式。与定价政策不同，这种方法对适时需求的控制能力较弱，同时还可能恶化原本打算改善的市场条件的风险。

（3）延迟交货。当公司的生产能力不足以满足市场需求时，可以把需求转移到其他时期。因此，订单在某一时期取得，需要许诺在以后的某个时期交货。这种方法能否成功依赖于顾客对等待运送产品的愿意程度，其成本难以核算。

2. 生产能力的调整

（1）聘用临时工。当公司生产节日性产品或某时期产品需求多、顾客订单大，而生产能力不足时，公司需聘用临时工，来提高生产能力。但此种方法成本较大，因为聘用和解聘都需付出成本。聘用成本包括征募、筛选和培训，同时新工人的熟练程度和工作质量较原来工人来说，会有所降低。解聘成本包括违约金、调整其余员工的费用、公司中遭遇解聘的部分工人的潜在恶劣情绪，以及留下员工的士气损失。鉴于此种方法成本高，同时公司将员工视为资产而非可变成本，因此今后不再考虑使用这种方法。

（2）加班。加班是该公司编制生产计划时经常使用的方法。相比聘用临时工，利用加班改变生产能力显得没有那么苛刻。它可以运用公司全体员工，也可以根据需要有选择地运用部分员工。此外，此种方式贯彻执行较快，可以保证公司员工维持在一个稳定的数量上，从而降低员工流动对其士气的影响。因此，该公司在对付节日性产品的高峰期需求时，通常采用加班的方法。因为这样公司既不必聘用和培训新员工，也不必在淡季时解聘他们。加班不但为公司维持熟练工人，还为员工增加了收入。

（3）存货。公司在运用加班方式的同时，还依靠产成品存货来堵上生产能力不够的缺口。存货能够使工厂在某一时期生产，而在另一时期售出。虽然此种方式会产生存储成本，占用一部分资金，但此法对于平抑需求波动有重要作用，且由于公司的产品不易变质，因而不存在变质损坏成本。但可能会有产品过时的风险。

（4）外包。将一部分不能完成的生产任务外包，能使公司获得临时性的生产能力，也是该公司选择的方法之一。此种方法对于公司来说，控制难度较大。一方面，对产出量的控制性较小，可能引发高昂的成本；另一方面，可能带来质量问题。因此，公司在解决自制还是外购问题时，要考虑可使用的生产能力、相关专门技术、质量、成本、需求数量和稳定性等诸多因素。

三、综合计划的编制

某一时期，对于该公司的非节日性产品，公司生产经理做了一份综合预测，如表 4 − 2

所示。

表 4-2 综合预测

月份	1月	2月	3月	4月	5月	6月	7月	总计
预测/个	50	44	55	60	50	40	51	350

该公司生产部门有 10 名全职员工，每月能以每单位 80 元的成本生产 40 单位的产出。每期的存货持有成本为每单位 10 元，每期延迟交货成本为每单位 20 元，期初存货为 0。

生产计划编制者希望在正常时间内保持稳定的产出率，主要依赖存货平抑需求波动，并且辅以加班和外包方式，但不允许积压订单待交货的情况存在。为此，计划编制者决定以加班、存货和外包的方式平抑需求波动。在正常情况下保持每期 40 单位的产出，下降后的情况是每月 38 单位的产出，加班工作的最大产出是每月以 120 元的成本生产 8 单位的产出。外包是每月以 140 元的成本得到 12 单位的产出。具体计划的编制如表 4-3、表 4-4 所示。

表 4-3 正常生产的生产计划（1）

月份	1月	2月	3月	4月	5月	6月	7月	总计
预测/个	50	44	55	60	50	40	51	350
产出								
正常时间/小时	38	38	38	38	38	38	38	266
加班时间/小时	8		8	8				24
外包合同/个/件	12		12	12	12		12	60
产出预测/个	8	(6)	3	(2)	0	(2)	(1)	0
存货								
期初/个	0	8	2	5	3	3	1	
期末/个	8	2	5	3	3	1	0	
平均/个	4	5	3.5	4	3	2	0.5	22
延迟交货	0	0	0	0	0	0	0	0
成本								
产出								
正常时间/美元	3040	3040	3040	3040	3040	3040	3040	21280
加班时间/美元	960		960	960				2880
外包合同/美元	1680		1680	1680	1680		1680	8400
聘用/解聘	—	—	—	—	—	—	—	
存货/美元	40	50	35	40	30	20	5	220
延迟交货/美元	0	0	0	0	0	0	0	0
总计/美元	5720	3090	5715	5720	4750	3060	4725	32780

表4-4 正常生产的生产计划（2）

月份	1月	2月	3月	4月	5月	6月	7月	总计
预测/个	50	44	55	60	50	40	51	350
产出								
正常时间/小时	38	38	38	38	38	38	38	266
加班时间/小时	8	8	8	8	8	8	8	48
转包合同/件	12		12	12				36
产出预测/个	8	2	3	(2)	(4)	(2)	(5)	0
存货								
期初/个	0	8	10	13	11	7	5	—
期末/个	8	10	13	11	7	5	0	—
平均/个	4	9	11.5	12	9	6	2.5	54
延迟交货	0	0	0	0	0	0	0	0
成本								
产出								
正常时间/美元	3040	3040	3040	3040	3040	3040	3040	21280
加班时间/美元	960	960	960	960	960		960	5760
转包合同/美元	1680		1680	1680				5040
聘用/解聘	—	—	—	—	—	—	—	—
存货/美元	40	90	115	120	90	60	25	540
延迟交货/美元	0	0	0	0	0	0	0	0
总计/美元	5720	4090	5795	5800	4090	3100	4025	32620

上例是许多可能选项中的两个，也许还存在其他成本更低的选项。因而在计划具体编制过程中，应运用试误法，尽可能多做尝试，选择最优方案。

（资料来源：https://wenku.baidu.com/view/2f7978eaf8c75fbfc77db26c.html? from = search）

【思考】企业在编制综合计划时应考虑的因素有哪些？若采用水平战略，即针对需求变化综合运用延迟交货、外包和存货等方式，如何编制综合生产计划？

一、购买产品许可

新产品开发是指从研究选择适应市场需要的产品到产品设计、工艺制造设计，直到投入正常生产的一系列决策过程。从广义而言，新产品开发既包括对新产品的研制也包括对原有老产品的改进与革新。新产品开发是企业研究与开发的重点内容，本实训中采用购买生产许可证来模拟新产品研发的过程。

生产计划部经理根据市场需求确定新产品的类型，查看实训规则，了解该生产许可证的购买费用以及填写支出凭单,并交给财务部经理对支出凭单进行审核,无误后交给服务公司业务员。服务公司业务员在系统中完成生产许可证的购买,根据金额开具企业购买生产许可证的费用发票,并将发票送交企业出纳员;出纳员根据发票开具购买生产许可证所需支票,并将支票送交服务公司业务员;成本会计将开具的支票登入记账凭证,交给财务部经理进行审核,内容无误后交给出纳;出纳员根据记账凭证填写银行日记账记录支出信息,交给成本会计;成本会计将支出信息录入科目明细账。最后,服务公司业务员将支票送银行入账。

二、编制设备需求计划

每个季度的季初,生产计划部经理应根据销售订单汇总表、库存报表、车间产能报表、主生产计划表填写生产计划部生产设备需求计划表。将填制完成后的生产设备需求计划表交财务部及总经理审核,然后传递给生产计划员。

生产计划部经理参照年度销售预测和主生产计划编制设备需求计划并交给财务部经理进行审核;财务部经理审核后提交给总经理审核,审核完成后传递给生产计划员。

三、购买设备

企业根据中长期生产计划及资金状况,确定购买新设备来扩大产能。生产计划部提起设备需求计划,生产计划员发起设备购买流程。

生产计划员用通用的购销合同拟定设备购买合同主体结构和主要内容,同时填写合同会签单,将合同和合同会签单送生产计划部经理进行审批;生产计划部经理审核合同会签单并签字后交生产计划员,由生产计划员送交财务部经理审核;财务部经理审核合同会签单并签字后交生产计划员,由生产计划员将设备购买合同以及合同会签单送交总经理审核;总经理审核合同内容,审核生产计划部经理和财务部经理是否已经在合同会签单上签字,审核完成后,总经理签字并交由行政助理在设备购买合同上盖章后交生产计划员,由生产计划员在VBSE系统中记录设备购买信息进行提交。服务公司业务员查看信息确认合同内容,签字后根据合同金额开具出售设备的发票,发票交生产计划员保管。

四、支付设备购买款

前期已经收到购买设备的发票,现在开支票付款给服务公司。

生产计划部经理查看购买设备合同执行情况表,确认应付款情况,据此填写支出凭证交财务部经理;财务部经理把支出凭单上对应的采购订单的单号和入库单的单号写上,交给采购部经理审核;采购部经理将审核后的支出凭单交给应付会计审核,同时将支出凭单交给财务部经理审核,最后去财务部出纳处办理付款手续;出纳根据审核后的支出凭单填写转账支票并登记支票登记簿,同时将支票交生产计划部经理,将支出凭单及支票存根交应付会计;生产计划部经理接收出纳签发的支票后将转账支票送给卖方以支付货款,应付会计接收出纳交给的支票根和支出凭单,填写记账凭证单送财务部经理审核;财务部经理接受应付会计交给的记账凭证后审核记账凭证填写的正确性,无误后签字,并交出纳登记银行日记账;出纳接收财务部经理交给的审核后的记账凭证,根据记账凭证登记银行存款日记账并将记账凭证交应付会计登记科目明细账;应付会计接收出纳交给的记账凭证后,根据记账凭证登记科目明细账。

五、设备验收建卡入账

设备采购到货后,资产会计要根据购买发票对设备进行固定资产建卡账务的登记。

采购的设备到货后,生产计划员对设备进行验收,并将购置设备的增值税专用发票送交资产会计以便建卡及登记账务;资产会计为新购买的设备办理固定资产卡片、填写新增设备的记账凭证以及根据记账凭证登记科目明细账。

六、出售设备

出售设备是指企业根据设备利用率情况或资金短缺状况而将部分生产设备出售。生产计划部经理进行生产设备的出售合同拟定。

生产计划部经理使用通用的购销合同,线下找服务公司签署设备出售合同,并对完成的合同盖章;税务会计根据税法相关规定(因为设备都是 2009 年购入)开具增值税专用发票并将发票交给生产计划部经理,生产计划部经理将发票交给服务公司业务员;生产计划部经理通过系统操作界面,实现物理设备的交付,同时注销该设备的固定资产卡片;资产会计根据银行回单、发票记账联等,填写记账凭证,并让财务部经理审核记账后登记各相关科目明细账。

七、支付设备维护

服务公司定期对出售的设备进行维护,企业按月支付设备维护费。

生产计划部经理按应付设备维修费金额填写支出凭单并交给财务部经理审核;财务部经理审核支出凭单填写的准确性、资金使用的合理性等信息,无误后签字交出纳;出纳根据审核后的支出凭单填写转账支票、登记支票登记簿并将支票交采购员,同时将支出凭单及支票存根给财务会计;生产计划部经理接收出纳签发的支票后送给卖方以支付货款。

财务会计接收出纳交给的支票存根和支出凭单后填制记账凭证,并送财务部经理审核;财务部经理接收财务会计交给的记账凭证后审核记账凭证填写的准确性等信息,无误后签字并交出纳登记银行存款日记账;出纳接收财务部经理交给的审核后的记账凭证,据此登记银行存款日记账,并将记账凭证交财务会计;财务会计接收出纳交给的记账凭证后登记科目明细账。

八、支付设备回购款

制造企业为了融资的需要,将从服务公司购买的设备再卖给服务公司,以解决资金问题,服务公司需支付给制造企业设备回购款。

生产计划部经理将增值税专用发票送至服务公司业务员,并换取支票;服务公司业务员根据发票金额开具转账支票并交给销货方生产计划部经理,生产计划部经理将支票送交给出纳;出纳携带服务公司转账支票去银行办理入账,由银行柜员在 VBSE 系统中将款项从服务公司转到持票人的企业账户,并打印支票入账回单交给出纳;出纳根据回单进行日记账登记,登记完毕后将银行回单交给财务会计;财务会计根据银行回单填写记账凭证。

九、支付贷款利息

贷款利息是指贷款人因发出货币资金而从借款人手中获取的报酬,也是借款人使用资金必须支付的代价。其公式为

$$贷款利息 = 贷款金额 \times 贷款利率 \times 贷款期限$$

由银行柜员根据企业贷款额度以及贷款利率计算企业应该归还的利息金额,并从企业贷款户头扣划应该归还的借款利息,打印借款利息扣划凭条,在回执联盖"转讫"印章后交给出纳;出纳去银行拿归还利息的凭条交财务会计;财务会计根据利息凭条编制记账凭证,并交财务部经理审核后交出纳;出纳接收财务部经理审核后的记账凭证,据此登记银行存款日记账后交财务会计;财务会计据此登记财务费用科目明细账。

任务四　处理财务部门日常经营业务

【导读案例】

你同意报账吗？

业务部小赵和司机小钱出去送货,到目的地时客户工厂刚好是下班时间,要等下午上班后才能卸货。客户工厂收货员小孙对小赵开玩笑说,要小赵请他吃饭,小赵是个直爽大方的人,热情地拉着小孙,非得请小孙吃饭不可,三人共花了68块钱。第二天,小赵来找你签字报销招待费。公司规定业务人员未经公司批准,不得对客户请客送礼,而老总告诉过你3000元以下费用的报销,由你全权处理,不用请示他。你是否会给小赵报销?

（资料来源：https://zhidao.baidu.com/question/567726255.html）

【思考】 你如何使用自己手中的财务权力?

一、培训费用报销

培训费用报销是企业的常见业务,即人力资源部组织培训或安排相关职员外出培训所发生的相关费用,主要包括办公费、招聘费、差旅费、电话费、低值易耗品和备品备件费、业务招待费、会务费、资料费等。报销流程一般为：报销人员整理报销单据并填写对应费用报销单,再找部门经理审核签字后到财务部门进行复核,复核无误后交总经理签字后到出纳处报销。由单位行政主管填写支出凭单,并将原始单据凭证粘贴在支出凭单后面,交由总经理审核,确认其是否在预算项目及金额之内。审核无误后,到出纳处报销,由出纳支付现金抵冲借款单,并在支付凭证上盖"现金付讫"章。由会计填制记账凭证。

二、购买办公用品

购买办公用品是企业常见的经济业务,一般由企业行政助理携带少量现金购买。由企业行政主管根据需要采购的办公用品填写办公用品采购需求申请表,并根据现金需要量填写借款单,并交由总经理审核;总经理审核借款单的准确性、合理性并签字,根据审核后的借款

单编制记账凭证。

三、支付水电费

费用会计根据水电费发票，每月一次提请出纳开具转账支票，支付水电费并做账务处理。

由费用会计填写支出凭单，并将水电费发票粘在后面送交财务部经理审核；财务部经理审核支出凭单填写的准确性、水电费支出业务的真实性等信息，无误后签字交给出纳；出纳接到财务部经理签字后的费用支出凭单后，签发转账支票并盖章交给费用会计，同时根据支票内容登记支票登记簿；费用会计接收出纳传递的支票存根及支出凭单，据此填制记账凭证并送财务部经理审核；财务部经理接收费用会计交给的记账凭证，审核无误后交出纳登记银行存款日记账；出纳接收财务部经理交给的审核后的记账凭证，登记银行存款日记账后将记账凭证交费用会计登记科目明细账；费用会计接收出纳交给的记账凭证并据此登记费用科目明细账。

四、提取现金

企业需要现金时，需签发现金支票，去银行提取现金。

由行政主管根据现金需要量填写支出凭单并提交给总经理审核；总经理审核支出凭单的准确性、合理性并签字交行政主管；行政主管接收审核后的支出凭单，据此签发现金支票交总经理加盖印章后，登记支票登记簿并去银行提取现金。银行柜员接收银行支票，办理提取现金业务并将现金交行政主管；行政主管取现回来及时将现金入库；总经理根据支票存根编制记账凭证交行政主管；行政主管根据记账凭证登记现金日记账。

五、解存款项行

企业每天营业结束后，在满足自身需要的前提下需要将超额库存现金及时送存银行。

由行政主管填写进账单（按提供的进账单，填写持票人信息，出票人信息不填写，并在下方空白处注明"现金进账"），并将进账单与现金一并送存银行；银行柜员接收现金及进账单，清点现金数量，确认其与进账单一致后在系统中办理"存款业务"，然后在进账单回执联加盖"现金收讫"章，随后退还给行政主管；行政主管将银行进账单回执交总经理，由总经理编制记账凭证。

六、购买支票

客户及供应商行政主管携带预留银行印鉴到开户行购买支票。

由行政主管携带银行印鉴到银行购买支票；银行柜员在系统中销售支票并按支票销售量及价格收取相应现金，打印收费凭证交给供应商行政主管；行政主管将收费凭证交总经理，由总经理编制记账凭证，将原始凭证单据作为附件粘贴后交给行政主管；行政主管根据记账凭证登记现金日记账并支付垫付的支票购买款，登记支票登记簿后将记账凭证交财务会计。

七、购买增值税发票

发票是指一切单位和个人在购销商品、提供劳务或接受劳务、服务以及从事其他经营活动时，所提供给对方的收付款的书面证明，是财务收支的法定凭证，是会计核算的原始依据，也是审计机关、税务机关执法检查的重要依据。

由总经理到税务局购买发票（税务登记证副本、发票存根和财务章可以不用携带）；国税局专管员在系统中做"销售增值税专用发票"业务并开具收费凭证给总经理；总经理据此填制记账凭证。

八、增值税计算

增值税是以生产和流通各环节的增值税（也称附加值）为征税对象的一种税。从实际操作上看，是采用间接计算办法，即从事货物销售以及提供应税劳务的纳税人，要根据货物或应税劳务的销售额和适用税率计算税款，然后从中扣除上一环节已缴纳的增值税税款，剩余额为纳税人在本环节应缴纳的增值税税款。

由税务会计根据科目余额表填写增值税纳税申报表（应纳增值税＝销项税额－进项税额），将纳税申报表送财务部经理审核；财务部经理接收税务会计送来的纳税申报表后进行审核，重点审核数据计算及填写的正确性，无误后签字并由税务会计交总经理审核；总经理接收税务会计送来的增值税纳税申报表进行审核，无误后在增值税纳税申报表上签字。

九、增值税申报

增值税是以商品（含应税劳务）在流转过程中产生的增值额作为计税依据而征收的一种流转税。从计税原理看，增值税是对商品生产、流通、劳务服务中多个环节的新增价值或商品的附加值征收的一种流转税。实行价外税，也就是由消费者负担，有增值才征税，没增值不征税。缴纳税款是指纳税人依照国家法律、行政法规的规定，将实现的税款依法通过不同的方式缴纳入库的过程。纳税人应按照税法规定的期限及时足额缴纳应纳税款，以完全彻底地履行应尽的纳税义务。

由税务会计去行政助理处领取《公章、印鉴使用申请表》，填写后连同增值税纳税申报表送总经理审批，再携带审核并签字完毕的《公章、印鉴使用申请表》、增值税纳税申报表去行政助理处盖章后交财务部经理；财务部经理接收税务会计送来的《公章、印鉴使用申请表》、增值税纳税申报表；根据增值税纳税申报表，审核《公章、印鉴使用申请表》，无误后签字，并由税务会计交总经理审批；总经理接收税务会计送来的《公章、印鉴使用申请表》、增值税纳税申报表后，审核财务部经理是否签字，审核无误后签字，由税务会计交行政助理；行政助理收到财务会计送来的《公章、印鉴使用申请表》和增值税纳税申报表后，核对相关领导是否已审核签字，核对无误后在增值税纳税申报表上加盖公章，同时，登记《公章、印鉴使用登记表》；盖章完毕后，将《公章、印鉴使用申请表》留存，其他表单由税务会计带走。税务会计去税务局进行纳税申报，领取由国税局专管员审核后签字盖章的《税收缴款书》并送交出纳；出纳接收税务会计送来的《税收缴款书》并到银行缴纳税款；

银行柜员办理税款转入国库手续并在《税收缴款书》回单上盖"转讫"章，打印回单，一并退还给出纳；出纳领取银行划款完毕盖章后的《税收缴款书》，并将其送交税务会计；税务会计接收出纳送来的《税收缴款书》，编制记账凭证，将《税收缴款书》作为附件粘贴在记账凭证后面，再将记账凭证送交财务部经理审核；财务部经理接收财务会计送来的记账凭证，审核记账凭证附件的合法性、准确性，记账凭证填制的准确性等信息，无误后交出纳；出纳接收财务部经理交给的审核后的记账凭证，并据此登记银行存款日记账后将记账凭证交给财务会计登记科目明细账。

十、各营运部门借款

各营运部门借款，是为了方便公司各部门工作人员结算因公需要而发生的零星开支、业务采购、差旅费报销等款项。新团队接手部门经营后各部门需借一定金额的备用金，在VB-SE实训中各部门备用金金额均为500元。

由各营运部门相关人员（如行政助理、生产计划部经理、营销部经理、人力资源部经理、仓储部经理、采购部经理）去出纳处领取借款单，填写借款500元的借款单后，带借款单找部门经理（总经理兼任）审核，再找财务部经理审核，然后到出纳处领取现金；出纳接收行政助理交给的已审核后的借款单后支付现金500元给借款人，并在借款单上盖"现金付讫"印章，然后将借款单交给财务会计做凭证；财务会计接收到出纳交给的盖"付讫"章的借款单后填制记账凭证，将借款单粘贴在后面作为附件，然后送财务部经理审核；财务部经理接收财务会计交给的记账凭证，审核无误后交出纳登记现金日记账；出纳接收财务部经理审核后的记账凭证登记现金日记账后将记账凭证交财务会计登记科目明细账；财务会计接收出纳交给的记账凭证，并据此登记科目明细账。

十一、现金盘点

现金盘点制度是企业货币资金管理的核心制度。出纳每月均要进行现金盘点。现金盘点是将现金的账存数与出纳手上实际的现钞进行核对，如果现金实存数大于账存数就是现金溢余，如果现金实存数小于现金账存数就是现金短缺。

由出纳查询现金日记账账面余额，确定现金盘点时，通知财务部经理监督盘点；出纳在财务部经理的监督下清点现金，填写现金盘点表并在现金盘点表上签字确认后，交给监督盘点的财务部经理进行签字确认；出纳根据盘点结果，填写现金盘点报告单并交财务部经理审核。

十二、库存盘点

企业存货因数量较多、收发频繁、计量误差、自然损耗等，可能导致库存数量与账面数量不符。为了避免账物不符的现象发生，需要定期进行库存盘点，查明原因并调整账面数，使账物相符。每个季度末，仓管员需要进行实物盘点，确保与仓储部经理记录的存货出入库存台账相符，并对盘盈盘亏情况进行处理。仓储部的存货台账还要和成本会计记录的存货明细账进行账账核对，确保账实相符。

由成本会计制定盘点通知，通知仓库及其他相关部门；仓管员收到成本会计的盘点通知后进行实地盘点工作，填写盘点表并提交仓储部经理和成本会计；仓储部经理收到仓管员交的盘点表后抽盘审核盘点表；成本会计收到仓管员交的盘点表后进行抽盘复核盘点表，并根据账存数和实存数，写盘点报告，对于盘点报告中账实不符的进行查明并分析盘点报告；仓管员针对盘点报告中账实不符的进行查明并分析盘点报告；仓储部经理收到仓管员提交的盘点报告后，对其审批并更新库存台账；财务部经理接收成本会计提交的盘点报告并对其审批；成本会计根据财务部经理的审批意见填制记账凭证并交财务部经理审核无误后，交成本会计登记科目明细账。

十三、计提折旧

总账会计和成本会计在每个会计期末按照会计制度中确定固定资产折旧方法计提折旧，并登记科目明细账。生产和计划部门的折旧计入生产成本，其他部门的折旧计入期间费用。

由财务会计根据固定资产政策及固定资产明细账计提折旧，填写管理部门固定资产折旧计算表、生产部门固定资产折旧计算表，同时，填写管理部门折旧记账凭证，并将生产部门固定资产折旧计算表交成本会计填制凭证；成本会计接收财务会计提供的生产部门固定资产折旧计算表，并据此填写生产部门折旧记账凭证，然后将所填制的记账凭证交财务部经理审核；财务部经理接收财务会计、成本会计交给的记账凭证，审核无误后将记账凭证分别返还财务会计和成本会计登记科目明细账；成本会计接收财务部经理交给的记账凭证并核对记账凭证审核无误，再登记制造费用明细账，登记完明细账后，将记账凭证交财务会计登记累计折旧明细账；财务会计接收财务部经理、成本会计的记账凭证并核对记账凭证审核无误，根据财务部经理交给的管理部门折旧记账凭证登记管理费用明细账，根据管理部门折旧记账凭证和生产部门折旧记账凭证登记累计折旧明细账，登记完明细账后，与其他记账凭证放一起。

十四、结转销售成本

销售成本是指已经销售产品的生产成本或已提供劳务的劳务成本以及其他销售的业务成本。月末，对销售商品的名称及数量，分别按照库存商品中结出的平均成本价，算出总成本，进行主营业务成本的计算结转，其公式为：

主营业务成本＝产品销售数量或提供劳务数量×产品单位生产成本或单位劳务成本

就销售产品而言，产品销售数量可直接在"库存商品明细账"上取得；产品单位生产成本可采用多种方法进行计算，如先进先出法、全月一次加权平均法等，但企业一经选定某一种方法后，就不得随意变动，这是会计核算一贯性原则的要求。

由总经理根据产成品出库单汇总出库数量，结合库存商品成本金额计算平均单价，编制销售成本结转表后，根据原始凭证、产品成本出库单和生产成本结算表、销售成本结转表反映的业务内容，编制记账凭证并在记账凭证"制单"处签字或盖章。

十五、期末结账

期末结账包括科目汇总、期末结转和确认本期财务成果几项工作。

（一）科目汇总

出纳、财务会计和成本会计分别根据科目明细账进行科目汇总。

（二）期末结转

财务会计将本期发生的"收入"和"费用"类科目结转；计算并结转所得税。成本会计结转产成品及主营业务成本。

（三）结账

为了正确反映一定时期内在账簿中记录的经济业务，总结有关经济业务活动和财务状况，各单位必须在每一个会计期末结账。

结账是在将本期内所发生的经济业务全部登记入账并在对账无误的基础上，按照规定的方法对该期内的账簿记录进行小结，结算出本期发生额合计数和余额，并将余额结转到下期或者转入新账。

（四）编制财务报告

财务部经理编制企业资产负债表和利润表并对外发布。

由财务部经理根据出纳所记科目明细账进行科目汇总，根据财务会计所记科目明细账进行科目汇总，根据成本会计所记科目明细账进行科目汇总；再由财务会计结转收入，结转主营业务税金及附加，结转管理费用、销售费用、财务费用，结转所得税，结转产成品，结转主营业务成本；最后由财务部经理根据科目汇总表出具资产负债表，根据科目汇总表出具利润表。

十六、编制报表

为了正确反映一定时间内在账簿中记录的经济业务，总结有关经济活动和财务状况，各单位必须在每一个会计期末结账并编制财务报表。

现在企业每期都要编制的财务报表有资产负债表、利润表、现金流量表以及所有者权益变动表。

总经理根据科目汇总表出具资产负债表，根据科目汇总表出具利润表。

十七、会计资料整理

会计资料（即会计档案）是指会计凭证、会计账簿、财务会计报告等会计核算专业资料。它是记录和反映经济业务的重要史料与证据。会计档案是国家档案的重要组成部分，也是各个单位的重要档案，它是对一个单位经济活动的记录和反映。通过会计档案，可以了解每项经济业务的来龙去脉；可以检查一个单位是否遵守财经纪律，在会计资料中有无弄虚作假、违法乱纪等行为，还可以为国家、单位提供详尽的经济资料，为国家制定宏观经济政策及为单位制定经营策略提供参考。

会计档案的重要程度不同，其保管期限也有所不同。

会计档案的保管期限根据其特点分为永久档案和定期档案两类。永久档案是长期保管、不可以销毁的档案；定期档案根据保管期限分为 3 年、5 年、10 年、15 年和 25 年 5 种。会计档案的保管期限是从会计年度终了后的第一天算起。

整理会计档案在原则上要按其自然形成规律和档案的自身特点进行，保持会计资料间的历史联系，区别不同会计资料的保存价值和类型，便于保管和利用。会计档案的整理包括分类、立卷、排列、编号、质量检查与调整。

在实训中，商贸公司会计资料有日记账、记账凭证、报表等。按照业务的发生时间将记账凭证按规则整理。日记账应只有现金和银行存款两种。客户的记账凭证规整在一起后，将各类报表附在最后装订成册归档。

项目五

制造企业核心经营业务处理

【知识目标】

➢ 熟悉企业会计核算流程与核算方法

【能力目标】

➢ 掌握制造企业供应、生产、销售环节日常经营活动的决策与会计处理的方法
➢ 掌握制造企业和供应商业务往来的决策与管理
➢ 掌握制造企业和客户业务往来的决策与管理

【导读案例】

从 20 亿元巅峰到 1 亿元低谷！五谷道场到底怎么了？

五谷道场品牌,这个曾闻名全国、非油炸方便面单月产值曾高达 6000 万元的品牌,从 2004 年投资设立到 2006 年家喻户晓,再到 2009 年由中粮集团入主一直话题不断。如今 7 年多时间已过,五谷道场再次迎来命运的转折。

2005 年,曾被业内喻为黑马的五谷道场方便面上市,几乎是一夜之间,陈宝国以《大宅门》中白七爷扮相代言的"非油炸"广告铺天盖地而来。仅仅一年时间,五谷道场便荣登中国成长企业 100 强榜首,也正是靠此,五谷道场迅速从无到有,跻身国内方便面巨头行列。巅峰时期的年销售额一度达到 20 亿元。

取得成功后的五谷道场走上快速扩张之路。为了扩大产能,吉林、江西、四川、广东等基地纷纷竣工投产,五谷道场还投资 18 亿元在全国扩建了 38 条生产线,要知道当时国内方便面生产线资源严重过剩,很多企业普遍面临开工不足的难题。

盲目的扩张带来的恶果很快显示出来,广告费用、原料费用、生产基地建设费用等各种费用的集中使用,让五谷道场在 2007 年陷入资金困境之中。随着销量扩大,各种费用随着高涨，加上管理、销售、市场推广等问题频发，导致资金链断裂，五谷道场公司 2008 年年底申请破产重组。

在五谷道场被收购之时，正是宁高宁执掌中粮之际。宁高宁十分看好方便面市场，他信心满满："五谷道场至少要在方便面市场占领 30% 的份额，达到 10 亿元的销售额。"为了达到这个目标，他不惜重金挖来康师傅创始人之一，曾任华丰方便面营销总监、白象方便面总裁的宋国良。

宋国良也的确试图拯救五谷道场。他大胆地改变五谷道场原有的产品和包装，除了延续传统的"非油炸"理念之外，还注重突出口味上的创新。2009 年下半年，一口气推出 6 种新品，其中"原盅鸡汤面""秘制牛肉面""辣猪骨浓汤面"和"辣牛骨浓汤面"均为五谷道场独创。市场却似乎并不为这些创新买单——销量难见起色，一直处于亏损经营的状态，2010 年仅完成 2 亿元的销售额。但这丝毫没有动摇宁高宁对五谷道场的"偏爱"之心，他继续给五谷道场追拨了两个亿。因为中粮的算盘是：以方便面为开始的方便速食产品业务，将成为中粮在上游加工业务的自然延伸，进而将农副产品的产业链做透做大。但中粮的如意算盘落了空。一方面，消费者不买单；另一方面，五谷道场又不幸赶上了方便面行业整体衰落的大环境。2015 年，中国方便面总产量为 362.49 亿份，较 2014 年下跌 8.54%；方便面销售额为 490.91 亿元，较 2014 年下跌 6.75%。在现有的 22 家方便面企业中，有 6 家退出市场，另外 13 家企业产量下跌。在市场环境不好时，最容易受伤的就是中小型品牌和企业，五谷道场就在其列。

在被中粮接手的 7 年间，五谷道场始终不见起色，一直处于亏损状态，2015 年跌入最低谷，营收仅有 1.26 亿元，负债高达 9.27 亿元。伊始，中粮在 2016 年 11 月底，将五谷道场以 100% 股权及 5367 万元债权挂牌出售。至此，五谷道场再度全面停产。谁将成为五谷道场的下一个接盘侠？是克明面业吗？

（资料来源：http://finance.sina.com.cn/leadership/mroll/20130312/174314806564.shtml）

【思考】从五谷道场的失败中可以总结哪些经验教训？

任务一　处理制造企业供应环节经营业务

【导读案例】

利益的获得是一切企业行为的原动力

1999 年海尔的采购成本为 5 个亿，由于业务的发展，到 2000 年，采购成本为 7 个亿，但 2002 年海尔的采购成本控制在 4 个亿左右。它是怎样做到的呢？海尔采用 SBD 模式对供应商进行管理：共同发展供应业务。海尔有很多产品的设计方案直接交给厂商来做，很多零部件是由供应商提供的。这样一来，供应商就成了海尔真正的设计部和工厂，从而加快了开发速度。许多供应商的厂房和海尔的仓库之间甚至不需要汽车运输，工厂的叉车直接开到海尔的仓库，大大节约了运输成本。海尔本身则侧重于核心的买卖和结算业务。与传统的企业与供应商关系的不同之处在于，它从供需双方简单的买卖关系，成功转型为战略合作伙伴关系，是一种共同发展的双赢策略。

（资料来源：http://bbs.tianya.cn/post-494-47501-1.shtml）

【思考】 降低采购成本对企业发展有哪些战略意义？

一、处理制造企业供应环节经济业务

（一）供应商评价

供应商评价是采购方从价格、品质、交期交量及服务等多方面来考核供应商的过程。通过供应商评价，企业可开拓潜在的供应商并对现有的供应商进行激励。

由采购部经理查找供应商评价的相关标准，并据此对本企业的供应商表现进行量化评价。

（二）申请抵押贷款

抵押贷款指贷款人员以一定的抵押品作为物品保证向银行取得的贷款。它是资本主义银行的一种放款形式，抵押品通常包括有价证券、国债券、各种股票、房地产，以及货物的提单、栈单或其他各种证明物品所有权的单据。货款到期，借款者必须如数归还，否则银行有权处理抵押品，作为一种补偿。

财务部经理根据企业资金需要量确定贷款额度，填写贷款申请书提交给总经理；总经理根据财务部经理提出的申请额度与企业的资金需求计划审核贷款额度的合理性，审核无误后交财务部经理到银行办理；银行柜员接收企业财务部经理的贷款申请，在系统中为企业发放贷款并打印借款回执交给财务部经理；财务部经理根据借款回单编制记账凭证交总经理进行审核；总经理审核记账凭证无误后交出纳；出纳接收总经理审核后的记账凭证，据此登记银行存款明细账，将记账凭证交财务会计；财务会计据此登记借款科目明细账。

（三）编制采购计划

编制采购计划是指在合理利用供应环境机会并综合考虑运输成本、存货成本、每次订货成本等因素下，将物料需求计划转变为采购计划，确定发出订单的时机和订购数量的过程。

首先，采购部经理根据收到生产部的物料净需求计划表核对库存及在途信息，编制采购计划，初步填制采购计划表；其次，根据供应商的折扣等相关信息调整计划后交采购计划员；最后采购计划员将一式三份的采购计划表进行分发，仓储部、生产计划部和采购部各一份。

（四）编制采购合同草案

编写采购合同草案是根据采购物料的品类、供应市场状况，针对采购物品的规格、技术标准、质量保证、订购数量、包装要求、售后服务、价格、交货日期与地点、运输方式、付款条件等与供应商沟通后，按照采购合同的规定格式制定规范文本，为签订合同打下基础。

首先，由采购部经理查看现有供应商的考评档案及原采购合同的到期日期，编制采购合同草案工作部署并确定合同结构。其次，采购部内部开会，启动采购合同草案的编写。采购合同草案的编制由采购经理主导，由采购计划员协助完成；制订工作计划，指定采购合同编写工作的分工；确定采购合同的结构。最后，采购计划员确定采购合同需要强化的条款：数量条款、价格条款、品质条款、支付条款、检验条款、包装条款、装运条款、保险条款、仲裁条款、不可抗力条款,再提交给采购部经理审核采购合同条款的合理性,无误后形成采购合同草案,从而确定采购合同样本。

（五）与供应商签订采购合同

签订采购合同是企业与选择的供应商针对商品的品种、规格、技术标准、质量保证、订购数量、包装要求、售后服务、价格、交货日期与地点、运输方式、付款条件等进行反复磋商,双方无异议后,为建立双方满意的购销关系而办理的法律手续。

采购计划员根据采购计划选择合适的供应商,沟通采购细节内容,起草采购合同,一式两份;同时填写合同会签单,连同合同一起提交给采购部经理进行审核;采购部经理接收采购计划员交给的采购合同及合同会签单并审核其内容填写的准确性和合理性,无误后在合同会签单上签字确认,再由采购计划员提交给财务部经理审核;财务部经理收到采购计划员交给的采购合同及合同会签单并审核采购合同的准确性和合理性,无误后在合同会签单上签字,再由采购计划员提交总经理审核;总经理接收采购计划员送来的采购合同及合同会签单并审核采购部经理和财务部经理是否审核签字以及采购合同的准确性和合理性,无误后在合同会签单上签字,同时在采购合同上签字并交给采购部经理;采购部经理把采购合同和合同会签单交给采购计划员去行政助理处盖章;行政助理检查合同会签单签字,无误后盖章,交给采购计划员,同时根据收到的采购合同更新合同管理表并存档。

（六）录入材料采购订单

制造业与供应商经过磋商签订了采购合同后,制造业的采购计划员将采购订单的基本信息录入 VBSE 系统中,系统将根据录入的信息执行未来的采购收货及付款业务。

采购计划员根据制造业与供应商签订好的采购合同,将采购订单信息录入仿真实训系统。

（七）材料款支付

采购计划员查看采购合同执行情况表,确认应付款情况,找到相应的采购订单和采购入库单,并据此填写支出凭单,经财务部门审核通过后,向供应商支付上期已到货材料款。

采购计划员将对应的采购订单的单号和入库单的单号写上并填写支出凭单,再提交给采购部经理审核;采购部经理接收采购计划员送来的支出凭单后,根据采购合同执行情况表及订单、入库单、发票等资料,审核支出凭单内容填写的准确性和合理性,无误签字,交由采购计划员传递给应付会计;应付会计审核支出凭单填写的准确性、支出凭单附件的合法性和真实性,无误签字后,提交给财务部经理审核;财务部经理审核支出凭单填写的准确性、支出凭单附件的合法性和真实性、资金使用的合理性,无误签字后,由采购计划员提交到出纳办理付款手续;出纳根据审核的支出凭单填写转账支票并登记支票登记簿,同时,将转账支票交采购计划员,将支出凭单及支票存根交应付会计;采购计划员接收出纳签发的支票转交给卖方以支付货款;应付会计接收出纳交给的支票存根和支出凭单,填制记账凭证后,送财务部经理审核;财务部经理接收应付会计交给的记账凭证,审核记账凭证填写的准确性,无误签字,交出纳登记银行日记账;出纳接收财务部经理交给的审核后的记账凭证,据此登记银行日记账后,将记账凭证交应付会计登记科目明细账;应付会计接收出纳交给的记账凭证登记科目明细账。

（八）采购入库

采购入库是指供应商发出的货物抵达企业，同时开具了该张采购订单所对应的发票。采购计划员协助仓管员办理采购入库手续，仓管员填写入库单确认货物入库，仓储部经理登记库存台账，材料会计登记存货明细账，总账会计凭发票确认应付账款。

采购计划员接收供应商发来的材料，附有发货单、发票和实物，根据采购订单核对发货单和发票及实物，协助仓管员进行原料验收；仓管员根据发货单和检验标准进行质量、数量、包装检测，根据检验结果填写物料检验单，检验无误后，在发货单上签字确认，并根据物料检验单填写原材料入库单（一式三联），提交仓储部经理审核；仓储部经理审核原材料入库单的准确性和合理性，在入库单上签字，并在仿真实训系统中确定采购物料到货；仓管员将货物摆放到位，根据入库单数量填写物料卡，并将入库单交仓储部经理登记台账，将入库单交采购计划员；仓储部经理根据入库单登记库存台账；采购计划员接收仓管员送来的入库单，登记采购合同执行情况表并将发票（发票联和抵扣联）和对应的入库单的财务联送交财务；成本会计接收采购计划员交给的发票和入库单，填制记账凭证送财务部经理审核；财务部经理接收财务会计交给的记账凭证，审核后交成本会计登记科目明细账；成本会计根据入库单登记存货明细账，根据记账凭证登记科目明细账（应付账款）后，将记账凭证传递给财务会计；财务会计根据记账凭证登记科目明细账（应交税费）。

二、处理供应商经济业务

（一）确认制造企业采购订单

制造企业采购计划员与供应商签订的采购合同录入采购订单后，供应商在仿真实训系统中，对录入的订单进行确认操作。

供应商业务主管根据双方签订的采购合同审核采购订单的内容，无误后确认订单。

（二）签订采购订单

采购主管按照生产的需求与经济采购的原则，决定采购材料的品种、数量及供应商，向供应商下达采购订单，同时仓管员对采购订单备案。订单上的单价采用采购合同上约定的价格。

供应商业务主管查看流程图，做好记录系统选单的准备，从虚拟市场上选择自己的采购料品，并下达采购订单和填写纸质采购订单，并送交总经理审核；供应商总经理接受业务主管送交的采购订单，审核无误后在"采购部经理"位置签字确认并交给业务主管；供应商业务主管将采购订单的采购部留存联和供应商留存联保管，并在《采购合同执行情况表》上记录此次采购明细，将财务联交财务会计，将仓储联交仓管员；财务会计（在供应商企业，供应商总经理担任财务管理一职）接收采购订单的财务联，以便采购到货进行记账时核对；仓管员（在供应商企业，行政主管担任仓储管理一职）接收采购订单仓储联，以便采购到货仓库收货时核对。

（三）采购入库

采购入库是指供应商发出的货物抵达企业，同时开具了该张采购订单所对应的发票。仓储部负责填写入库单确认货物入库，登记库存台账，财务部不负责登记记账凭证。

供应商行政主管根据物料的验收标准进行质量、数量、包装检测，填写物料检验单，并签字确认无误，并在发货单上签字；同时，根据物料检验单填写入库单（一式三联）；将入库单自留一份，另外两联交业务主管及总经理；供应商业务主管接收仓管员送来的入库单，登记采购合同执行情况表，并将发票（发票联和抵扣联）和对应的入库单的财务联送交总经理；同时，在仿真实训系统中确定采购物料到货，将货物摆放到货位，根据入库单数量填写物料卡；最后，根据入库单登记库存台账；供应商总经理接收发票和入库单，据此填制记账凭证。

（四）支付货款

供应商业务主管查看采购订单，确认应付款金额，由供应商总经理去国税局申请代销货方开具增值税专用发票，然后由供应商行政主管支付应付账款。

供应商业务主管在系统中查询采购订单，确定需要支付的款项和销货方；税务会计（在供应商企业，供应经理担任税务会计职能）去国税局申请代销货方开具增值税专用发票，用于抵扣进项税；国税局专管员要查询供应商的详细采购订单，确定为哪张采购订单代开发票，并根据采购订单填写增值税专用发票，在"销货单位：（章）"处盖国税局章，交给税务会计（供应商总经理）；税务会计（供应商总经理）根据增值税专用发票填写记账凭证，供应商行政主管在线查询采购订单并支付材料款。

（五）销售发货

销售发货是指销售员依据销售订单交货日期填写产品发货单，仓管员填写出库单，由销售员发货给客户，财务部根据发货出库单开具销售发票，当客户收货确认后销售员需登记销售发货明细。

供应商业务主管根据销售订单明细表和发货计划填制发货单，审核发货单并签字后交给供应商总经理；供应商总经理审核该企业的应收账款额度是否高，如高，则限制发货，否则审核发货单，确认数量和金额并在发货单上签字，将签字后的发货单交给客户行政主管；供应商行政主管根据发货单填制出库单交业务主管签字；供应商行政主管根据签字后的出库存单办理出库手续，更新物料卡，并把出库单给业务主管一联、把出库单送总经理一联。财务会计（供应商总经理）从业务主管处获取卖给客户的销售价格，根据销售出库单，结合销售价格，开具销售发票；供应商总经理根据开具的收入发票填制记账凭证；供应商行政主管据出库单填写库存台账；供应商业务主管在VBSE系统中选择发货的订单并确认；供应商业务主管根据发货单填写销售发运登记销售明细表。

（六）货款回收

销售实现之后，销售员需要按照销售合同的约定期限跟踪催促货款的收回。客户通过支票方式进行付款，企业出纳员前往银行取回电汇单，财务部做记账处理。

供应商业务主管接收制造企业签发的转账支票并将转账支票提交给行政主管；供应商行政主管接收供应商业务主管提交的转账支票，并按照支票上填写的金额填写账单后，去银行送存转账支票；银行柜员接收转账支票，在系统中办理"付款业务（支票）"并在进账单上盖"转讫"章，将进账单退还给供应商行政主管；供应商行政主管将经银行盖章后的进账单交给总经理；供应商总经理接收供应商行政主管送来的进账单回单，编制记账凭证。

（七）销售统计查询

销售统计查询是为了方便公司业务主管查看以往交易信息而设置的。通过交易信息查询，业务主管可以分别查看本公司发出的采购订单及销售订单的历史信息。这些信息可以作为签订新订单的参考。

供应商业务主管可以通过系统查询本公司的交易信息，包括以往的采购订单信息和销售订单信息。

（八）查询销售增长率

销售增长率是指企业本年销售增长额与上年销售额之间的比率，反映销售的增减变动情况，是评价企业成长状况和发展能力的重要指标。其计算公式如下。

A：销售增长率 = 本年销售增长额/上年销售额 =（本年销售额 – 上年销售额）/上年销售额

B：销售增长率 = 本年销售额/上年销售额 – 1

供应总经理在仿真实训系统里单击"查询销售增长率"按钮，选择当前登录企业名称，录入查询期间，即可查询。

（九）查询综合市场占有率

综合市场占有率是指一定时间段内，本企业销售订单金额占同类企业销售订单总额的百分比。该占有率反映了企业的商品在市场上所处的地位。综合市场占有率越高，表明企业经营、竞争力越强。

供应商业务主管可在系统中查本企业一定时间段内综合市场占有率情况。

1. 查询产品市场占有率

产品市场占有率是指一定时间段内，本企业某特定产品的销售订单金额占同类企业同种产品销售订单总额的百分比。该占有率反映了企业的这类商品在市场上所处的地位。产品市场占有率越高，说明该商品的竞争力越强。

供应商业务主管可在系统中查询本企业一定时间段内产品市场占有率情况。

2. 查询细分市场占有率

细分市场占有率是指一定时间段内，在某具体销售区域（如某城市）中本企业销售订单金额占同类企业销售订单总额的百分比。该占有率反映了企业的商品在某一具体市场范围内所处的地位。细分市场占有率越高，表明企业在该区域内经营、竞争力越强。

供应商业务主管可在系统中查询本企业一定时间段内细分市场占有率情况。

任务二　处理制造企业生产环节经营业务

【导读案例】

该企业如何走出生产运营的瓶颈？

A 开关厂是生产开关件的中型厂，有职工 1200 人，年利润 650 万元。其产品分 13 大类，共 2000 多个规格，为 2000 多个用户服务，每年签订 4000 份以上订货合同，每月要生产 2000 万件左右的零件，临时任务占总任务的 20% 左右，这种多品种、多规格的生产类型十分复杂。A厂面临的问题是产品零件齐套难、零件生产急件多。另外，生产资金占用大，全场定额流动资金300万元，实际占用460万~470万元，生产资金270万元，占流动资金的58.7%。进一步了解发现，A厂从订货到车间收到生产计划需要25~55天，直接造成生产准备工作的紧张和生产过程的忙乱。另外，该厂只编制生产作业计划，而无车间作业计划；厂生产科每月不核算、不平衡生产能力，经常向车间下达紧缺件计划。车间生产进度仅由每天早晨的调度碰头会来决定，生产忙乱、零件不齐套的现象经常发生。因此，大量不齐套零件、积压零件、紧缺件越滚越多，全厂长期处于应付紧缺件的局面，而应付紧缺件占用了生产能力和资金。经统计发现，该厂当年的月平均零件销售额为45.6万元，可实际半成品库存的月平均占用额为117.8万元。

对该厂的零件进行分类发现，A类零件只占少量品种，却占用了近1/2的零件生产总工时（表5-1）。对A类零件应用大量系数的公式来计算（大量系数=生产该零件的工时数/设备的制度工时数），各工序均大于0.1，因此A类零件的生产属于大批量的生产类型。可以认为该厂生产类型包含大批量生产、成批生产和小批量生产，因此产品及零件的作业计划应按照各自的生产类型，制定不同期量标准和采用不同形式的作业计划编制方法。

表5-1 零件ABC分类表

类别	平均月耗工时数/小时	零件品种数/种	占总数/%	占用工时数/万时	占总工时数/%
A	>300	24	4.8	1.57	49.4
B	50~300	96	19.4	1.17	36.8
C	<50	375	75.8	0.44	13.8
合计		495	100	3.18	100

（资料来源：康祎．企业生产运营管理咨询案例分析——以A开关厂为例［J］．中国市场，2014（31）．）

【思考】请问你能为这个企业提出改进的措施吗？

一、机加车间生产派工

生产计划部经理依据之前编制的生产加工计划查看车间产能状况，对车间进行派工，对各个工作岗位的生产任务进行具体安排，并检查各项生产准备工作，保证现场按生产作业计划进行生产。

生产计划部经理根据主生产计划表编制车架派工单，一式两份，下达车架派工单给车间管理员；车间管理员接收派工单，安排车架生产，并根据派工单登记车架的生产执行情况；车间管理员选择有空余产能的设备进行派工，派工成功后会占用资源产能，占用工人，直至完工入库时才能释放产能，释放人力。

二、生产领料、车架开工

车间管理员根据生产计划部经理下达的半成品车架派工单，查看物料结构，填写领料单,进行生产领料。仓管员检查生产用料,办理材料出库,填写材料出库单和物料卡,生产工人开始本月的车架生产。

车间管理员根据派工单和BOM填写一式三联的领料单,并送生产计划部经理审核;生产计划部经理接收领料单,根据派工单和BOM审核领料单填写的准确性,无误签字后将审核完毕的领料单交车间管理员,后者去仓库领料;仓管员接到领料单,根据库存和BOM核对物料库存情况,确认无误后在领料单上签字,并根据领料单填写车架出库单并连同领料单一起送仓储部经理审核;仓储部经理接收仓管员送来的附有领料单的出库单,审核出库单填写的准确性,确认无误后签字;仓管员办理材料出库单,更新物料卡,车间管理员在材料出库单上签字确认后将材料出库单的生产计划部联拿走,另外将材料出库单财务联交财务,材料出库单仓储部联交仓储部经理登记库存台账;车间管理员领取材料后回到生产线安排车架的生产开工,并根据材料出库单的生产计划部联更新生产执行情况表,同时,根据领料单在VBSE系统中记录生产领料情况;仓储部经理接收仓管员送来的车架材料出库单,登记库存台账,登记完交仓管员留存备案;成本会计接收仓管员送来的车架材料出库单,据此登记存货明细账(注意:只填写数量,月末进行成本核算,出库单做月末成本计算依据)。

三、组装车间生产派工

生产派工是指生产部接到计划部下达的加工计划,查看车间产能情况,对车间进行派工。生产派工要对各个工作岗位的生产任务进行具体安排,并检查各项生产准备工作,保证现场按生产作业计划进行生产。

生产计划部经理根据主生产计划表编制派工单,一式两份,一份派工单给车间管理员,另一份派工单自己留存;车间管理员接收派工单,安排组装生产,并根据派工单登记组装的生产执行情况表;车间管理员选择有空余产能的组装流水线进行派工,派工成功后会占用资源产能,占用工人,直至完工入库时才能释放产能,释放人力。

四、生产领料、童车组装

生产员根据生产部经理下达的成品组装派工单,查看产品组装结构明细,填写领料单;仓管员检查整车组装所需的齐套料,办理出库手续;生产员领料生产并进行整车组装。

车间管理员根据派工单和BOM填写一式三联的领料单并送生产计划部经理审批;生产计划部经理接收车间管理员送来的童车领料单,根据派工单和BOM审核童车领料单填写的准确性,审核无误并签字后,传递给仓管员;仓管员接收车间管理员送来的童车领料单,根据库存和BOM核对童车领料单上物料的库存情况,核对完全没有问题后,根据领料单填写材料出库单(一式三联),填完送仓储部经理审核;仓储部经理接收仓管员送来的附有领料单的材料出库单,审核材料出库单填写的准确性,审核无误并签字后,退给仓管员;仓管员办理材料出库,出完料让车间管理员在材料出库单上签字确认后,更新各种材料物料卡,同时,材料出库单财务联交财务,材料出库单仓储部联交仓储部经理登记库存台账,材料出库单的生产计划部联交车间管理员随材料一起拿走;车间管理员领取材料后回到生产线安排童车组装开工,更新生产执行情况表,在系统中记录生产领料情况;仓储部经理接收仓管员送来的童车材料出库单,据此在系统中进行生产领料,并根据入库的仓库联材料出库单登记库存台账，登记完交仓管员留存备案；成本会计接收仓管员送来的童车材料出库单登记存货明细账（注意：只填数量，月末加权平均计算材料成本，出库单做月末成本计算依据）。

五、计提折旧

在每个会计期末，按照会计制度中确定的固定资产折旧方法计提折旧，并登记账簿。固定资产购买当月不计提折旧，从次月开始计提折旧，出售当期按照当月计提折旧。在实训中，固定资产折旧按照直线法计提折旧。

会计（供应商总经理，客户总经理）直接读取业务数据里的固定资产折旧计算表，计提折旧，编制固定资产就是记账凭证。

六、支付水电费

费用会计根据水电费发票，每月一次提请出纳开具转账支票支付水电费并做账务处理。

费用会计填写支出凭单，并将水电费发票粘在后面，将支出凭单送交财务部经理审核；财务部经理审核支出凭单填写的准确性、水电费支出业务的真实性，审批无误并签字后转给出纳；出纳接到财务部经理签字后的费用支出凭单，签发转账支票并盖章，登记支票登记簿，然后将支票存根及支出凭单转给费用会计；费用会计接收出纳传递的支票存根及支出凭单，据此填制记账凭证后送财务部经理审核；财务部经理接收费用会计交给的记账凭证，进行审核后，交出纳登记银行存款日记账；出纳接收财务部经理交给的审核后的记账凭证，据此登记银行存款日记账后，将记账凭证交费用会计登记科目明细账；费用会计接收出纳交给的记账凭证并登记费用科目明细账。

七、考勤汇总查询

实训中开始新一天的任务前，学生需要上班签到，每月经营完成后，人力资源助理进行考勤统计，只做考勤统计表，以便计算工资。

人力资源助理通过查询考勤统计表，获取公司员工考勤明细信息，并依照明细信息做考勤统计表，将制作完成的考勤统计表交人力资源部经理计算工资。

八、薪酬核算

薪酬是指员工向其所在单位提供所需要的劳动而获得的各种形式的补偿。薪酬包括经济性薪酬和非经济性薪酬两大类。经济性薪酬分为直接经济性薪酬和间接经济性薪酬：直接经济性薪酬是单位按照一定的标准以货币形式向员工支付的薪酬；间接经济性薪酬不直接以货币形式发放给员工，但通常可以给员工带来生活上的便利，减少员工额外开支或者免除员工后顾之忧。非经济性薪酬无法用货币等手段来衡量，但会给员工带来心理愉悦等效用。

薪酬核算主要是对员工货币性薪酬的计算，现行制度中货币性薪酬包括基本薪酬、奖励薪酬（奖金）、附加薪酬（津贴）、补贴薪酬、红利、酬金和福利等。

实训中，薪酬由基本工资、绩效工资、五险一金构成。因实训不提供薪酬核算纸质表格，故需要学生在进入公司后下载电子表格并保存。

人力资源助理依据期初数据查找当月入职人员记录并收集整理新增数据；依据期初数据

查找当月离职人员记录并收集整理减少数据；依据期初数据查找当月晋升、调动及薪资调整记录并收集整理变更数据；依据期初数据查找当月考勤信息，整理汇总当月考勤数据；依据期初数据查找当期绩效考核评价评分资料，整理汇总绩效考核结果；依据期初数据查找当月奖励、处罚记录，并汇总整理；依据期初数据查找当月五险一金增减、缴费数据，计算五险一金。

人力资源助理下载企业员工花名册信息，依据现场规则，参照发放的期初各类有关职工现场的各种表格，制作职工现场计算的各种表格，包括职工薪酬统计表、职工薪酬统计表（部门汇总）、五险一金缴费统计表，并按照薪酬体系中每个项目的计算规则进行薪资核算，调整、打印员工薪酬统计表、职工薪酬发放表，将打印出来的表格送交财务部经理审核。人力资源部经理根据薪酬规则审核工资构成是否正确；根据企业人员花名册、考勤数据核对工资表中列示的人员、考勤是否准确；通过审阅、复核工资结算表和工资结算汇总表，逐级审查工资计算汇总的正确性；根据薪酬规则审核代扣代缴款项的正确性，以及应付工资和实发工资正确性。审核完成后在表单对应位置签字，并将表格交还给人力资源助理，由其交财务部经理审核。财务部经理查阅花名册、考勤表资料，查明在册员工总数的真实性；根据薪酬规则审核工资总额各组成项目的真实性，通过审阅、复核工资结算表和工资结算汇总表，逐级审查工资计算及汇总的正确性；根据薪酬规则审核奖金、津贴和补贴及其发放范围和标准；根据薪酬规则审核代扣代缴款项的正确性，以及应付工资和实发工资正确性；根据财务部资金状况审核资金的充足性，能够足额、准时进行工资发放。财务部经理审核完成后在表单对应位置签字，并将签字后的表单交还人力资源助理，由其交总经理审批。总经理审核工资结算总金额，了解总人工成本及波动幅度，并就变动的合理性进行核查；审核工资计算的部门分配方式及比例，并就分配的合理性做出判断。审核完成后在表单对应位置签字，并将签字后的表单交还人力资源助理。人力资源助理将所有职工薪酬部门汇总、职工薪酬统计表、五险一金缴费统计表交给薪资会计，薪资会计依照职工薪酬统计表、职工薪酬部门汇总、五险一金缴费统计表数据信息登记记账凭证并交财务部经理审核；财务部经理依照原始凭证列示内容审核记账凭证，审核完成后在记账凭证对应栏目内签字，并将签字完成的记账凭证交还给薪资会计；薪资会计依照记账凭证登记明细账。

九、五险一金计算

根据相关规定，计算并审核企业五险一金。五险一金缴费比例参见相关的设计规则。

人力资源助理办理五险一金时根据社保中心、住房公积金中心退还的盖章表单、银行托收凭证核对企业员工五险一金缴费人数、缴费基数、参保项目；依照各项目核定的缴费基数、缴费比例，计算单位、个人应承担的缴费金额；设计五险一金缴费表样式、制作缴费表，并将缴费数据录入表中；将资料交人力资源部经理审核；人力资源部经理审核人力资源助理五险一金缴费计算是否正确，确定没有错误之后在对应栏内签字，并将签字的表格交还给人力资源助理；人力资源助理将各种资料妥善保管，以备查用。

十、五险一金财务记账

每月出纳去银行领取社会保险、住房公积金委托扣款凭证（付款通知单），并交财务会计记账处理，同时告知人力资源助理本月社会保险、住房公积金扣款金额。

出纳去银行领取社会保险、住房公积金委托扣款凭证（付款通知单），告知人力资源助理本月社会保险、住房公积金扣款金，并将银行领取的社会保险、住房公积金委托扣款凭证（付款通知单）交给财务会计填制；财务会计接收出纳送来的社会保险、住房公积金委托扣款凭证（付款通知单），填制记账凭证，并将附件粘贴在记账凭证后，将记账凭证交给财务部经理审核；财务部经理接收财务会计送来的记账凭证，审核无误后，将记账凭证交给出纳登记明细账；出纳接收财务部经理交给的审核后的记账凭证，并据此登记银行存款日记账，之后将记账凭证交财务会计登记科目明细账；财务会计接收出纳交给的记账凭证，并据此登记科目明细账。

十一、住房公积金汇缴

根据1999年颁布、2002年修订的《住房公积金管理条例》，住房公积金是指国家机关、国有企业、城镇集体企业、外商投资企业、城镇私营企业与其他城镇企业、事业单位及其在职职工缴存的长期住房储金。

单位进行住房公积金汇缴方式有：直接交存转账支票、现金（须填制现金送款簿）方式；通过银行汇款方式；委托银行收款方式；支取住房基金方式。

实训中的住房公积金汇缴采用银行收款方式。

下列情形需要填写汇缴变更清册：企业新进人员时；企业有员工离职时；企业有人员调往外地，且调入为以后常住地的。

人力资源助理汇总当月新参加住房公积金、转入本单位人员的信息，收集需要办理住房公积金员工的身份证复印件，在北京市住房公积金系统企业管理子系统录入新增人员信息。单位有人员变动时，即有新增、转入、离职、退休、封存时，填写《住房公积金变更汇缴清册》，报表一式两份；然后去行政助理处领取《公章、印鉴使用申请表》，并依照要求填写后交给人力资源部经理审核。

人力资源部经理审核盖章申请事项是否必要，待盖章资料准备是否齐全等信息，审核完成后在《公章、印鉴使用申请表》上签字，并将签字后的申请表交还给人力资源助理，人力资源助理到行政助理处盖章；行政助理核对《公章、印鉴使用申请表》是否填写完整，是否经过审批签字，核对需要盖章的资料与申请表上所列示的内容是否一致，按照使用申请表上列示的章证类型及盖章位置等要求为其盖章；行政助理将《公章、印鉴使用申请表》留存备查，盖章完成的资料交还给人力资源助理；人力资源助理带齐资料去住房公积金管理中心办理社会保险增员业务；住房公积金专管员依照《住房公积金变更汇缴清册》列示的人员变动信息核对经办业务所需的资料是否齐备，填写是否规范，若不规范，退还准备不齐、不规范的资料，并告知企业经办人员原因，方便其做后续的准备；若准备齐全，住房公积金专管员读取企业交来的社会保险增员录盘信息；在住房公积金中心系统内做企业人员信息变更，在《住房公积金变更汇缴清册》上加盖业务章，并将其中的一份交还企业经办人；人力资源助理将增员已盖章的《住房公积金变更汇缴清册》归档，方便核算相关费用。

十二、办公费报销

实习开始时，企管部统一购买各部门办公用品，包含企业资质、证照、表单等。仿真实训系统中，办公用品由各部门申请，企业管理部集中采购，相关费用由行政助理负责报销。

实习开始时，企管部统一购买各部门办公用品，含企业资质、证照、表单等，用现金到综合服务中心结清欠款，取得发票，并填写支出凭单，并将办公费发票粘在后面，将支出凭单送交总经理、财务会计、财务部经理审核，交财务会计办理抵冲借款；总经理审核支出单填写的准确性、办公费支出业务的真实性，确认无误后签字；财务部经理审核支出单填写的准确性、办公费支出业务的真实性，确认无误后签字转交给出纳；出纳接到财务部经理审核后的记账凭证，支付现金；财务会计接收到财务部经理签字后的支出凭单填制记账凭证并送财务部经理审核；财务部经理接收财务会计交给的记账凭证，审核无误后交出纳登记现金日记账；出纳接收财务部经理交给的审核后的记账凭证登记现金日记账，并将记账凭证交财务会计登记科目明细账；财务会计接收出纳交给的记账凭证登记科目明细账。

十三、制造费用分配

制造费用指产品生产成本中除直接材料和直接工资以外的其余一切生产成本，主要包括企业各个生产单位（车间、分厂）为组织和管理生产所发生的一切费用。制造费用一般是间接计入成本，当制造费用发生时一般无法直接判定它所归属的成本计算对象，因而不能直接计入所生产的产品成本中，而须按费用发生的地点先行归集，月终时再采用一定的方法在各成本计算对象间进行分配，并计入各成本计算对象的成本中。

成本会计首先结算出制造费用明细账余额，然后编制制造费用分配表，最后编制制造费用分配凭证，经财务部经理审核后登记科目明细账。

成本会计找到制造费用明细账，结算出余额，根据制造费用明细账的余额，编制制造费用分配表，编制记账凭证交财务部经理审核；财务部经理接收财务会计交给的记账凭证，审核无误后交成本会计登记科目明细账；成本会计接收财务部经理审核完的记账凭证并据此登记科目明细账。

十四、车架成本核算

成本会计根据车架生产成本明细账统计生产车架领用原材料的费用、直接人工和制造费用，以及编制车架的产品成本。成本计算完成后编制记账凭证，经财务部经理审核后登记科目明细账。

成本会计根据车架生产成本明细账——直接材料，统计生产车架领用原材料；根据车架生产成本明细账——直接人工，统计生产车架所用人工成本，根据车架生产成本明细账——制造费用，统计生产车架所用制造费用，并编制车架的产品成本计算表，编制记账凭证后提交财务部经理审核；财务部经理接收成本会计交给的记账凭证，审核无误后交成本会计登记科目明细账；成本会计接收财务部经理审核完的记账凭证并据此登记科目明细账。

十五、车架完工入库

车架完工入库业务生产管理员对上月开工生产的半成品车架进行生产更新处理，产品完工后填写车架完工单。仓管员办理车架入库手续并填写物料卡，仓储部经理登记存货台账，成本会计对入库车架登记明细账。

车间管理员根据派工单填写车架完工单,并将派工单及填写的车架完工单交给生产计划部经理审核;生产计划部经理接收车间管理员送来的派工单和填写的车架完工单,根据派工单审核完工单填写的产品是否已经派工,审核无误签字后将完工单第一联留存车间管理员,并由车间管理员将车架完工单第二联和车架交给仓管员;仓管员接到车间管理员送来的车架和车架完工单,核对车架的单据和实物是否相符,填写半成品入库单,然后送经理审核,同时把审核完的半成品入库单自留一联,另外两联交给财务部和生产部;仓储部经理收到仓管员交给的半成品入库单,审核半成品入库单的准确性和合理性,确认无误后在半成品入库单上签字。

车间管理员根据车架完工单,登记生产计划部生产执行情况表,将生产执行情况表交生产计划部经理审核;生产计划部经理审核生产执行情况表是否填写完整,选择已完工的生产订单,确定生产完工的订单已记录进系统中;仓管员将货物摆放到货位,根据半成品入库单更新物料卡,将半成品入库单送仓储部经理登记台账,把入库单交给成本会计;仓储部经理根据入库单登记库存台账;成本会计接收仓管员交给的入库单,并据此登记科目明细账。

十六、童车成本核算

成本会计首先根据出库单统计组装童车领用车架的数量及根据半成品明细账按照全月平均法计算车架出库成本;根据出库单统计组装童车领用原材料的数量及根据原材料明细账按照全月平均法计算材料出库成本,并填制记账凭证,待财务部经理审核后登记科目明细账;然后,编制童车的成本计算表;成本计算完成后编制记账凭证,经财务部经理审核后登记科目明细账。

成本会计根据出库单统计组装童车领用车架的数量及根据自制半成品明细账按照全月平均法计算车架出库成本,根据出库单统计组装童车领用原材料的数量及根据原材料明细账按照全月平均法计算材料出库成本,并填制记账凭证交财务部经理审核;财务部经理接收财务会计交给的记账凭证,审核无误后交成本会计登记科目明细账;成本会计接收财务部经理审核完的记账凭证登记科目明细,并编制童车的产品成本计算表和记账会计凭证,并交财务部经理审核;财务部经理接收财务会计交给的记账凭证,审核无误后交成本会计登记科目明细账;成本会计接收财务部经理审核完的记账凭证并据此登记科目明细表。

十七、整车完工入库

整车组装、完工质检入库是指车间管理员对上月开始组装的产品进行完工处理,填写入库单和物料单。仓管经理登记存货台账,成本会计登记存货明细账。

车间管理员根据派工单填写完工单,交生产计划部经理审核;生产计划部经理收到整车完工单并审核整车完工单,在完工单上签字后退回给车间管理员;车间管理员填写完工送检单(一式两联)送生产计划员处进行检验;生产计划员(兼质检员)接到车间管理员送来的童车和完工送检单并进行检验,将检验结果填入完工送检单退回车间管理员;车间管理员根据完工单和完工送检单填写生产执行情况表,登记完后,携带产品、完工单第二联及送检单去仓库入库,将完工单第一联自行留存,第二联交仓管员;生产计划部经理根据完工单在系统中选择相应订单并确认;仓管员核对完工单和完工送检单及成车填写一式三联的成品入库单,并要求车间管理员在成品入库单上签字确认,然后送仓储部经理审核成品入库单;仓储部经理收到成品入库单并审核成品入库单的准确性和合理性,在成品入库单上签字后退回仓管员;仓管员把审核完的成品入库单的财务联给财务部,生产部联给生产部,仓库联自留,同时,将货物摆放到货位,根据成品入库单更新物料卡,并将成品入库单送仓储部经理登记台账;仓储部经理根据成品入库单登记库存台账;成本会计接收仓管员交给的成品入库单,并据此登记科目明细账。

任务三　处理制造企业销售环节经营业务

【导读案例】

可口可乐给你带来什么启示?

可口可乐公司成立于1886年5月8日,总部设在美国佐治亚州的亚特兰大,是全球最大的饮料公司,拥有全球48%市场占有率以及全球前三大饮料的两项(可口可乐第一,百事可乐第二,低热量可口可乐第三)。可口可乐在200个国家拥有160种饮料品牌,包括汽水、运动饮料、乳类饮品、果汁、茶和咖啡,也是全球最大的果汁饮料经销商(包括Minute Maid品牌),在美国有超过40%的市场占有率,而雪碧(Sprite)是成长最快的饮料。

可口可乐公司采取的营销策略如下:

1. "可口可乐"名称

品牌的一个基本作用就是要使消费者把一个企业的产品与另一个企业的同类型产品区分开来。品牌的这种能力越强,意味着品牌越具有与众不同的独创性和可识别性。可口可乐正是这样一种品牌。"Coca-Cola"词组短小精悍,具有独创性和独特个性,从而在全世界独领风骚,被众人关注、喜爱。

2. 营销理念

可口可乐公司有一句著名的销售格言:有人的地方就会有人"口渴",就会对饮料产生购买需求。因此如果产品能让消费者触手可及,就一定能占有市场。所谓"买得到"与"无处不在"就是这个道理。"无处不在"的理念体现在渠道和终端建设上,就是极度重视网点覆盖率和零售商对品牌的认同。早在1988年可口可乐的雪碧、芬达登录上海时,就曾掀起一场生机勃勃的终端革命。可口可乐跳过了各类中间环节,直接对终端发起了冲击:各装瓶厂建立了一支庞大的业务员队伍,配备了摩托车,奔走于大街小巷的零售商店,直接将产品送往各个终端,投入大量的冰柜、冰箱,免费提供给各零售商店。

3. 品牌营销

可口可乐公司通过电视广告、店内促销、产品陈列以及针对媒体的一系列宣传,并整合可口可乐的品牌优势展开一些营销活动。比如,在2003年,100万只印有奥运会会徽的可口可乐限量精美纪念罐上市,使得可口可乐公司成为北京奥运会顶级赞助商中第一家被授权使用奥运新会徽的公司。在随后的几天里,可口可乐的出货量是平时的5倍。又比如2005年春节,可口可乐成功搭乘雅典奥运快车,以"亚洲飞人"刘翔回家为主题,传递一个更为深入人心的情怀——回家团圆,实现了国际化与本土春节民俗的完美结合。正是这些营销才使得该品牌在市场上取得成功。

（资料来源：https://wenku.baidu.com/view/1b946ef9dd36a32d72758101.html）

【思考】可口可乐给你带来了什么启示吗？

一、处理制造企业销售环节经济业务

（一）市场营销策划

营销策划是在对企业内部环境予以准确的分析，并在有效运用经营资源的基础上，对一定时间内的企业营销活动的行为方针、目标、战略以及实施方案与具体措施进行设计和计划。企业通过对市场环境、社会环境、法律环境等各种因素的分析，形成一套针对本企业的营销策划方案来指导销售工作，以达到利润的最大化。

市场专员自行查找营销方案的编写案例，制订本企业的市场营销报告。

（二）编制营销策划方案

编制营销策划方案必须立足市场调研，通过对当前市场状况、市场前景、市场机会、市场影响因素及竞争对手的现状分析，明确营销目的，抓住企业营销中所要解决的核心问题，提出可行性的相应对策，制订操作性强的营销方案。其目的在于解决企业营销中的问题。

营销部经理组织营销部内部开会，启动营销策划方案的编写，营销策划方案由营销部经理主导，市场专员和销售专员协助完成，并制订工作计划，指定市场专员和销售专员具体负责哪些信息的收集和整理。市场专员收集竞争对手信息，以一家企业为主要目标，从产品情况、营销策略、技术信息进行重点分析，形成行业信息分析报告，报告要层次明晰，突出重点，最后提交行业信息分析报告。市场专员进行优势分析、劣势分析、机会分析、威胁分析，从而形成SWOT分析报告，交营销部经理审查。营销部经理根据SWOT分析、行业信息分析报告和上一期销售情况，确定销售总目标和利润目标，并制定营销总体策略、产品策略、价格策略、渠道策略、促销策略，将营销目标和策略落实到人。工作计划要以Excel表格列示，包括工作、开始时间、结束时间、负责人，营销部经理将工作计划发给部门内部所有员工，并召开部门内部会议，落实工作。营销部经理将方案提交总经理审查，审核后在营销策划方案上确认签字，交给营销部经理。营销部经理再次组织营销部内部开会，启动营销策划方案的编写，营销策划方案由营销部经理主导，市场专员和销售专员协助完成。

总经理审查营销策划方案时重点把握以下几点：

第一，方案是否符合企业实际情况。

第二，方案中的营销策略是否突出重点，至少要有一个重点营销策划。

第三，方案中对行业信息的分析和SWOT分析是否到位。

（三）签订广告合同

广告合同是指广告客户与经营者之间、广告经营者与广告经营者之间确立、变更、终止广告承办或代理关系的协议。签订广告合同是双方订立协议的过程。

市场专员确定广告合同的主体结构及主要内容，提交服务公司业务员；服务公司业务员与企业代表商谈合同细节，对广告合同内容确认无误后在合同上签字、盖章；市场专员填写合同会签单，将广告合同及合同会签单交部门经理、财务部经理、总经理审核；营销部经理审核广告合同的合理性，无误后，在合同会签单上签字；财务部经理审核广告合同的合理性，无误后在合同会签单上签字；总经理审核广告合同的合理性，无误后在合同会签单上签字；市场专员将各部门经理审核签字后的合同会签单及合同交行政助理盖章；行政助理确认合同会签单填写完整后在广告合同上加盖公章，并提交服务公司业务员；服务公司业务员依据合同上确定的广告费金额开具发票并送交市场专员。

（四）支付广告费

制造企业销售专员根据收到的服务公司业务员开具的广告费发票金额填制支出凭单，并申请对广告费用进行支付。

市场专员根据广告费发票金额填写支出凭单，将发票粘贴在支出凭单后面提交营销部经理审核；营销部经理审核支出凭单无误转交费用会计；费用会计审核支出凭单后提交财务部经理审核；财务部经理审核支出凭单后交给出纳；出纳将票据里的票据号码补充填写完整，空缺号码是8位，从00000001号起按自然顺序编号，同类票据（目前有现金支票、转账支票）不得重复编号，填写转账支票，登记支票簿并将支票正联交给销售专员，将支票根粘贴在支出凭单后面，将支出凭单交费用会计；市场专员在支票登记簿上签收，并将支票交给收款方即服务公司；费用会计接收出纳交来的支出凭单，编制记账凭证交财务部经理审核；财务部经理审核费用会计编制的记账凭证，无误后在凭证上盖章或者签名确认，并退回给出纳；出纳根据记账凭证登记银行存款日记账，并在记账凭证上签字或盖章后交给费用会计；费用会计根据记账凭证登记"销售费用——广告费用"明细账。

（五）客户谈判

制造企业的销售专员收集客户的需求，并与客户就合同主要条款（品名规格、数量、价格、交货期等）进行磋商。

销售专员走访客户或以其他方式与客户保持联系，获得潜在客户的采购信息，与客户进行沟通，落实意向客户，与意向客户就供货时间、数量、价格、结算条件、运输方式等进行磋商，为签订购销合同做准备。

（六）与客户签订合同

签订购销合同是企业与客户针对商品的品种、规格、技术标准、质量保证、订购数量、包装要求、售后服务、价格、交货日期与地点、运输方式、付款条件等进行反复磋商，双方无异议后，为建立双方满意的购销关系而办理的法律手续。

销售专员根据销售计划与客户沟通销售合同细节内容，起草购销合同，一式两份，并填写合同会签单，连同购销合同一起送交营销部经理审核；营销部经理接收销售专员交给的购销合同及合同会签单，审核购销合同内容填写的准确性和合理性后在合同会签单上签字确认，提交总经理审批；总经理接收销售专员交给的购销合同及合同会签单，审核营销部经理是否审核签字，审核购销合同内容填写的准确性和合理性，在合同会签单上和购销合同上签字后交给营销部经理；营销部经理把购销合同和合同会签单交给销售专员去盖章；销售专员拿购销合同和合同会签单找行政助理盖章；行政助理检查合同会签单签字等信息，无误后在合同上盖章并交给销售专员；销售专员根据购销合同内容将销售订单信息登记在销售订单明细表中；营销部经理将订单信息的主要内容登记在"汇总销售订单"中，并将其中一联交生产部经理，以便生产部安排生产；行政助理收到购销合同，更新合同管理表——购销合同，并把购销合同留存备案。

（七）录入童车销售订单

制造企业与客户经过磋商签订销售合同后，制造企业的销售专员将销售订单的基本信息录入仿真实训系统中，系统将根据录入的信息执行未来的销售发货及收款等业务。

销售专员根据制造企业与客户签订好的销售合同，将销售订单信息录入仿真实训系统。

（八）销售发货计划

销售发货计划是营销部根据客户订单的交货期、企业库存及车间产能情况制定的未来一段时间的发货清单。销售发货计划由销售专员编制，营销部经理进行审核，并送交一份至仓储部以便及时发货。

销售专员根据客户订单、企业现有库存及车间产能制订销售发货计划，并提交营销部经理审核；营销部经理审核销售发货计划的发货订单时间及数量无误后退回销售专员；销售专员送交一份发货计划至仓储部以便安排及时发货。

（九）童车发货

销售发货是指销售员根据销售订单交货日期填写产品发货单，仓管员填写出库单，由销售员发货给客户，财务部根据发货出库单开具销售发票，当客户收货确认后销售员需登记销售发货明细。

销售专员根据销售订单明细表和发货计划填制发货单，报部门经理和财务部经理审核；营销部经理根据销售订单明细表审核发货单，确认客户名称、产品名称、产品型号等重要项的填写并签字；财务部经理根据销售订单明细表审核发货单，确认客户名称、产品名称、产品型号等重要项的填写并签字；仓管员根据发货单填制产成品出库单并请销售专员签字后提交至部门经理审批；仓储部经理审核产成品出库单，办理出库手续；税务会计从销售专员处获取卖给该客户的销售价格，根据销售出库单，结合销售价格，开具销售发票；应收会计根据开具的收入发票填制记账凭证，将记账凭证交给财务部经理审核；财务部经理接收财务会计交给的记账凭证，进行审核，审核无误后，交成本会计登记科目明细账；成本会计根据出库单填写存货明细账，只填写数量，月末计算成本；仓管员办理出库手续，更新物料卡，把出库单给销售专员一联，把仓库联送给仓储部经理登记台账，把出库单送成本会计一联；仓储部经理根据出库单填写库存台账，登记完交给仓管员留存备案；销售专员在系统中选择发货的订单后确认，并根据发货单进行销售发运以及编制销售发货明细表。

（十）货款收回

销售实现之后，销售员需要按照销售合同的约定期限跟踪催促货款的收回。客户通过转账支票的方式进行付款，企业出纳员前往银行取回单，财务部做记账处理。

销售专员接收客户采购计划员工交付的转账支票并交给出纳；出纳填写银行进账单并到银行办理进账业务；银行柜员接收进账单和转账支票，在系统中进行转账操作，在进账单上盖开户行的印章后退回给出纳；出纳将银行进账单回单交应收会计做记账凭证；应收会计接收出纳送来的银行进账回单并据此填制记账凭证,将附件粘贴到记账凭证后面后,将记账凭证交财务部经理审核;财务部经理接收应收会计送来的记账凭证,审核记账凭证的附件是否齐全、正确,审核记账凭证的编制是否正确,审核完毕,交出纳登记银行存款日记账;出纳根据审核后的记账凭证登记银行日记账,登记完毕后,交应收会计登记明细账;应收会计接收出纳送来的记账凭证,核对财务部经理是否已审核,根据审核后的记账凭证登记科目明细账并通知销售专员,货款已收回;销售专员接到应收会计的通知后,更新销售订单明细表中回款项目。

(十一)发货给虚拟企业

制造企业参加商品交易会后获得虚拟企业订单,制造企业完成订单的生产后在规定的交货期内办理发货事宜。

销售专员根据销售订单填写发货单,将发货单的财务联送交财务部的应收会计,将发货单的客户联自留(因为对方是虚拟企业,无实体),并携带发货单的仓储联前往仓储部办理发货;仓管员根据发货单填写销售出库单,根据销售出库单更新物料卡状态;销售专员在系统中记录销售发货情况,在销售发货明细表中记录发货的详细信息;仓储部经理根据销售出库单登记库存台账;应收会计根据发货单填制记账凭证;成本会计在数量金额明细账中登记存货变化情况。

(十二)收取虚拟企业货款

销售实现之后,销售专员需要按照销售合同的约定期限跟踪催促货款的收回,在VBSE系统里销售货物发给虚拟企业,只要根据销售订单执行货款回收即可。

销售专员在系统里查询交易信息,确定销售实现后的应收账款金额,告知税务会计开具增值税专用发票;税务会计根据销售专员提供的信息开具增值税专用发票,但因为购货方不是有学生参与的实训组织,发票不用传递给购货方(外部虚拟商业社会环境);出纳根据税务会计开具的发票金额在系统里做"销售回款",将发票记账联交到财务会计并告知货款已经回收;财务会计根据销售发票和销售回款结果,填制记账凭证,将发票粘贴到记账凭证后面,并将记账凭证交财务部经理审核;财务部经理审核记账凭证的附件是否齐全、正确,审核记账凭证的编制是否正确,审核完毕,交给出纳登记银行存款日记账;出纳根据审核后的记账凭证登记银行存款日记账,登记完毕后,交税务会计登记明细账;税务会计接收出纳送来的记账凭证,核对财务部经理是否已审核,根据审核后的记账凭证登记应交税费科目明细账,并交给财务会计;财务会计接收税务会计送来的记账凭证,核对财务部经理是否已审核,根据审核后的记账凭证登记主营业务收入科目明细账。

二、处理客户经济业务

(一)确认制造企业销售订单

销售专员根据制造企业与客户签订的销售合同录入销售订单后,客户在VBSE系统中,对录入的订单进行确认。

客户业务主管根据双方签订的销售合同审核销售订单的内容,无误后确认订单。

（二）签订销售订单

客户在虚拟市场上选择产品需求订单，只有客户进行了新市场开发的城市才会显示在虚拟市场中，同时客户还必须按月在新市场上投放广告费，否则将无法看到市场订单。客户选单完毕后将销售订单的信息记录在销售订单明细表中，同时将销售订单汇总送交负责仓储的行政主管，以备发货。

客户业务主管做好选单记录准备，在系统中选择产品需求订单，与虚拟市场签订销售订单，将选择的销售订单信息填写在销售订单明细表中，以便查询；客户总经理审核销售订单明细表内容是否正确完整，金额数量是否有误；客户业务主管将销售订单明细表中的产品名称、数量及交货期填写到销售订单汇总表中，并将第二联送给负责仓储职能的客户行政主管，以便发货时查询。

（三）采购入库

采购入库是指供应商发出的货物抵达企业，同时开具了该张采购订单所对应的发票。仓储部负责填写入库单确认货物入库，并登记库存台账，财务部不负责登记记账凭证。

供应商行政主管根据物料的验收标准进行质量、数量、包装检测，填写物料检验单，并签字确认无误后，在发货单上签字，同时，根据物料检验单填写入库单（一式三联），将入库单自留一份，另外两联交业务主管及总经理；供应商业务主管接收到仓管员送来的入库单，登记采购合同执行情况表，并将发票（发票联和抵扣联）和对应的入库单的财务联送交总经理，同时，在仿真实训系统中确定采购物料到货，将货物摆放到货位，根据入库单数量填写物料卡，并根据入库单登记库存台账；供应商总经理接收发票和入库单，据此填制记账凭证。

（四）支付货款

供应商业务主管查看采购订单，确认应付款金额，由供应商总经理去国税局申请代销货方开具增值税专用发票，然后由供应商行政主管支付应付账款。

供应商业务主管在系统中查询采购订单，确定需要支付的款项和销货方；税务会计（在供应商企业，供应经理担任税务会计职能）去国税局申请代销货方开具增值税专用发票，用于抵扣进项税；国税局专管员查询供应商的详细采购订单，确定为哪张采购订单代开发票，并根据采购订单填写增值税专用发票，在"销货单位：（章）"处盖国税局章，交给税务会计（供应商总经理）；税务会计根据增值税专用发票填写记账凭证，供应商行政主管在线查询采购订单，支付材料款。

（五）广告投放申请

广告是为了某种特定的需要，通过一定形式的媒体，公开而广泛地向公众传递信息的宣传手段。广告投放申请就是为满足广告的发布，而在公司内部申请广告费用的活动。

客户业务主管编制广告投放申请表，携带广告投放申请表找总经理审核；客户总经理接收业务主管交来的广告投放申请表，审核广告投放申请表填写的准确性和广告投放数额测算是否合理，无误后签字退回给客户业务主管；客户业务主管准备进行广告投放。

（六）签订广告合同

广告合同是指广告客户与经营者之间、广告经营者与广告经营者之间确立、变更、终止广告承办或代理关系的协议。签订广告合同是双方订立协议的过程。

客户业务主管确定广告合同的主题结构及主要内容，送交总经理审核；客户总经理审核广告合同的合理性，签字确认后交给客户业务主管；服务公司业务员对广告合同内容确认无误后在合同上签字，将合同中的广告金额记录进 VBSE 系统，依据合同上确定的广告金额开具发票并送交客户行政主管；客户行政主管根据发票开具广告费支票并送交服务公司业务员。

（七）广告财务报销

客户业务主管根据广告费发票金额填写支出凭单并提请总经理审批，然后让客户行政主管签发转账支票支付广告费，客户总经理根据支票根做账务处理。

客户业务主管根据广告费发票金额填写支出凭单，提交客户总经理审核；客户总经理接到客户业务主管交来的支出凭单，审核支出凭单和发票的真实性及合法性并签字，退回给客户业务主管；客户行政主管接到客户总经理签批的支出凭单及广告费发票，开具转账支票并盖章，将支票提交给客户业务主管，将支票根提交给客户总经理；客户总经理接到客户行政主管交来的支票根，填制记账凭证。

（八）开发新市场

客户为了打开更多的市场，需要进行新市场开发投资。在 VBSE 产品中，该项业务运作由服务公司承担。客户确定了要开发的新市场范围后，与服务公司商定好市场开发费用，服务公司业务员在 VBSE 系统中进行新市场开发操作。完成新市场开发的款项支付后，客户即可在新的城市中进行产品销售。

客户业务主管根据公司的经营战略确定好要拓展市场的城市名称，并线下与服务公司业务员商议好开发费用，根据商议好的开发费用开具费用支票，并携带支票前往服务公司办理新市场开发事宜；服务公司业务员将新市场名称、开发费用等内容录入系统中，公司业务员收取客户业务主管的支票后，为对方开具发票。

（九）销售发货

销售发货是指销售人员依据销售订单交货日期填写产品发货单，仓管员填写出库单，由销售人员发货给客户，财务部根据发货出库单开具销售发票，当客户收货确认后销售人员需登记销售发货明细。

客户业务主管根据销售订单明细表和发货计划填制发货单，审核发货单并签字后交给客户总经理审核；客户总经理审核该企业的应收账款额度是否高，如高，则限制发货，否则，审核发货单，确认数量和金额并在发货单上签字，将签字后的发货单交给客户行政主管；客户行政主管根据发货单填制出库单，并请业务主管签字后送交总经理审批；客户行政主管办理出库手续，更新物料卡，把出库单给业务主管一联，把出库单送总经理一联，同时，根据出库单填写库存台账；客户总经理根据出库单填制记账凭证，在系统中选择发货的订单并确认；客户业务主管根据发货单进行销售发运，登记销售发货明细表。

（十）货款回收

销售实现之后，客户业务主管定期跟踪催促货款的收回。

客户业务主管在系统里查询交易信息，确定销售发货后应开具的发票金额及回款金额，告知客户总经理开具增值税专用发票；客户总经理根据销售订单开具增值税专用发票，但因为购货方不是由学生参与的实训组织，发票不用传递给购货方（外部虚拟商业社会环境），告知客户行政主管销售发票已经开具并及时收回货款;客户行政主管在系统里做"销售回款",因为付款方式为外部虚拟商业环境,无学员参与,因此无须付款方操作,款项即由收款方通过网银自动回款,客户行政主管前往银行取销售回款的网银回单;银行柜员根据客户提供的信息打印回单,将回单提交给客户行政主管;客户总经理接收客户行政主管交来的网银回单,根据销售发票和销售回款网银回单,编制记账凭证并交给客户行政主管;客户行政主管根据记账凭证登记银行存款日记账。

(十一)销售统计查询

销售统计查询是为了方便公司业务主管查看以往交易信息而设置的。通过交易信息查询,业务主管可以查看本公司曾经发出的采购订单及销售订单的历史信息。这些信息可以作为签订新订单的参考。

客户业务主管通过系统查询本公司的交易信息,包括以往的采购订单信息和销售订单信息。

(十二)客户查询延迟交货次数

延迟交货是每个企业都不希望发生的。为了改进企业服务质量,提高市场竞争力,企业应尽量将延迟交货次数降到最少。VBSE 系统提供了查询功能,帮助企业随时关注经营效果,及时加以改善。

客户业务主管可在系统中查询本企业一定时间段内延迟交货的次数。

(十三)查询销售增长率

销售增长率是指企业本年销售增长额与上年销售额之间的比率,反映销售的增减变动情况,是评价企业成长状况和发展能力的重要指标。其计算公式为如下。

A:销售增长率 = 本年销售额/上年销售额 = (本年销售额 − 上年销售额)/上年销售额

B:销售增长率 = 本年销售额/上年销售额 − 1

客户总经理在系统里单击"查询销售增长率"按钮,选择当前登录企业名称,录入查询时间段,即可查询。

(十四)查询综合市场占有率

综合市场占有率是指一定时间段内,本企业销售订单金额占同类销售订单总额的百分比。该占有率反映了企业的商品在市场上所处的地位。综合市场占有率越高,表明企业的竞争能力越强。

客户业务主管可在系统中查询本企业一定时间段内综合市场占有率的情况。

(十五)查询产品市场占有率

产品市场占有率是指一定时间段内,本企业某特定产品的销售订单金额占同类企业同种产品销售订单总额的百分比。该占有率反映了企业的这类商品在市场上所处的地位。产品市场占有率越高,说明该商品的竞争能力越强。

客户业务主管可在系统中查询本企业一定时间段内产品市场占有率情况。

(十六)查询细分市场占有率

细分市场占有率是指一定时间段内,在某具体形式区域(如某城市)中本企业销售订单金额占同类企业销售订单总额的百分比。该占有率反映了企业的商品在某一具体市场范围内所处的地位。细分市场占有率越高,表明企业在该区域内竞争能力越强。

项目六

企业运营绩效评价

【知识目标】

➢ 熟悉评价企业经营绩效内容、指标与方法

【能力目标】

➢ 掌握评价企业经营绩效方法的应用

【导读案例】

第一个故事　制度的力量

这是历史上一个制度建设的著名例证。18世纪末期,英国政府决定把犯了罪的英国人统统发配到澳洲。一些私人船主承包从英国往澳洲大规模地运送犯人的工作。英国政府实行的办法是以上船的犯人数的多少来决定支付船主费用的多少。当时那些运送犯人的船只大多是由一些很破旧的货船改装的,船上设备简陋,没有什么医疗药品,更没有医生,船主为了牟取暴利,尽可能地多装人,这使得船上的条件更加恶劣。一旦船只离开了岸,船主按人数拿到了政府的钱,就对这些人能否远涉重洋活着到达澳洲不管不问了。有些船主为了节省成本,甚至故意断水断食。3年以后,英国政府发现:运往澳洲的犯人在船上的死亡率达12%,其中最严重的一艘船上,424个犯人死了158个,死亡率高达37%。英国政府花了大笔资金,却没能达到大批移民的目的。

英国政府想了很多办法。每一艘船上都派一名政府官员监督,再派一名医生负责犯人和医疗卫生,同时对犯人在船上的生活标准做了硬性的规定。但是,死亡率还是没有降下来,甚至有的船上的监督官员和医生竟然也不明不白地死了。原来一些船主为了牟取暴利,贿赂官员,如果官员不同流合污就被扔到大海里喂鱼。政府支出了监督费用却照常死人。

政府又采取新办法:把船主都召集起来进行教育培训,教育他们要珍惜生命,要理解去澳洲开发是为了英国的长远大计，不要把金钱看得比生命还重要，但是情况依然没有好转，死亡率一直居高不下。

一位英国议员认为是那些私人船主钻了制度的空子，而制度的缺陷在于政府给予船主的报酬是以上船人数来计算的。他提出从改变制度开始：政府以到澳洲上岸的人数为准计算报酬，不论在英国上船多少人，到了澳洲上岸的时候再清点人数，按这个人数来支付报酬。于是问题迎刃而解。船主主动请医生跟船，在船上准备药品，改善生活，尽可能地让每一个上船的人都健康地到达澳洲。一个人就意味着一份收入。自从实行上岸计数的办法以后，船上的死亡率降到了1%以下。有些运载几百人的船只经过几个月的航行竟然没有一个人死亡。

点评：这个故事告诉我们，绩效考核的导向作用很重要。企业的绩效导向决定了员工的行为方式，如果企业认为绩效考核是惩罚员工的工具，那么员工的行为就是避免犯错，进而忽视了创造性，忽视了创造性就不能给企业带来战略性增长，那么企业的目标就无法达成；如果企业的绩效导向是组织目标的达成，那么员工的行为就趋于与组织目标保持一致，分解组织目标，理解上级意图并制订切实可行的计划，并与经理达成绩效合作伙伴关系，最终支持组织目标的实现。

第二个故事　俄罗斯矿山爆炸

在一次企业季度绩效考核会议上，营销部门经理 A 说："最近的销售做得不太好，我们有一定的责任，但是主要的责任不在我们，竞争对手纷纷推出新产品，比我们的产品好。所以我们也很不好做，研发部门要认真总结。"

研发部门经理 B 说："我们最近推出的新产品是少，但是我们也有困难呀。我们的预算太少了。而就是这少得可怜的预算，也被财务部门削减了。没钱怎么开发新产品呢？"

财务部门经理 C 说："我是削减了你们的预算，但是你要知道，公司的成本一直在上升，我们当然没有多少钱投在研发部。"

采购部门经理 D 说："我们的采购成本是上升了10%，为什么，你们知道吗？俄罗斯的一个生产铬的矿山爆炸了，导致不锈钢的价格上升。"

这时，A、B、C 三位经理一起说："哦，原来如此。这样说来，我们大家都没有多少责任了，哈哈哈哈。"

人力资源经理 F 说："这样说来，我只能去考核俄罗斯的矿山了。"

点评：看看故事，再想想自己，是不是该改变一下思维方式了？

第三个故事　拉上你的窗帘

据说美国华盛顿广场有名的杰弗逊纪念大厦，因年深日久，墙面出现裂纹。为能保护好这幢大厦，有关专家进行了专门研讨。

最初大家认为损害建筑物表面的元凶是侵蚀的酸雨。专家们进一步研究，却发现墙体侵蚀最直接的原因是每天冲洗墙壁所用的清洁剂对建筑物有酸蚀作用。而每天为什么要冲洗墙壁呢？是因为墙壁上每天都有大量的鸟粪。为什么会有那么多鸟粪呢？因为大厦周围聚集了很多燕子。为什么会有那么多燕子呢？因为墙上有很多燕子爱吃的蜘蛛。为什么会有那么多蜘蛛呢？因为大厦四周有蜘蛛喜欢吃的飞虫。为什么有这么多飞虫？因为飞虫在这里繁殖特别快。而飞虫在这里繁殖特别快的原因是这里的尘埃最适宜飞虫繁殖。为什么这里最适宜飞虫繁殖？因为开着的窗阳光充足，大量飞虫聚集在此，超常繁殖。

由此发现解决的办法很简单：只需要拉上整幢大厦的窗帘。此前专家们设计的一套套复杂而又详尽的维护方案也就成了一纸空文。

点评：彼得·圣吉在《第五项修炼》里提到，问题的解决方案既有"根本解"，也有"症状解"。"症状解"能迅速消除问题的症状，但只有暂时的作用，而且往往有加深问题的副作用，使问题更难得到根本解决。"根本解"是根本的解决方式，只有通过系统思考，看到问题的整体才能发现"根本解"。处理绩效问题时，若能系统思考，追本溯源，总览整体，抓住事物的根源，往往能够收到四两拨千斤的功效。就如杰弗逊大厦出现的裂纹，只要拉上窗帘就能解决几百万美元的维修费用，这是那些专家始料不及的。在遇到重重问题迷雾的时候，你真的能拉上你的窗帘吗？

（资料来源：http://www.doc88.com/p-490333022982.html）

【思考】企业绩效考核应该考虑哪些因素？

企业经营绩效是指一定经营期间的企业经营效益和经营者业绩。企业经营效益水平主要表现在企业的盈利能力、资产运营水平、偿债能力和后续发展能力等方面。经营者业绩主要通过经营者在经营管理企业的过程中对企业经营、成长、发展所取得的成果和所做出的贡献来体现。

企业经营绩效评价包括对企业经营效益和经营者业绩两个方面的评判。

任务一　杜邦财务分析

【导读案例】

杜邦分析法的前生今世

1965年10月，法兰克·唐纳德森·布朗（Frank Donaldson Brown）去世了。他去世的消息在短短几小时内被刊登在几家主要报纸的主要版面上，但几十年后的今天，这个名字还是让人看上去感到非常陌生。布朗的出身很普通，而且单从职业生涯和成就来看，布朗绝对算不上鼎鼎大名。他的学术成就，远不及那些诺贝尔奖的获得者；他一生所积累的财富，放到今天未必进得了胡润榜，但他仍然是一个了不起的成功者，起码他一步步走上人生巅峰的故事，激励着我们不断努力，争取实现逆袭。

布朗毕业于弗吉尼亚理工大学，学的是电气工程。更厉害的是，他是在康奈尔大学读的研究生——一家更不错的大学，学的是工程学。

1903年，布朗初入社会，他的第一份工作是加入美国史普拉格电子公司，并需要和巴尔的摩及俄亥俄铁路打交道，显然，他完成得非常出色。因为从1904年至1908年，布朗始终是这家公司巴尔的摩地区的销售总监。1909年，不甘寂寞的他投身于杜邦公司商业帝国的建设事业中，彼时的他仅仅是杜邦的一位销售人员。1912年，布朗在杜邦公司工作了三年后，被一个比他大6岁的上级Raskob看中了，并开始跨专业参与公司的金融业务。

金融业务对于布朗来说无疑是陌生的，更何况Raskob鼓励他运用当时并不流行的会计学、统计学的知识和数据来评估公司的商业利益，布朗是真的遇到了巨大的挑战。但不管怎么说，Raskob 的欣赏是十分重要的，一方面他是布朗在金融业务上的直接上司，另一方面这个上司也实在不简单。

布朗得到上司的青睐也不无道理，因为事实证明他在之后金融业务方面的工作非常成功，并在 Raskob 成为财务副总监后成功坐上了财务主管的位置。再后来，随着美国经济走出大萧条的泥潭，布朗也彻底释放了自我，在工作中顺风顺水，当上总经理。在 1937 年至 1946 年，布朗成为通用汽车的副董事长，实实在在地走在了升职加薪、出任首席执行官、迎娶白富美的道路上。

故事到这里已经结束了。有什么特别之处吗？仔细回想一下，我们会发现一件事情：布朗是在财务方面崭露头角的，可他学的都是工程啊！他一个学工程的为什么会去搞财务呢？因为 Raskob。那 Raskob 为什么会看中这个学工程的小伙子呢？

故事回溯到 1912 年。当时布朗只是一位销售人员，主要贩售一些爆炸性物品，可能是因为销售员这个工作过于辛苦，他在这一年写了一份报告，旨在向有关部门阐述公司的运营效率的问题。当时，现代会计学的发展才刚刚起步，很多的公式和会计分析都还未成形，布朗在报告中提出要分析一项叫作"用自己的钱所赢得的利润"的比率，会计学术语叫净资产收益率。他并不单纯分析这个比率，而是将这个比率进行拆解，认为拆解后这个比率可以解释三个问题：

1. 企业的这个生意是否赚钱？
2. 企业的运营效率如何？
3. 企业的债务风险是否可承受？

当时这份报告中神奇的拆解方式和分拆分析的方法轻松博得了所有审阅者的目光，并彻底改变了布朗的一生。

布朗运用自己出色的发散思维完成了自我价值的实现，也为现代会计学的财务管理提供了一个重要的方法。这种方法在 1920 年后被杜邦公司广泛运用到公司的财务分析中，当其发扬光大后，世人给其命名为——杜邦分析法。

（资料来源：http://www.sohu.com/a/130975590_117959）

【思考】杜邦分析法在面向世人之初为什么能引起很高的关注度？

一、杜邦分析内容

杜邦分析法是从财务角度评价公司盈利能力、股东权益回报水平和企业绩效的一种经典方法。这种分析方法最早由美国杜邦公司使用，故名杜邦分析法。其基本思想是将企业净资产收益率逐级分解为多项财务比率乘积，这样有助于深入分析比较企业的经营业绩。

杜邦分析法以股东（所有者）权益净利率为龙头，以总资产净利率为核心，重点揭示企业的获利能力及其原因。

比如，小明准备炒股，他自有资金 50 万元，但他觉得不够，于是向小伙伴们借了 50 万元。小伙伴虽然很为难但还是借给他了，鉴于小明以前欠钱不还的记录，他们决定向小明收取年化收益率为 40% 的利息。

后来,小明用自有资金及借来的钱买入某股票,成本价为10元,买入10万股(不考虑交易费用)。一年后该股票涨至20元,小明手中的10万股升值为200万元。小伙伴们得知小明赚钱了,来收本金和利息,一共收走70万元(一年后还本付息)。剩余130万元为小明的自有资金。

从小明的角度而言,自己投入了50万元,一年后滚成130万元,收益率显然为160%。这就是权益净利率,即用自己的钱所创造的利润。同理,运用到企业经营中,这个比率应该为企业股东的投资回报率。

那么权益净利率受什么影响呢?我们把权益净利率分解成为若干个有相互关系的财务指标,并绘制成图,称为杜邦分析图,如图6-1所示。

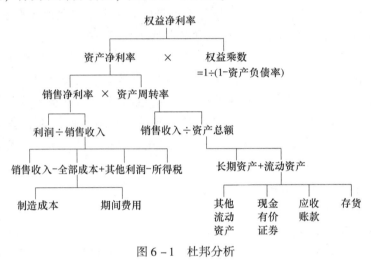

图6-1 杜邦分析

杜邦分析图反映了以下几种重要的财务指标关系:

$$权益净利率 = 资产净利率 \times 权益乘数$$
$$= 销售净利率 \times 资产周转率 \times 权益乘数$$
$$= 销售净利率 \times 资产周转率 \times 1/(1-资产负债率)$$

二、杜邦分析体系指标结构关系分析

(一)权益净利率

权益净利率是一个综合性最强的财务分析指标,是杜邦分析系统的核心。这个比率的意义是,衡量每卖出去一块钱的产品,真正属于自己的净利润有多少。由于权益净利率反映企业所有者投入资本的获利能力,以及企业筹资、投资和资产营运等各种经营活动的效率,所以不论是所有者还是经营者都十分关心其升降变化及其原因。销售净利率、总资产周转率和权益乘数是影响权益净利率高低的主要因素。销售净利率取决于企业的经营管理,资产周转率取决于投资管理,权益乘数取决于筹资政策。由此就把所有者权益净利率发生升降变化的原因具体化了,比只用一项综合性指标更能说明问题。

(二)销售净利率

资产净利率是影响权益净利率的最重要的指标,具有很强的综合性,而资产净利率又取决于销售净利率和总资产周转率的高低。销售净利率反映了销售收入的收益水平。扩大销售收入，降低成本费用是提高企业销售利润率的根本途径。

企业的盈利能力与企业自身的治理结构以及企业的品牌效应等固然有密不可分的关系，但企业所处的行业往往会锚定企业销售净利率的区间，再好的传统行业的企业在这项指标上也很难与暴利行业的普通企业相比较。

例如，在银行业和食品调味品业这两个行业内分别选取7家上市公司作为研究样本，由于年报尚未全部披露，所以用2016年三季报的数据做参考。这14家上市公司截至2016年三季度末的销售净利率如表6-1、图6-2所示。

表6-1　企业销售净利率

股票代码	上市公司	销售净利率/%
601398	工商银行	43.16
601939	建设银行	41.19
601988	中国银行	41.06
601288	农业银行	39.93
601328	交通银行	35.92
600016	民生银行	34.27
600036	招商银行	32.66
603288	海天味业	22.76
603696	安记食品	15.88
002495	佳隆股份	13.92
603027	千禾味业	13.12
600305	恒顺醋业	11.03
002650	加加食品	9.54
600186	莲花健康	-5.17

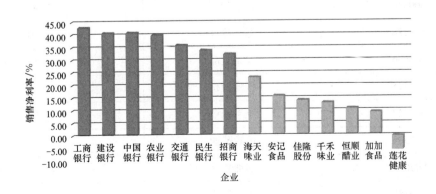

图6-2　企业销售净利率

调味品行业的 7 家公司,除了海天味业和莲花健康之外,其他的调味品公司销售净利率是比较接近的,平均水平在 12%~13%。即便是调味品行业的翘楚海天味业,其 22.76% 的销售净利率也比招商银行少了近 10 个百分点。这个差距是永远无法抹平的,因为行业的特征很大程度上决定了该行业的销售净利率。换言之,行业不同,其销售净利率是有差别的。也就是说,在销售净利率上,调味品行业无法与银行业竞争。

(三) 总资产周转率

总资产周转率是指企业在一定时期内业务收入净额同平均资产总额的比率,是综合评价企业全部资产的经营质量和利用效率的重要指标。总资产周转率反映总资产的周转速度。换言之,总资产是一个企业能够控制的资源,用这个资源所创造的销售额就是总资产周转率的含义,这个比率充分反映了企业对总资产的利用效率,同时也是企业运营效率的体现。

我们往往能听到一个耳熟能详的词,叫"薄利多销",所谓薄利多销,就是通过降低销售价格从而提升企业的销售额。在杜邦分析中,一个成功的薄利多销方式就是削减净资产收益率,提高总资产周转率,从而提升股东投资回报率。

同样,企业所处的行业同样会锚定企业总资产周转率的区间。例如,选取的 14 家上市公司截至 2016 年三季度末的总资产周转率如表 6-2、图 6-3 所示。

表 6-2 企业总资产周转率

股票代码	上市公司	总资产周转率/%
601398	工商银行	2.26
601939	建设银行	2.43
601988	中国银行	2.13
601288	农业银行	2.10
601328	交通银行	1.93
600016	民生银行	2.29
600036	招商银行	2.90
603288	海天味业	79.04
603696	安记食品	26.52
002495	佳隆股份	18.46
603027	千禾味业	64.90
600305	恒顺醋业	46.67
002650	加加食品	47.32
600186	莲花健康	56.56

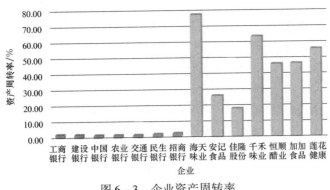

图 6-3 企业资产周转率

从图 6-3 可以看出,调味品行业的销售速度简直是碾压银行业。

另外,招商银行的零售业超过那些大银行,但和调味品行业销售水平最差的佳隆股份相比,差距仍非常大。仅从调味品行业的数据来看,安记食品和佳隆股份的销售水平有待提升,但这两家企业在销售净利率中排名靠前,可以推测,这两家企业在销售费用(也就是打广告、搞代销)的投资方面是比较节省的,因此产品销路一般,卖得慢。

(四)权益乘数

权益乘数表示企业的负债财务杠杆进行经营活动的程度。资产负债率高,权益乘数就大,说明公司的负债程度就高,公司会有较多的杠杆利益,但风险也高;反之,资产负债率低,权益乘数就小,说明公司负债程度低,公司会有较少的杠杆利益,但风险也低。

那么,上市公司的权益乘数一般处于什么水平?

同样,企业所处的行业同样会锚定企业权益乘数的区间。

例如,选取的 14 家上市公司截至 2016 年三季度末的权益乘数如表 6-3、图 6-4 所示。

表 6-3 企业权益乘数

股票代码	上市公司	权益乘数
601398	工商银行	12.1
601939	建设银行	13.05
601988	中国银行	12.19
601288	农业银行	14.52
601328	交通银行	13.07
600016	民生银行	16.79
600036	招商银行	14
603288	海天味业	1.22
603696	安记食品	1.03
002495	佳隆股份	1.05
603027	千禾味业	1.12
600305	恒顺醋业	1.41
002650	加加食品	1.54
600186	莲花健康	—

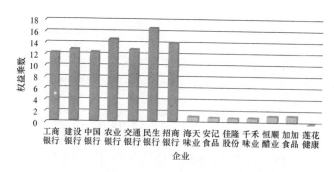

图 6-4 企业权益乘数

从图 6-4 可以看出,银行业的权益乘数都很高。

另外,权益乘数是用总资产除以净资产,当比率为 1 时,说明企业能够控制的资产均为企业自有。当比率升高时,负债比例就上升。那么,银行业的权益乘数都高于 12,难道银行要倒闭了?

银行业权益乘数超高的原因是其资产负债表的科目和传统企业是相反的。对于银行而言,其负债为储户和企业的存款,也就是说,企业的银行存款对企业而言是资产,而对银行而言是负债,那么权益乘数很高意味着银行放贷和吸收存款的数额很高。对银行而言,高于 10 以上的权益乘数是能够接受的。所以某些行业对于企业的权益乘数也会有锚定效应。反观调味品行业,权益乘数普遍不高于 1.5。另外,资不抵债的企业由于其权益乘数为负,所以不作计算,如莲花健康。小于 2 的权益乘数通常意味着企业资不抵债的风险是可接受的。

(五)综合分析

以上,通过选取两个行业的各 7 家上市公司进行对比发现,在销售净利率和权益乘数上,银行业远大于调味品行业,而在总资产周转率上,调味品行业却远超银行业。最后,综合分析这些企业的净资产收益率,也就是股东的投资回报率,如表 6-4、图 6-5 所示。

表 6-4 14 家公司综合分析数据

股票代码	上市公司	销售净利率/%	总资产周转率/%	权益乘数	净资产收益率/%
601398	工商银行	43.16	2.26	12.1	16.53
601939	建设银行	41.19	2.43	13.05	17.16
601988	中国银行	41.06	2.13	12.19	13.66
601288	农业银行	39.93	2.10	14.52	17.10
601328	交通银行	35.92	1.93	13.07	12.84
600016	民生银行	34.27	2.29	16.79	16.58
600036	招商银行	32.66	2.90	14	18.36
603288	海天味业	22.76	79.04	1.22	22.70
603696	安记食品	15.88	26.52	1.03	4.21
002495	佳隆股份	13.92	18.46	1.05	2.73
603027	千禾味业	13.12	64.90	1.12	11.11
600305	恒顺醋业	11.03	46.67	1.41	7.76
002650	加加食品	9.54	47.32	1.54	6.70
600186	莲花健康	-5.17	56.56	—	-65.11

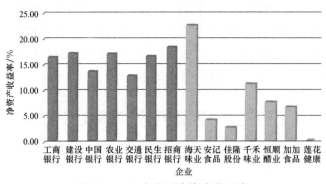

图 6-5 上市公司净资产收益率

从图 6-5 可以看出，银行业的净资产收益率相对比较平均，最低为交通银行（12.84%），最高是招商银行（18.36%）。而调味品行业出现了较为明显的分化，在盈利的企业中，净资产收益率最少的佳隆股份仅为 2.73%，而海天味业却高达 22.70%。

要了解行业内两家企业净资产收益率的差距，杜邦分析法能够做出很好的解释。

比如，选取安纪食品、千禾味业、恒顺醋业做分析（表 6-5）。

表 6-5 三家公司分析数据

股票代码	上市公司	销售净利率/%	总资产周转率/%	权益乘数	净资产收益率/%
603696	安记食品	15.88	26.52	1.03	4.21
603027	千禾味业	13.12	64.90	1.12	11.11
600305	恒顺醋业	11.03	46.67	1.41	7.76

从表 6-5 可以看出，在净资产收益率这项指标上，千禾味业在这三家公司中最高。可是从业务盈利能力（销售净利率）来看，安记食品是最高的，但安记食品产品销售速度太慢（总资产周转率最低），同时又没有大规模举债增加收益，最终导致净资产收益率在这三家企业中最低。恒顺醋业的业务盈利能力和销售速度都不及千禾味业，但相比千禾味业更加敢于举债，所以其净资产收益率不至于太低。

三、杜邦分析法的局限性

从企业绩效评价的角度来看，杜邦分析法只包括财务方面的信息，不能全面反映企业的实力，有很大的局限性。在实际运用中需要结合企业的其他信息加以分析。

第一，对短期财务结果过分重视，有可能导致公司管理层出现短期行为，忽略企业长期的价值创造。

第二，财务指标反映的是企业过去的经营业绩，其能够衡量工业时代的企业的经营水平。但在目前的信息时代，顾客、供应商、雇员、技术创新等因素对企业经营业绩的影响越来越大，而杜邦分析法无法满足在这些方面的要求。

第三，在目前的市场环境中，企业的无形知识资产对提高企业长期竞争力至关重要，但杜邦分析法却不能解决无形资产的估值问题。

第四,杜邦分析法必须对比分析。只有通过对比,才能看出莲花健康和海天味业的差距。同样地,只单纯思考海天味业的三个指标是高是低也是不合逻辑的。

第五,杜邦分析法中运用三个乘数指标进行分析时必须和其同行业相比。将海天味业的数据和招商银行的数据进行对比,是极不合理的。

任务二　平衡记分卡绩效考核

【导读案例】

平衡记分卡的创始人:罗伯特·卡普兰

1940年,罗伯特·卡普兰(Robert Samuel Kaplan)出生在美国纽约。年轻的时候,他在麻省理工学院获得电气工程专业的本科学位和硕士学位。研究生毕业后,他在企业里干了两年系统设计师和咨询顾问工作,又重返校园,在康奈尔大学(Cornell University)获得运筹学专业的博士学位。

1968年,卡普兰拿到博士学位后,来到卡内基-梅隆大学(Carnegie-Mellon University)商学院,从事会计学教学。在这里,他一待就是16年之久。前9年他是专任会计学教师,其精力主要集中在概率折旧法、统计取样模型、管理费用分摊的数学模型、审计中的统计取样新方法,以及股票市场对于财务会计信息的影响等实证研究方面。在这些研究中,他放弃了当时会计领域里惯用的会计报表分析,而是专注于建构分析模型。围绕着实证分析方法,他在1976年出版了《社会安全体系中的财务危机》(Financial Crisis in the Social Security System),1977年出版了《社会安全指数》(Indexing Social Security:An Analysis of the Issues)。

1984年,卡普兰做出了有关他学术方向的一个重要决定,从卡内基-梅隆大学商学院跳槽到哈佛大学商学院任教,担任了哈佛商学院的迪金森(Arthur Lowes Dickinson)会计学教授和贝克基金教授(Baker Foundation Professor)。这个迪金森教授岗位的来源,是注册会计师的阿瑟·洛斯·迪金森爵士为了推进会计学研究,于1924年设立的基金会。哈佛商学院给予卡普兰在会计学的深化研究上以更多的支持,并使他结识了日后关系非常密切的两位合作伙伴罗宾·库珀(Robin Cooper)和大卫·诺顿(David P. Norton)。他们三人联手,在作业成本法和平衡计分卡的研究上有了重大进展。

1987年,他与托马斯·约翰逊(H. Thomas Johnson)合作出版了《管理会计兴衰史:相关性的遗失》(Relevance Lost:The Rise and Fall of Management Accounting)。在书中,他分析了管理会计存在的两大缺陷:一是成本分摊和利润核算有严重的偏差;二是传统的业绩衡量体系仅仅关注财务指标而没有衡量非财务指标。这本书在管理会计的革新和实践方面有着重要价值,强调管理会计与经营决策以及企业发展战略的关联性,再造了管理会计系统,而且经受了实践的考验,在20年后(2007年)获得了美国会计协会(简称AAA)重大贡献著作奖(The American Accounting Association Seminal Contributions to Literature Award)。同年,他还与威廉·布伦斯(William J. Bruns)合作出版了《会计与管理》(Accounting and Management:Field Study Perspectives)。1988年,他获得了美国会计协会颁发的杰出会计教师奖(The Outstanding Accounting Educator Award)。1989年,他与安东尼·阿特金森(Anthony A.

Atkinson)合作出版了《高级会计管理》(Advanced Management Accounting)。这些著作,巩固了卡普兰管理会计的一流教师地位。

1996年,卡普兰和诺顿出版了这一课题的第1本书《平衡计分卡:化战略为行动》(The Balanced Scorecard: Translating Strategy into Action)(该书很快就引起了中国的关注,1998年新华社出版的汉译本名为《综合记分卡:一种革命性的评估和管理系统》)。在这本书中,他们详尽地将计分卡的4个维度展开论述,并分析了计分卡如何作为战略管理的基础来操作。这本专著的问世标志着平衡计分卡的成熟,它将计分卡从绩效衡量工具转变为战略实施工具。很快,平衡计分卡风靡美国,进而风靡全球。这本书也先后被翻译为24种不同语言的版本,并于2001年获得美国会计协会颁发的最佳研究贡献奖——维尔德曼奖(Wildman Medal)。2001年,卡普兰关于平衡计分卡的第2本书《战略中心型组织:如何利用平衡计分卡使企业在新的商业环境中保持繁荣》(The Strategy-focused Organization: How Balanced Scorecard Companies Thrive in the New Business Environment)出版。2004年,平衡计分卡的第3本书《战略地图:化无形资产为有形成果》(Strategy Maps: Converting Intangible Assets into Tangible Outcomes)出版。这本书专门阐述如何将战略转化为可操作的语言,怎样运用4个维度绘制战略地图,将战略转化为具体的经营目标和指标要做些什么。该书出版后,马上成为《战略与商业》(Strategy & Business)和亚马逊网站2004年十大商业畅销书籍之一。2006年,平衡计分卡的第4本书《组织协同:运用平衡计分卡创造企业合力》(Alignment: Using the Balanced Scorecard to Create Corporate Synergies)出版。它阐述了组织和战略协调一致的原则。书中分析了平衡计分卡与企业战略图的关系,通过战略图与平衡计分卡这一整套治理框架,可帮助企业挖掘组织协同所产生的价值。2008年,平衡计分卡的第5本书《平衡计分卡战略实践》(The Execution Premium: Linking Strategy to Operations for Competitive Advantage)出版,继续对平衡计分卡在战略管理中的实际应用展开说明。

(资料来源:http://bschool.sohu.com/20100311/n270739889.shtml)

【思考】平衡记分卡在企业管理中发挥了哪些作用?

一、平衡记分卡

平衡计分卡(The Balanced ScoreCard,BSC),就是根据企业组织的战略要求而精心设计的指标体系。按照卡普兰和诺顿的观点,"平衡计分卡是一种绩效管理的工具。它将企业战略目标逐层分解转化为各种具体的相互平衡的绩效考核指标体系,并对这些指标的实现状况进行不同时段的考核,从而为企业战略目标的完成建立起可靠的执行基础"。

(一)平衡记分卡的主要内容

平衡计分卡中的目标和评估指标来源于组织战略,它把组织的使命和战略转化为有形的目标和衡量指标。平衡计分卡方法认为,组织应从4个角度审视自身业绩:客户、业务流程、学习与成长、财务。BSC中的客户方面,管理者们确认了组织将要参与竞争的客户和市场部分,并将目标转换成一组指标。如市场份额、客户留住率、客户获得率、顾客满意度、顾客获利水平等。BSC中的业务流程方面,为吸引和留住目标市场上的客户,满足股东对财务回报的要求,管理者需关注对客户满意度和实现组织财务目标影响最大的内部过程,并为此设立衡量指标。在这一方面，BSC 重视的不是单纯的现有经营过程的改善，而是以确认客户和股东的要求为起点、满足客户和股东要求为终点的全新的内部经营过程。BSC 中的学习与成长方面，确认了组织为了实现长期的业绩而必须进行的对未来的投资，包括对雇员的能力、组织的信息系统等方面的衡量。组织在上述各方面的成功必须转化为财务上的最终成功。产品质量、完成订单时间、生产率、新产品开发和客户满意度方面的改进只有转化为销售额的增加、经营费用的减少和资产周转率的提高，才能为组织带来利益。因此，BSC 的财务方面列示了组织的财务目标，并衡量战略的实施和执行是否在为最终的经营成果的改善做出贡献。BSC 中的目标和衡量指标是相互联系的，这种联系不仅包括因果关系，而且包括结果的衡量和引起结果的过程的衡量，最终反映组织战略。现按照财务层面、客户层面、业务流程层面、学习与成长层面的顺序进行介绍。

1. 财务层面

财务性绩效指标是一般企业常用于绩效评估的传统指标。财务性绩效指标可显示出企业的战略及其实施和执行是否正在为最终经营结果（如利润）的改善做出贡献。但是，不是所有的长期策略都能很快产生短期的财务盈利。非财务性绩效指标（如质量、生产时间、生产率和新产品等）的提高是实现目的的手段，而不是目的本身。财务性绩效指标衡量的主要内容包括收入的增长、收入的结构、降低成本、提高生产率、资产的利用和投资战略等。财务性绩效指标可以显示企业的战略及其实施和执行是否对改善企业盈利做出贡献。财务目标通常与获利能力有关，其衡量指标有营业收入、资本报酬率、经济增加值等，也可能是销售额的迅速提高或创造现金流量。

2. 客户层面

平衡记分卡要求企业将使命和策略诠释为具体的与客户相关的目标和要点。企业应以目标顾客和目标市场为导向，应当专注于是否满足核心顾客需求，而不是企图满足所有客户的偏好。客户最关心的 5 个方面为时间、质量、性能、服务和成本。企业必须在这 5 个方面树立清晰的目标，然后将这些目标细化为具体的指标。客户层面指标衡量的主要内容包括市场份额、老客户挽留率、新客户获得率、顾客满意度、从客户处获得的利润率。在平衡记分卡的客户层面，管理者确立了其业务单位将竞争的客户和市场，以及业务单位在这些目标客户和市场中的衡量指标。客户层面指标通常包括客户满意度、客户保持率、客户获得率、客户盈利率以及在目标市场中所占的份额。客户层面可使业务单位的管理者能够阐明客户和市场战略，从而创造出更多的财务回报。

3. 业务流程层面

建立平衡记分卡的顺序，通常是先制定财务和客户方面的目标与指标后，再制定企业业务流程层面的目标与指标。这个顺序使企业能够抓住重点，专心衡量那些与股东和客户目标息息相关的流程。业务流程绩效考核应以对客户满意度和实现财务目标影响最大的业务流程为核心。业务流程指标既包括短期的现有业务的改善，又涉及长远的产品和服务的革新。业务流程层面指标涉及企业的改良/创新过程、经营过程和售后服务过程。在这一层面上，管理者要确认组织擅长的关键的内部流程，这些流程帮助业务单位提供价值主张，以吸引和留住目标细分市场的客户，并满足股东对财务回报的期望。

4. 学习与成长层面

学习与成长的目标为其他三个方面的目标提供了基础架构，是驱使上述记分卡 3 个方面获得卓越成果的动力。面对激烈的全球竞争，企业今天的技术和能力已无法确保其实现未来的业务目标。削减对企业学习与成长能力的投资虽然能在短期内增加财务收入，但由此造成的不利影响将在未来对企业造成沉重打击。学习与成长层面指标涉及员工的能力、信息系统的能力和激励、授权与相互配合。

（二）平衡记分卡的建立原则

一个结构严谨的平衡计分卡，应包含一连串连贯的目标和量度，这些量度和目标不仅前后连贯，也互相强化。就如同飞行仿真器，包含一套复杂的变量和因果关系，其包括领先、落后和回馈循环，并能描绘出战略的运行轨道和飞行计划。

建立一个以战略为评估标准的平衡计分卡须遵守三个原则：因果关系、成果量度与绩效驱动因素、财务联结。这三个原则将平衡计分卡与企业战略联结，其因果关系链代表的流程和决策，会对未来的核心成果造成正面的影响。这些量度的目的是向组织表示新的工作流程规范，并确立战略优先任务、战略成果及绩效驱动因素的逻辑过程，以进行企业流程的改造。

进一步而言，平衡记分卡的发展过程中特别强调描述策略背后的因果关系，借客户层面、业务流程层面、学习与成长层面评估指标的完成而达到最终的财务目标。它确立了企业盈利的基础框架，确立了未来成功的关键因素。平衡记分卡的前3个层面一般会揭示企业的实际能力与实现突破性业绩所必需的能力之间的差距。为了弥补这个差距，企业必须投资员工技术的再造、组织程序和日常工作的理顺，这些都是平衡记分卡学习与成长层面追求的目标。如员工满意度、员工保持率、员工培训和技能等，以及这些指标的驱动因素。

最好的平衡记分卡是重要指标或重要成功因素的集合，一份结构严谨的平衡记分卡应当包含一系列相互联系的目标和指标，这些指标不仅前后一致，而且互相强化。

例如，投资回报率是平衡记分卡的财务指标，这一指标的驱动因素可能是客户的重复采购和销售量的增加，而这二者是客户的满意度带来的结果。因此，客户满意度被纳入记分卡的客户层面。通过对客户偏好的分析显示，客户比较重视按时交货率这个指标，因此，按时交付程度的提高会带来更高的客户满意度，进而引起财务业绩的提高。于是，客户满意度和按时交货率都被纳入平衡记分卡的客户层面。而较高的按时交货率又可以通过缩短经营周期并提高内部过程质量来实现，因此这两个因素就成为平衡记分卡的业务流程指标。而企业要改善业务流程质量并缩短周期，又需要培训员工并提高他们的技术，员工技术是学习与成长层面的目标。这就是一个完整的因果关系链，贯穿平衡记分卡的4个层面。

平衡记分卡通过因果关系提供了把战略转化为可操作内容的一个框架。根据因果关系，对企业的战略目标进行划分，其可以分解为实现企业战略目标的几个子目标，这些子目标是各个部门的目标。同样各中级目标或评价指标可以根据因果关系继续细分，直至最终形成可以指导个人行动的绩效指标和目标。

二、平衡记分卡的特点

（一）平衡记分卡的优点

1. 能够同企业战略紧密联系

平衡记分卡强调绩效管理与企业战略之间的紧密关系，并提出一套具体的指标框架体系，能够将部门绩效与企业、组织整体绩效很好地联系起来，使各部门的努力方向同企业战略目标的实现联系起来。

2. 能够将财务指标与非财务指标结合起来

平衡记分卡符合财务评价和非财务评价并重的业绩评价体系的设置原则。传统的业绩评价系统主要是对财务评价指标的评价。在日益复杂的环境下，单一的财务指标评价不能全面反映企业的实力。平衡计分卡为了弥补单一财务指标在客户、员工、供应商、业务程序、技术创新等方面的不足，增加了客户、业务流程、学习与成长三个层面的非财务指标，从而很好地实现了财务指标与非财务指标的结合，并在此基础上形成了一套完整的指标体系。

3. 能够避免企业的短期行为

财务评价指标往往以过去的信息为依据，无法评价企业未来成长的潜力。非财务评价指标能很好地衡量公司未来的财务业绩。如增加对顾客满意度的投资、培养顾客对公司的忠诚度、吸引新的顾客、减少交易成本，从而提高公司未来的业绩。平衡计分卡从战略目标和竞争需要的角度出发，实现了公司长期战略与短期行为的有效结合。

(二) 平衡记分卡的缺点

1. 实施难度大

平衡计分卡的实施要求企业有明确的组织战略，高层管理者具备分解和沟通战略的能力和意愿，中高层管理者具有指标创新的能力和意愿。因此管理基础差的企业不可以直接引入平衡计分卡，必须先提高自己的管理水平，才能循序渐进地引进平衡计分卡。

2. 指标体系的建立较困难

平衡计分卡对传统业绩评价体系的突破在于它引进了非财务指标，克服了单一依靠财务指标评价的局限性。然而，这又带来了新的问题，即如何建立非财务指标体系、如何确立非财务指标的标准以及如何评价非财务指标。虽然财务指标的创立是比较容易的，但其他三个方面的指标则比较难收集，需要企业长期探索和总结。而且不同的企业面临着不同的竞争环境，需要不同的战略，进而设定不同的目标，因此在运用平衡计分卡时，要求企业的管理层应根据企业的战略、运营的主要业务和外部环境仔细斟酌。

3. 指标数量过多

指标数量过多，使指标间的因果关系很难做到真实、明确。平衡计分卡涉及财务、顾客、业务流程、学习与成长四套业绩评价指标，合适的指标数目是 20~25 个。其中，财务角度 5 个，客户角度 5 个，业务流程 5~10 个，学习与成长角度 5 个。如果指标之间不是呈完全正相关的关系，在评价最终结果时，应该选择哪个指标作为评价的依据？如果舍掉部分指标，是不是会导致业绩评价的不完整性？这些都是在应用平衡计分卡时要考虑的问题。

平衡计分卡对战略的贯彻基于各个指标间明确、真实的因果关系，但贯穿平衡计分卡的因果关系链很难做到真实、可靠。其创立者也认为"要想积累足够的数据去证明平衡计分卡各指标之间存在显著的相关关系和因果关系，可能需要很长的时间，可能要几个月或者几年。在短期内经理对战略影响的评价，不得不依靠主观的定性判断"。而且，如果竞争环境发生了激烈的变化，原来的战略及与之适应的评价指标可能会丧失有效性，从而需要重新修订。

4. 各指标权重的分配比较困难

要对企业业绩进行评价,就必然要综合考虑上述4个层面的因素,这就涉及权重分配问题。使问题复杂的是,不但要在不同层面之间分配权重,而且要在同一层面的不同指标之间分配权重。不同的层面及同一层面的不同指标分配的权重不同,将可能导致不同的评价结果。而且平衡计分卡没有说明针对不同的发展阶段与战略需要确定指标权重的方法,故而权重的制定并没有一个客观标准,这就不可避免地使权重的分配太过主观。

5. 部分指标的量化工作难以落实

部分很抽象的非财务指标的量化工作非常困难,如客户指标中的客户满意程度和客户保持程度的量化,如员工的学习与发展指标及员工对工作的满意度的量化等。这也使得在评价企业业绩时,无可避免地带有主观因素。

6. 实施成本大

平衡计分卡要求企业从财务、客户、业务流程、学习与成长4个方面考虑战略目标的实施,并为每个方面制定详细而明确的目标和指标。除对战略的深刻理解外,还需要消耗大量精力和时间将其分解到部门,并找出恰当的指标。而落实到最后,指标可能多达15~20个,在数据考核与收集时,这也是一个不轻的负担。并且平衡计分卡的执行也是一个耗费资源的过程。一份典型的平衡计分卡需要3~6个月去执行,另外还需要几个月调整结构,使其规范化,从而总的开发时间经常需要一年或更长的时间。

项目七

实训总结

【知识目标】
- 了解企业文化的作用

【能力目标】
- 掌握企业文化形成的方法
- 掌握制作PPT、微视频等方法

【导读案例】

企业文化是企业发展的原动力

某公司是一个长期注重企业精神文明建设的企业，公司发展的历史中留下了很厚重的精神文化积淀。公司改制后，董事会决定进行系统的企业新文化建设，成立了由公司多个部门和基层单位的老、中、青三代中层、基层干部参加的企业文化建设小组。董事长（书记）任组长，总经理任副组长，一个副总经理负责具体工作。经过调研，企业聘请了一位对行业比较了解的企业文化业内专家担任小组顾问。

首先，顾问对企业进行了全面调研，和主要领导、主要部门负责人单独进行了交流访谈，协助小组制订了企业文化建设工作计划。根据顾问建议，企业文化建设小组实行分散工作、集中封闭讨论的工作方式，由顾问主持先后两次集中制定完成了企业文化体系初稿。并根据新的理念，逐一从企业中挖掘出相应的案例故事，用以支持说明。

小组成员根据初稿在公司各二级单位分别召开座谈会，征询意见，顾问主持了部分基层和公司总部及高层的座谈会。座谈会从企业文化建设的目的、目前公司文化的表现、新文化导向等几个方面，综合介绍了小组前期工作和成果。由于有案例配合，讨论会都开得很热烈，与会人员参与性高，提出了一些具有建设性的意见。

小组成员在汇集意见后,迅速采取封闭方式拿出了二稿,并根据一稿讨论记录,邀请发言踊跃的部分人员召开了二稿小范围座谈会。座谈会后,小组将会议总结和二稿一起向公司主要领导进行了集体汇报,听取了高层意见。

在二稿基础上,专家执笔完成了三稿,确定了有广泛群众基础的企业文化理念体系。

小组成员历经了企业文化理念调研、提炼、讨论的全过程,对新文化的理解都已非常深刻。随后,在专家主持下,公司各部门全员行动,对现有各项规章制度和流程进行了广泛梳理,在梳理过程中,员工普遍加深了对文化理念的理解。

至此,该公司的企业文化建设已经初见成效,成为公司发展的精神动力。

(资料来源:http://wenku.baidu.com/view/d12ea812dd36a32d737581c1.html)

【思考】企业文化的作用与建设途径是什么?

任务一　企业文化建设

【导读案例】

腾讯企业文化

核心理念

愿景:最受尊敬的互联网企业。

不断倾听和满足用户需求,引导并超越用户需求,赢得用户尊敬。

通过提升品牌形象,使员工具有高度企业荣誉感,赢得员工尊敬。

推动互联网行业的健康发展,与合作伙伴共成长,赢得行业尊敬。

注重企业责任,用心服务,关爱社会、回馈社会,赢得社会尊敬。

使命:通过互联网服务提升人类生活品质。

使产品和服务像水和电融入人们的生活,为人们带来便捷和愉悦。

关注不同地域、群体,并针对不同对象提供差异化的产品和服务。

打造开放共赢平台,与合作伙伴共同营造健康的互联网生态环境。

管理理念:关心员工成长。

为员工提供良好的工作环境和激励机制。

完善员工培养体系和职业发展通道,使员工与企业同步成长。

充分尊重和信任员工,不断引导和鼓励,使其获得成就的喜悦。

经营理念:一切以用户价值为依归。

价值观:正直+进取+合作+创新。

人才发展

职业发展=朝阳行业+优秀的公司平台+完善的职业发展机制+全方位的培养体系+努力的您。

腾讯学院始终以成为互联网行业最受尊敬的企业大学为愿景,通过开展各类课程与培训,为腾讯培养人才。

完善的员工发展机制:腾讯从制度上保证了员工在公司内有多通道发展,共同打造员工职业发展体系,建立了员工管理和专业"双通道"的职业发展体系。

完备的培养体系:根据员工管理和专业的职业发展双通道体系,员工从一入司开始,公司就为大家设计了全方位的培养体系。

(资料来源:https://www.tencent.com/zh-cn/culture.html)

【思考】一个企业的文化如何体现?

企业文化或称组织文化(Corporate Culture 或 Organizational Culture),是一个组织由其价值观、信念、仪式、符号、处事方式等组成的其特有的文化形象。简单而言,就是企业在日常运行中所表现出的各方面。

企业文化是在一定的条件下,企业生产经营和管理活动中所创造的具有该企业特色的精神财富和物质形态。它包括文化观念、价值观念、企业精神、道德规范、行为准则、历史传统、企业制度、文化环境、企业产品等。

企业文化是企业的灵魂,是推动企业发展的不竭动力。它包含着非常丰富的内容,其核心是企业精神和价值观。这里的价值观不是泛指企业管理中的各种文化现象,而是企业或企业中的员工在从事经营活动中所秉持的价值观念。

一、企业文化

(一)企业文化的含义

1. 企业文化是企业的灵魂

企业文化是企业长期生产、经营、建设、发展过程中所形成的管理思想、管理方式、管理理论、群体意识以及与之相适应的思维方式和行为规范的总和,是企业领导层提倡、上下共同遵守的文化传统和不断革新的一套行为方式。它体现为企业价值观、经营理念和行为规范,渗透于企业的各个领域。其核心内容是企业价值观、企业精神、企业经营理念的培育,是企业职工思想道德风貌的提高。企业文化的建设实施,可以使企业人文素质得到优化,从而提高企业竞争力,促进企业经济效益的增长。

2. 企业文化促进企业发展壮大

企业文化对形成企业内部凝聚力和外部竞争力起到的积极作用,越来越受到人们的重视。企业竞争实质是企业文化的竞争。面临全球经济一体化的新挑战和新机遇,企业应不失时机地搞好企业文化建设,从实际出发,制定相应的行动规划和实施步骤,虚心学习优秀企业文化的经验,努力开拓创新。

3. 企业文化建设是一项系统工程

企业文化是现代企业发展必不可少的竞争法宝。一个没有企业文化的企业是没有前途的企业,一个没有信念的企业是没有希望的企业。从这个意义上说,企业文化建设既是企业在市场经济条件下生存发展的内在需要,又是实现管理现代化的重要方面。为此,应从建立现代企业发展的实际出发,树立科学发展观,讲究经营之道,培养企业精神,塑造企业形象,优化企业内外环境,全力打造具有自身特制的企业文化,为企业快速发展提供动力和保证。

(二) 企业文化的要素

特伦斯·E·迪尔、艾伦·A·肯尼迪把企业文化整个理论系统概述为 5 个要素，即企业环境、价值观、英雄人物、文化仪式和文化网络。

1. 企业环境

企业环境是指企业的性质、企业的经营方向、企业的外部环境、企业的社会形象、企业与外界的联系等方面。它往往决定企业的行为。

2. 价值观

价值观是指企业内成员对某个事件或某种行为好与坏、善与恶、正确与错误、是否值得仿效的一致认识。价值观是企业文化的核心，统一的价值观使企业内成员在判断自己行为时具有统一的标准，并以此来决定自己的行为。

3. 英雄人物

英雄人物是指企业文化的核心人物或企业文化的人格化。其作用在于作为一种活的样板，给企业中其他员工提供学习的榜样，对企业文化的形成和强化起着极为重要的作用。

4. 文化仪式

文化仪式是指企业内的各种表彰、奖励活动、聚会以及文娱活动等。它可以把企业中发生的某些事情戏剧化和形象化，使人们通过这些生动的活动来领会企业文化的内涵，使企业文化"寓教于乐"。

5. 文化网络

文化网络是指非正式的信息传递渠道，其功能主要是传播文化信息。它是由某种非正式的组织和人群所组成的，它所传递出的信息往往能反映出职工的愿望和心态。

(三) 企业文化的作用

1. 企业文化能激发员工的使命感

任何企业都有它的责任和使命，企业使命感是全体员工工作的目标和方向，是企业不断发展或前进的动力之源。

2. 企业文化能凝聚员工的归属感

企业文化的作用就是通过企业价值观的提炼和传播，让一群来自不同地方的人共同追求同一个梦想。

3. 企业文化能加强员工的责任感

企业要通过大量的资料和文件宣传员工责任感的重要性，管理人员要给全体员工灌输责任意识、危机意识和团队意识，要让他们清楚地认识企业是全体员工共同的企业。

4. 企业文化能赋予员工荣誉感

每个员工都要在自己的工作岗位、工作领域，多做贡献、多出成绩、多追求荣誉感。

5. 企业文化能实现员工的成就感

一个企业的繁荣关系到每一个公司员工的生存。企业繁荣了，员工就会引以为豪，会更积极努力地进取，成就感也就越大。

(四) 企业文化建设方法

1. 晨会、夕会、总结会

晨会、夕会是在每天的上班前和下班前用一些时间宣讲公司的价值观念。总结会是月度、季度、年度部门和全公司的例会，这些会议应该固定下来，成为公司的制度及公司企业文化的一部分。

2. 思想小结

思想小结就是定期让员工按照企业文化的内容对照自己的行为，自我评判是否做到了企业要求以及如何改进。

3. 张贴宣传企业文化的标语

把企业文化的核心观念写成标语，张贴在企业显要位置。

4. 树先进典型

树先进典型就是给员工树立一种形象化的行为标准和观念标志。树立典型员工的形象，让其他员工明白"何为工作积极""何为工作主动""何为敬业精神""何为成本观念""何为效率高"。上述行为都很难量化描述，只有具体的形象才可使员工充分理解。

5. 网站建设

网站建设就是在网站上及时地进行企业方针、思想、文化宣传。企业网站建设专家指出，寻找专业的和企业文化相关的网站建设公司，会更符合、更贴近公司的企业文化。

6. 权威宣讲

引入外部的权威进行宣讲是一种建设企业文化的好方法。

7. 外出参观学习

外出参观学习可以让员工明白，企业管理当局对他们提出的要求是有道理的。因为别人已经做到，而员工自己没有做到，员工自己应该向别人学习改进工作。

8. 故事

有关企业的故事在企业内部流传，会起到企业文化建设的作用。

9. 企业创业、发展史陈列室

企业创业、发展史陈列室中陈列一切与企业发展相关的物品。

10. 文体活动

文体活动指唱歌、跳舞、体育比赛、国庆晚会、元旦晚会等，在这些活动中可以把企业文化的价值观贯穿其中。

11. 引进新人，引进新文化

引进新的员工，必然会带来些新的文化，新文化与旧文化融合会形成另一种新文化。

12. 开展互评活动

互评活动是员工对照企业文化要求当众评价同事工作状态，也当众评价自己的工作状态的活动。互评活动可以消除分歧，改正缺点，发扬优点，以达到工作状态的优化。

13. 领导人的榜样作用

在企业文化建设的过程当中，领导人的榜样作用对其有很大的影响。

14. 创办企业报刊

企业报刊是企业文化建设的重要组成部分，也是企业文化的重要载体。企业报刊也是向企业内部及外部所有与企业相关的公众和顾客宣传企业的窗口。

15. 企业文化培训

企业文化培训是企业文化建设过程中一个非常重要的环节，培训能帮助企业全员明确公司战略、目标，从而更加系统有效地推进企业文化建设。

二、组织内部会议

企业总经理（CEO）构思企业文化主题名称、版面、内容等，并发布会议，组织企业各部门经理参加会议，讨论 CEO 的构思，并进行讨论修改，最后确定主题与实施方案。

三、讨论制定企业文化

企业各部门向企业行政助理提供企业电子报刊的素材，包括制定的规章制度、工作期间的照片、职工的成绩等；并由企业行政助理将搜集到的电子素材进行编排、组稿、设计，最后形成 PDF 格式文件或 JPG 格式文件。

任务二　制作 PPT 或微视频

【导读案例】

PPT 的作用：我们为什么要做 PPT？

PPT 有两种，一种是给别人看的，另一种是给别人讲的。共同点是要别人了解我们的东西。不同的是前一种可以用邮件发出去并支持转发，因为里面的东西会说得很清楚，有注释，或者是纯图文，不需要人来解释就可以看懂。这种 PPT 采用的一般是做给领导看或用于平等分享的。我们常做的分析、分享、总结大部分属于这种方式。

另一种是给别人讲的，PPT 的内容非常简单，PPT 背后的东西非常多。这种一般侧重的是"讲"，不讲别人没法弄清楚。PPT 里面通常有大幅的画面，或者大量的字。这种 PPT 采用的一定是通过投影打在大屏幕上，演讲者在前面讲的方式。

PPT 是用来表达自己思想的工具。不同的是，PPT 使用一种全屏幕的独占式推送信息的方式，更加容易获得观众的注意力。

（资料来源：http://www.sohu.com/a/126719137_418553）

【思考】如何制作项目总结所需要的 PPT？

一、制作本企业的宣传 PPT 或微视频

行政助理人员或相关技术人员将 PDF 或 JPG 进行编排整理，制作 PPT 或微视频，作为本企业的宣传、经营创新、经营成果及经营总结的材料。

二、宣讲企业文化与经营成果

企业安排相关人员登台宣讲本企业文化与经营成果。

附　录

创新能力拓展游戏项目

一、题目

（1）假设有一个池塘，里面有无穷多的水。现有 2 个空水壶，容积分别为 5 升①和 6 升。问题是如何只用这 2 个水壶从池塘里取得 3 升的水。

（2）周雯的妈妈是豫林水泥厂的化验员。一天，周雯来到化验室做作业，做完后想出去玩。"等等，妈妈还要考你一个题目。"妈妈说，"你看这 6 只做化验用的玻璃杯，前面 3 只盛满了水，后面 3 只是空的。你能只移动 1 只玻璃杯，就能把盛满水的杯子和空杯子间隔起来吗？"爱动脑筋的周雯，是学校里有名的"小机灵"，她只想了一会儿就做到了。请你想想看，"小机灵"是怎样做的？

（3）一间囚房里关押着甲、乙两个犯人。每天监狱都会为这间囚房提供一罐汤，让这两个犯人自己分。起初，这两个人经常发生争执，因为他们总是认为对方的汤比自己的多。后来他们找到了一个两全其美的办法：一个人分汤，让另一个人先选。于是争端解决了。可是，这间囚房里又进来一个新犯人丙，现在是三个人来分汤。必须寻找一个新的方法来维持他们之间的和平。该怎么办呢？

（4）在一张长方形的桌面上放 N 个大小一样的圆形硬币。这些硬币中有一些不完全在桌面内，也有一些彼此重叠。当再多放一个硬币而它的圆心在桌面内时，新放的硬币便必定与原先某些硬币重叠。请证明整个桌面可以用 $4N$ 个硬币完全覆盖。

（5）S 先生、P 先生、Q 先生都知道桌子的抽屉里有 16 张扑克牌：红桃 A、Q、4，黑桃 J、8、4、2、7、3，草花 K、Q、5、4、6，方块 A、5。约翰教授从这 16 张牌中挑出一张牌来，并把这张牌的点数告诉 P 先生，把这张牌的花色告诉 Q 先生。这时，约翰教授问 P 先生和 Q 先生：你们能从已知的点数或花色中推知这张牌是什么牌吗？于是，S 先生听到如下的对话：

---

① 1 升 = 1 立方分米。

P先生：我不知道这张牌。

Q先生：我知道你不知道这张牌。

P先生：现在我知道这张牌了。

Q先生：我也知道了。

听罢以上的对话，S先生想了想之后，就正确地推出了这张牌。请问：这张牌是什么牌？

（6）一个教授逻辑学的教授，有三个学生，而且这三个学生均非常聪明。一天教授给他们出了一道题，教授在每个人脑门上贴了一张纸条并告诉他们，每个人的纸条上都写了一个正整数，且某两个数的和等于第三个（每个人可以看见另两个数，但看不见自己的）。教授问第一个学生："你能猜出自己的数吗？"回答："不能。"问第二个，不能；第三个，不能；再问第一个，不能；第二个，不能；第三个，"我猜出来了，是144。"教授很满意地笑了。

请问你能猜出另外两个人的数吗？

（7）一个人花8元钱买了一只鸡，9元钱卖掉了。后来他觉得不划算，花10元钱又买回来了，11元钱卖给另外一个人。问他赚了多少钱？

（8）有一种体育竞赛共含 M 个项目，有运动员 A、B、C 参加。在每一项目中，第一、第二、第三名分别得 X、Y、Z 分，其中 X、Y、Z 为正整数，且 $X>Y>Z$。最后 A 得22分，B 与 C 均得9分，B 在百米赛中取得第一。求 M 的值，并问在跳高中谁得第二名。

（9）5个人来自不同的地方，住不同的房子，养不同的动物，吸不同牌子的香烟，喝不同的饮料，喜欢不同的食物。根据以下线索确定谁是养猫的人。

① 红房子在蓝房子的右边，白房子的左边（不一定紧邻）。

② 黄房子的主人来自香港，而且他的房子不在最左边。

③ 爱吃比萨的人住在爱喝矿泉水的人的隔壁。

④ 来自北京的人爱喝茅台，住在来自上海的人的隔壁。

⑤ 吸希尔顿香烟的人住在养马人的右边隔壁。

⑥ 爱喝啤酒的人也爱吃鸡。

⑦ 绿房子的人养狗。

⑧ 爱吃面条的人住在养蛇人的隔壁。

⑨ 来自天津的人的邻居（紧邻）一个爱吃牛肉，另一个来自成都。

⑩ 养鱼的人住在最右边的房子里。

⑪ 吸万宝路香烟的人住在吸希尔顿香烟的人和吸555香烟的人的中间（紧邻）。

⑫ 红房子的人爱喝茶。

⑬ 爱喝葡萄酒的人住在爱吃豆腐的人的右边隔壁。

⑭ 吸红塔山香烟的人既不住在吸健牌香烟的人的隔壁，也不与来自上海的人相邻。

⑮ 来自上海的人住在左数第二间房子里。

⑯ 爱喝矿泉水的人住在最中间的房子里。

⑰ 爱吃面条的人也爱喝葡萄酒。

⑱ 吸555香烟的人比吸希尔顿香烟的人住得靠右。

(10) 一楼到十楼的每层电梯门口都放着一颗钻石，钻石大小不一。你乘坐电梯从一楼到十楼，每层楼电梯门都会打开一次，只能拿一颗钻石，问怎样才能拿到最大的一颗？

(11) 赵工程师根据自己公司的需要为对方制作了一个长 1.27 米，直径 3 厘米的管状零件，想要通过邮局寄过去。但是邮局根据上级的命令现在只能寄送长宽高都不超过 1 米的物品。邮局工作人员看了赵工程师的物品后深表同情，但表明只能按规定行事。情急之下，他想出了一个办法，邮局人员看了就同意帮他邮寄了。你知道工程师想出了一个什么办法吗？

(12) 有个小男孩，一天妈妈带着他到杂货店买东西，老板看到这个可爱的小孩，就打开一罐糖果要小孩自己拿一把糖果，但是这个男孩却没有任何动作。几次的邀请之后，老板亲自抓了一大把糖果放进他的口袋中。回到家中，母亲好奇地问小男孩为什么没有自己去抓糖果而要老板抓呢？你知道小男孩是怎么回答的吗？

(13) 从前有一位美术系的学生精心画了一幅画，认为自己完成得十分完美，但是他仍然想知道别人对这幅画的评价，于是他便将画放到了图书馆的门前，并且在画旁放了一支笔，附上说明，每一位观赏者如果认为此画有欠佳之笔，均可在画中做记号。晚上这位同学取回了画，发现整个画面都涂满了记号，没有一笔一画不被指责，他十分不快，对这次尝试深感失望。这时一位老人路过，看到了事情的经过，就对学生说你何不换种方法试试呢，于是给他出了一个主意。学生照做了之后，果然收到了意想不到的效果。你知道老人给学生出的是什么好主意吗？

(14) 有一个商人从巴黎运苹果到柏林去卖。刚刚离开巴黎的时候，他用一辆马车拉着这些苹果，不一会儿到了一个关卡，征税官对他说："现在德法两国正在打仗，税收比较高，需要按所有苹果的 2/3 征纳。"商人无奈，只好按规定给了足够的苹果数。交完税之后，纳税官又从商人剩下的苹果中拿了一斤留给自己。商人很生气，但是又无可奈何，只有接着往前走，没走多远又到了一个关卡，同样这个关卡的人又从他的车上拿了 2/3 的苹果，并额外多拿了一斤。之后商人又经过了 3 个关卡，缴纳了同样的税收，并给了每个征税官一斤苹果，终于到了柏林。商人把自己的遭遇告诉他媳妇，并把最后一斤苹果给了她。你能帮商人媳妇算算商人从巴黎出发时车上有多少斤苹果吗？

(15) 如附表 1-1 所示，下面是一个日历。上面同一列中相邻的 3 个数字之间存在某个特定的规律。也就是说如果知道这 3 个数中间的那个数字，就能算出这 3 个数字的和。你知道其中的规律吗？

附表 1-1　日历

日	一	二	三	四	五	六
				1	2	3
4	5	6	7	8	9	10
11	12	13	14	15	16	17
18	19	20	21	22	23	24
25	26	27	28	29	30	31

(16) 有 3 个人去住旅馆，住 3 间房，每一间房 10 元钱，于是他们一共付给老板 30 元。第二天老板觉得 3 间房只需要 25 元就够了，于是叫伙计退回 5 元给 3 位客人。谁知道伙计贪心，只退回每人 1 元，自己偷偷拿了 2 元，这样一来便等于那 3 位客人每人各花了 9 元，于是三个人一共花了 27 元，再加上伙计独吞的 2 元，总共是 29 元。可是当初他们 3 个人一共付出 30 元，那么还有 1 元哪里去了呢？

(17) 陈先生非常喜欢养金鱼。一年春节，他的 5 个儿子回家来分别送给陈先生一缸金鱼，巧的是每缸中都有 8 条金鱼，而且颜色分别是黄、粉、白、红。这 4 种颜色的金鱼的总数一样多，但是这 5 缸金鱼看起来各有特色，每一缸金鱼中不同颜色的金鱼数量并不都是相同的，而且每一种颜色的金鱼至少有一条。5 个儿子送的金鱼的情况如下：

① 大儿子送的金鱼中，黄色的金鱼比其余 3 种颜色的金鱼加起来还要多；
② 二儿子送的金鱼中，粉色的金鱼比其余任何一种颜色的金鱼都少；
③ 三儿子送的金鱼中，黄金鱼和白金鱼之和与粉色金鱼和红色金鱼之和相等；
④ 四儿子送的金鱼中，白色金鱼是红色金鱼的两倍；
⑤ 小儿子送的金鱼中，红色金鱼和粉色金鱼一样多。

请问，每个儿子送的金鱼中，4 种颜色的金鱼各有几条？

(18) 一所大学的新生宿舍中住进了 3 名大一学生，他们分别来自不同的省份，而且他们家长的职业也各不相同。其中：

① 这 3 个学生分别是毛毛、医生的儿子和从四川考来的孩子；
② 牛牛不是公务员的儿子，壮壮也不是教师的儿子；
③ 从山东考来的不是公务员的儿子；
④ 从广州考来的，不是牛牛；
⑤ 从山东考来的，不是壮壮。

根据上面的条件，请说出这 3 个孩子分别来自哪里？他们的家长分别从事什么职业？

(19) 在某个城市，假定只有一家房地产开发商 A，任何没有竞争的垄断都会获得极高的利润，假定 A 此时每年的垄断利润是 10 亿元。

现在有另外一个企业 B 准备从事房地产开发。面对 B 要进入其垄断行业的局面，A 想：一旦 B 进入，A 的利润将受损很多，B 最好不要进入。所以 A 向 B 表示："你进入的话，我将阻挠你。"假定当 B 进入时 A 阻挠，A 的利润降低到 2 亿元，B 的利润是 –1 亿元。而如果 A 不阻挠，A 的利润是 4 亿元，B 的利润也是 4 亿元。

这是房地产开发商之间的博弈问题。A 的最好结局是"B 不进入"，而 B 的最好结局是"进入"而 A "不阻挠"。但是，这两个最好的结局不能同时得到，那么结果是什么呢？

A 向 B 发出威胁："如果你进入，我将阻挠。"而对 B 来说，如果进入，A 真的阻挠，它将受损失 –1 亿元（假定 –1 亿元是它的机会成本），此时 A 也有损失。对于 B 来说，A 的威胁可信吗？

二、答案

(1) ①先把 5 升的灌满，倒在 6 升壶里，这时 6 升的壶里有 5 升水；②再把 5 升的灌满，用 5 升的壶把 6 升的灌满，这时 5 升的壶里剩 4 升水；③把 6 升的水倒掉，再把 5 升壶里剩余的水倒入6升的壶里，这时6升的壶里有4升水；④把5升壶灌满，倒入6升的壶，5 – 2 = 3。

（2）把第2个杯子里的水倒到第5个空着的杯子里。

（3）甲分3碗汤，乙选认为最多和最少的倒回罐里再平分到剩余的2个碗里，让丙先选，其次是甲，最后是乙。

（4）假如先前 N 个中没有重叠且边上的都超出桌子的边且全都是紧靠着的，那么根据题意就有：空隙个数 $Y = 3N/2 + 3$（自己推算）；每一个空都要一个圆来盖，桌面就一共有圆的数为：$Y + N = 3N/2 + 3 + N = 5N/2 + 3 \leq 4N$（除 $N = 1$ 外）。

（5）方块5。

（6）经过第一轮，说明任何两个数都是不同的。第二轮，前两个人没有猜出，说明任何一个数都不是其他数的两倍。现在有了以下几个条件：①每个数大于0；②两两不等；③任意一个数不是其他数的两倍。每个数字可能是另两个之和或之差。第三个人能猜出144，必然根据前面三个条件排除了其中的一种可能。假设：是两个数之差，即 $x - y = 144$。这时①（$x, y > 0$）和②（$x != y$）都满足，所以要否定 $x + y$ 必然要使③不满足，即 $x + y = 2y$，解得 $x = y$，不成立（不然第一轮就可猜出），所以不是两数之差。因此是两数之和，即 $x + y = 144$。同理，这时①，②都满足，必然要使③不满足，即 $x - y = 2y$，两方程联立，可得 $x = 108$，$y = 36$。

这两轮猜的顺序分别为：第一轮（一号，二号），第二轮（三号，一号，二号）。这样大家在每轮结束时获得的信息是相同的（即前面的三个条件）。

那么假设自己是 C：C 看到的是 A 的36和 B 的108，因为两个数的和是第三个，那么自己要么是72，要么是144。

假设自己（C）是72，那么，B 在第二回合时就可以看出来。下面是如果 C 是72，B 的思路：这种情况下，B 看到的就是 A 的36和 C 的72，那么他就可以猜自己，是36或者108。

如果假设自己（B）头上是36，那么，C 在第一回合时就可以看出来。下面是如果 B 是36，C 的思路：这种情况下，C 看到的就是 A 的36和 B 的36，那么他就可以猜自己，是72或者是0。

如果假设自己（C）头上是0，那么，A 在第一回合时就可以看出来，下面是如果 C 是0，A 的思路：这种情况下，A 看到的就是 B 的36和 C 的0，那么他就可以猜自己，是36或者是36，那他可以一口报出自己头上的是36。

现在 A 在第一回合没报出自己的36，C（在 B 的想象中）就可以知道自己头上不是0，如果其他和 B 的想法一样（指 B 头上是36），那么 C 在第一回合就可以报出自己的72。现在 C 在第一回合没报出自己的36，B（在 C 的想象中）就可以知道自己头上不是36，如果其他和 C 的想法一样（指 C 头上是72），那么 B 在第二回合就可以报出自己的108。现在 B 在第二回合没报出自己的108，C 就可以知道自己头上不是72，那么 C 头上的唯一可能就是144了。

（7）2元。

（8）$M = 5$，C 得第二名。

因为 A、B、C 三人得分共 40 分，三名得分都为正整数且不等，所以前三名得分最少为 6 分，$40 = 5 \times 8 = 4 \times 10 = 2 \times 20 = 1 \times 40$，不难得出项目数只能是 5，即 $M = 5$。

A 得分为 22 分，共 5 项，所以每项第一名得分只能是 5 分，故 A 应得 4 个第一名，1 个第二名。$22 = 5 \times 4 + 2$，第二名得 2 分，又 B 百米得第一名，$9 = 5 + 1 + 1 + 1 + 1$，所以跳高中只有 C 得第二名。B 的 5 项共 9 分，其中百米第一名 5 分，其他 4 项全是 1 分，$9 = 5 + 1 + 1 + 1 + 1$。即 B 除百米第一名外全是第三名，跳高第二名必定是 C。

(9) 答案解析如附表 1-2 所示。

附表 1-2 答案解析

1	2	3	4	5
蓝	绿	黄	红	白
北京	上海	香港	天津	成都
茅台酒	葡萄酒	矿泉水	茶	啤酒
豆腐	面条	牛肉	比萨	鸡
健牌	希尔顿	万宝路	555	红塔山
马	狗	蛇	猫	鱼

(10) 先拿下第一楼的钻石，然后在每一楼把手中的钻石与那一楼的钻石相比较，如果那一楼的钻石比手中的钻石大，那就把手中的钻石换成那一层的钻石。

(11) 找一个长宽高都是 1 米的箱子，把零件斜着放进去，因为边长为 1 米的正方体箱子的对角线正好超过 1.27 米，这样就符合规定了。

(12) 小男孩回答很妙："因为我的手比较小，而老板的手比较大，所以他拿的一定比我拿的多很多。"真是一个聪明的孩子，他知道自己的能力很有限，而且更重要的是他也知道别人比自己强，凡事不只靠自己的力量，学会适时地依靠别人，这是一种谦卑，更是一种聪明。

(13) 老人让他重新描了同样的画拿到图书馆门前展出。可是这一次他要求每位观赏者将其最为欣赏的妙笔都标上记号，当他再取回画看到画上的记号时，一切曾被指责的败笔如今都换上了赞美的标记。这个学生无不感慨地说道："我现在发现了一个奥妙，那就是无论我们干什么，只要一部分人满意就够了，因为在有些人看来是丑的东西，而在另一些人眼中恰恰是美好的。"

(14) 一共有 5 个关卡收过商人的税。最后只剩下一斤，则遇到最后一个关卡时还有 $(1 + 1) \times 3 = 6$（斤）苹果，遇到第 4 个关卡时还有 $(6 + 1) \times 3 = 21$（斤）苹果，以此类推，可以知道最开始有 606 斤苹果。

(15) 同一列中相邻的 3 个数字是一个相差 7 的等差数列。所以 3 个数字的和正好等于中间数字的 3 倍。

(16) 这是个偷换概念的问题。每人每天 9 元，一共 27 元，老板得到 25 元，伙计得到 2 元，$27 = 25 + 2$，不能把客人花的钱和伙计得的钱加起来。

(17) 答案如附表 1-3 所示。

附表1-3 答案解析

颜色 儿子	黄	粉	白	红
大儿子	5	1	1	1
二儿子	2	1	3	2
三儿子	1	1	3	3
四儿子	1	4	2	1
小儿子	1	3	1	3

(18) 先针对其中一个孩子，比如牛牛可以列出如下组合：①牛牛，医生的儿子，山东；②牛牛，教师的儿子，山东；③牛牛，教师的儿子，四川。同样也可以根据条件对毛毛和壮壮进行组合，然后综合就可得出正确结果。牛牛是医生的儿子，从山东考来，毛毛是教师的儿子，从广州考来，壮壮是公务员的儿子，从四川考来。

(19) B通过分析得出A的威胁是不可信的，原因是当B进入的时候，A阻挠的收益是2亿元，而不阻挠的收益是4亿元。4>2，理性的人是不会选择做非理性的事情的。也就是说，一旦B进入，A的最好策略是合作而不是阻挠。因此通过分析，B选择了进入，而A选择了合作。双方的收益各为4亿元。

在这个博弈中，B采用的方法为倒推法或者是逆向归纳法，即当参与者做出决策时，他要通过对最后阶段的分析准确预测对方的行为，从而确定自己的行为。

这里双方必须都是理性的。如果不满足这个条件就无法进行分析。

参 考 文 献

[1] 卢德湖，赵巧. VBSE 企业综合运营全景演练［M］. 北京：清华大学出版社，2015.
[2] ［美］彼得·斯卡金斯基，大卫·克劳斯怀特. 创新方法——来自实战的创新模式和工具［M］. 陈劲，蒋石梅，吕平，译. 北京：电子工业出版社，2016.
[3] ［美］德鲁克. 创新与企业家精神［M］. 蔡文燕，译. 北京：机械工业出版社，2009.
[4] ［美］克里斯坦森. 创新者的窘境［M］. 胡建桥，译. 北京：中信出版社，2014.
[5] 李伟，张世辉. 创新创业教程［M］. 北京：清华大学出版社，2015.
[6] 胡飞雪. 创新思维训练与方法［M］. 北京：机械工业出版社，2009.
[7] 任荣伟，梁西章，余雷. 创新创业案例教程［M］. 北京：清华大学出版社，2014.
[8] 鲁百年. 创新设计思维——设计思维方法论以及实践手册［M］. 北京：清华大学出版社，2015.
[9] 于雷. 创新思维训练 450 题［M］. 北京：清华大学出版社，2016.
[10] 温兆麟，周艳，刘向阳. 创新思维的培养［M］. 北京：清华大学出版社，2016.
[11] ［美］托马斯·沃格尔. 创新思维法：打破思维定式，生成有效创意［M］. 陶尚芸，译. 北京：电子工业出版社，2016.
[12] 王占馥. 思维与语言运用［M］. 广州：广东教育出版社，2003.